Antonia Kupfer

Bildungssoziologie

Antonia Kupfer

Bildungssoziologie

Theorien – Institutionen – Debatten

Bibliografische Information der Deutschen Nationalbibliothek
Die Deutsche Nationalbibliothek verzeichnet diese Publikation in der
Deutschen Nationalbibliografie; detaillierte bibliografische Daten sind im Internet über
<http://dnb.d-nb.de> abrufbar.

1. Auflage 2011

Alle Rechte vorbehalten
© VS Verlag für Sozialwissenschaften | Springer Fachmedien Wiesbaden GmbH 2011

Lektorat: Cori Mackrodt

VS Verlag für Sozialwissenschaften ist eine Marke von Springer Fachmedien.
Springer Fachmedien ist Teil der Fachverlagsgruppe Springer Science+Business Media.
www.vs-verlag.de

Das Werk einschließlich aller seiner Teile ist urheberrechtlich geschützt. Jede Verwertung außerhalb der engen Grenzen des Urheberrechtsgesetzes ist ohne Zustimmung des Verlags unzulässig und strafbar. Das gilt insbesondere für Vervielfältigungen, Übersetzungen, Mikroverfilmungen und die Einspeicherung und Verarbeitung in elektronischen Systemen.

Die Wiedergabe von Gebrauchsnamen, Handelsnamen, Warenbezeichnungen usw. in diesem Werk berechtigt auch ohne besondere Kennzeichnung nicht zu der Annahme, dass solche Namen im Sinne der Warenzeichen- und Markenschutz-Gesetzgebung als frei zu betrachten wären und daher von jedermann benutzt werden dürften.

Umschlaggestaltung: KünkelLopka Medienentwicklung, Heidelberg
Druck und buchbinderische Verarbeitung: Ten Brink, Meppel
Gedruckt auf säurefreiem und chlorfrei gebleichtem Papier
Printed in the Netherlands

ISBN 978-3-531-17535-5

für Killa

Inhaltsverzeichnis

1. Kapitel:
Was ist Bildungssoziologie? 9

Teil I: Theorien

2. Kapitel:
Émile Durkheim: Bildung ermöglicht Gesellschaft 21

3. Kapitel:
Karl Mannheim: Soziologisches Wissen als Voraussetzung für Erziehung 29

4. Kapitel:
Talcott Parsons: Schule als soziales System 37

5. Kapitel:
Helmut Schelsky: Schule in der nivellierten Mittelstandsgesellschaft 47

6. Kapitel:
Theodor Adorno: Bildung ist Erfahrung machen 59

7. Kapitel:
Michel Foucault: Schule als Disziplinaranstalt 67

8. Kapitel:
Pierre Bourdieu: Reproduktion der Klassengesellschaft durch Bildung 79

9. Kapitel:
Niklas Luhmann und Hans Eberhard Schorr: Erziehung ist unmöglich 93

Teil II: Institutionen

10. Kapitel:
Schule 107

11. Kapitel:
Berufliche Bildung 123

12. Kapitel:
Hochschulen 133

13. Kapitel:
Erwachsenen- und Weiterbildung 145

Teil III: Debatten

14. Kapitel:
Bildung und soziale Ungleichheit 159

15. Kapitel:
Bildung und Erwerbsarbeit 181

16. Kapitel:
Wissensgesellschaft 195

Literatur 205

1. Kapitel: Was ist Bildungssoziologie?

Wie andere Bücher, so beginnt auch dieses in klassischer Weise mit der Klärung seines Gegenstandes. Oft stellt die Klärung des Gegenstandes bereits eine umfangreiche und kontroverse Debatte dar und ist ein zentraler Teil einer Disziplin oder eines Forschungsfeldes. Dies ist jedoch nicht der Fall in der Bildungssoziologie (BS). Schaut man sich in der deutschsprachigen Einführungs- und Überblicksliteratur zur BS der letzten Jahre um (Allmendinger/Aisenbrey 2002; Krais 2003; Löw 2003; Brüsemeister 2008; Becker 2009), so gibt es entweder keine oder nur sehr knappe Erklärungen zum Spezifischen der BS und stattdessen wird die BS wird mit einem Überblick über zentrale Themen und Forschungen „erklärt" (Allmendinger/Aisenbrey 2002; Krais 2003; z.T. Brüsemeister 2008) oder die vorhandenen Versuche der KollegInnen werden nicht aufgegriffen und debattiert (Becker 2009). Ausnahmen stellen Kopp (2009) und Löw (2003) dar, auf die ich daher später auch ausführlich eingehen werde. Auf den ersten Blick könnte man daraus den Schluss ziehen, dass das Spezifische der BS eben entweder klar sei und/oder dass die verschiedenen Erklärungsangebote sich problemlos addieren ließen. Ich möchte in diesem Kapitel dagegen zeigen, dass eine Beschäftigung mit dem Spezifischen der BS wichtig ist, weil

- die BS ein weites Gebiet ist, das sich nicht mit Speziellen Soziologien ohne Weiteres vergleichen lässt, und
- es sich als eine schwierige Herausforderung darstellt, die BS klar zu umreißen, sie einzuordnen sowie
- die Auseinandersetzung mit dem Spezifischen der BS zu Erkenntnissen führt, die für gewöhnlich nicht über Forschungen im Bereich der BS zutage gefördert werden.

Ich werde nun zunächst den Umfang und die Reichweite der BS darstellen, dann der BS durch Abgrenzung zur Erziehungswissenschaft näher kommen und anschließend die vorhandenen Aussagen zum Spezifischen der BS diskutieren. Dabei wird sich insbesondere das Merkmal der Spannung des Bildungsbegriffes als zentrales Charakteristikum der BS herausstellen.

Umfang und Reichweite der Bildungssoziologie

BS ist ein Hybrid – so könnte man vielleicht Krais (2003) Beschreibung der BS zusammenfassen. Sie setzt sich aus unterschiedlichen theoretischen Paradigmen und empirischen Zugängen zusammen. Daher ersetzt Krais auch den Begriff der BS durch den Begriff der Bildungsforschung. Ihrer Ansicht nach ist

> „die Bildungssoziologie von diesem Zustand der inneren Festigkeit, der eindeutigen Abgrenzung von anderen Fächern und der Unbestrittenheit ihres Forschungsterrains weit entfernt. Vielmehr ist die Soziologie der Bildung und Erziehung der Bundesrepublik von Anfang an als Teil einer in ihren Konturen und in der inneren Gliederung unscharfen interdisziplinären und multiperspektivischen Bildungsforschung zu sehen" (Krais 2003: 82).

Entsprechend führt Krais in die Bildungsforschung durch einen Überblick über aktuelle Themen und Fragestellungen ein. Sie nennt dabei das Thema der Bildung und sozialen Ungleichheit und die Sozialisationsforschung. Beide verweisen auf weite Gebiete in der Soziologie.

Brüsemeister (2008) bezeichnet die BS als eine Forschungsdisziplin und als eine Perspektive, die auch andere Disziplinen verwenden. BS ist damit wiederum kaum eingrenzbar und erscheint in ihrem Umfang potenziell offen. Laut Brüsemeister sind die Gegenstände der BS derart komplex, so dass die ForscherInnen nicht mehr mit einer Erklärung auskommen.

Auch Becker (2009) macht auf die Vielfältigkeit der BS aufmerksam und hält ihren Pluralismus für ihr Kennzeichen. Dieser Pluralismus bezieht sich, ähnlich wie bei Krais, auf die nebeneinander existierenden Theorierichtungen, Wissenschaftsprogramme und methodischen Verfahren, mit denen die Gegenstände der BS untersucht werden. Diese Vielfältigkeit macht die BS, nach Becker, zu einem der umfassendsten Forschungsbereiche innerhalb der Soziologie, da sie sich mit fast allen soziologischen Bereichen überschneidet. Aus diesem Grund zählt Becker die BS auch nicht zu den üblichen „Bindestrich-Soziologien", „sondern ihr kommt eine strategische Bedeutung für die soziologische Theorie- und Modellbildung sowie für die empirische Analyse gesellschaftlicher Tatbestände zu" (Becker 2009: 11). Becker bezeichnet die BS sogar als „eine allgemeine Soziologie, die eben Bildung oder Bildungsprozesse zum zentralen Gegenstand hat" (Becker 2009: 12).

Hurrelmann und Mansel (1997) machen mit ihrer Definition von BS ebenfalls ein weites Feld auf:

1. Kapitel: Was ist Bildungssoziologie?

> „Bildungssoziologie [erforscht] die ökonomischen, kulturellen und sozialen Rahmenbedingungen des Bildungsprozesses und arbeitet den historisch-gesellschaftlichen Kontext heraus, in dem Prozesse der Bildung ablaufen. (...) Schwerpunkt der bildungssoziologischen Forschung ist einerseits die Analyse der Beziehungen von Bildungssystem und Gesellschaft und andererseits der Einflüsse des Bildungssystems auf Bildungsprozesse der Person" (Hurrelmann/Mansel 1997: 64).

Hier wird deutlich, dass sich die BS mit soziologischen Grundsatzfragen wie der Vergesellschaftung von Individuen und Fragen nach der menschlichen Gestaltung gesellschaftlicher Institutionen befasst. Dies wiederum bestätigt Beckers These, dass sich BS und allgemeine Soziologie nicht voneinander trennen lassen, sondern dass sich beide Soziologien miteinander verknüpfen und jeweils konstituierend aufeinander einwirken. Besonders deutlich wird dies in der historischen Entwicklung der BS und der Soziologie insgesamt, zu der Durkheim entscheidend beitrug. Ich werde darauf im folgenden Kapitel noch näher eingehen. An dieser Stelle ist es wichtig festzuhalten, dass die BS ein weites Gebiet ist und sich nicht ohne weiteres in eine Reihe mit speziellen Soziologien einordnen lässt.

Der Unterschied zwischen Bildungssoziologie und Erziehungswissenschaften

Auch wenn der Hinweis auf die Weite und den Umfang der BS als ein spezifisches Merkmal der BS gesehen werden kann, so möchte ich nun doch in diesem zweiten Schritt dem Charakteristischen der BS durch Abgrenzung zur Erziehungswissenschaft, der ihr wohl am nächsten stehenden Disziplin, nachspüren. Krais (2003) stellt fest, dass die BS institutionell der Erziehungswissenschaft zugeordnet wurde, was auch Folgen für die Fragestellungen, die durch den normativen Diskurs der Pädagogik geprägt waren, und die Problemdefinitionen und Relevanzgesichtspunkte hatte. Als Beispiel dafür führt sie den sogenannten PISA Schock an, der zur Folge hatte, dass die empirische Bildungsforschung mit dem Ziel ausgebaut wurde, die Schulen zu verbessern. Auch Brüsemeister (2008) stellt eine große Nähe zwischen der BS und den Erziehungswissenschaften durch seine Behauptung her, dass die wichtigsten Impulse für die BS heute aus der Erziehungswissenschaft kämen. Obwohl ich die Behauptungen der beiden teilweise für richtig halte, möchte ich dennoch einen anderen Weg gehen und den Unterschied der BS zur Erziehungswissenschaft verdeutlichen und damit dem Spezifischen der BS näher kommen. Mit anderen Worten: Ich denke, dass es trotz großer Nähe beider Disziplinen auch grundlegende Unterschiede zwischen ihnen gibt und dass deren Verdeutlichung zur Klärung dessen, was die BS ausmacht, beiträgt.

Diese Unterschiede werden mit einer begrifflichen Klärung deutlich: Während mit Erziehung in Anlehnung an Löw (2003) die geplante Beeinflussung Heranwachsender gemeint ist, definiert sie Bildung als „Entwicklung und die gezielte Förderung geistiger Fähigkeiten zur Artikulation, Wahrnehmung und Reflexion der Wissensbestände, aber auch der emotional-körperlichen Vorgänge" (Löw 2003: 23). Hier wird das Normative in der Erziehung deutlich, das bereits bei Krais anklang, indem eine geplante Beeinflussung immer ein Ziel voraussetzt, das von unterschiedlichen Instanzen und auf unterschiedlichen Ebenen wie der der Eltern, oder der staatlichen Institutionen gesetzt wird. Bildung ist dagegen zunächst ein zieloffener Begriff was die inhaltliche Ebene betrifft, wobei, wie ich später zeigen werde, es durchaus strittig ist, inwiefern der Bildungsbegriff dennoch normative Bestandteile hat, die sich beispielsweise in Löws Definition am Entwicklungsaspekt der Bildung festmachen ließen. Ein dritter Begriff, der in der BS eine große Rolle spielt (wie bereits bei Krais deutlich wurde), ist der Begriff der Sozialisation. Löw (2003) umschreibt ihn mit der Integration in die Gesellschaft. Damit ist der Sozialisationsbegriff umfassender als der Erziehungsbegriff. Zum Verhältnis der drei Begriffe führt sie aus: „Die Begriffe Erziehung, Bildung und Sozialisation überlappen sich bis heute in ihrer Bedeutung. Jeder Begriff setzt einen anderen Akzent und verweist gleichzeitig auf einen gemeinsamen Sachverhalt" (Löw 2003: 22). Zum Vergleich der Begriffe Sozialisation und Bildung führt sie aus, dass beide den Prozess der Auseinandersetzung mit der sozialen Umwelt benennen, der Bildungsbegriff aber stärker auf das Wissen und Bewusstseinsprozesse abzielt, während der Sozialisationsbegriff mehr die unbewusste Aneignung des Gesellschaftlichen in den Blick nimmt. Sozialisation findet also ungefragt und ungeplant auf jeden Fall statt, während Bildung gewollt oder beabsichtigt sein muss, damit sie stattfindet.

Doch zurück zur Erziehung und damit zum Vergleich der BS mit der Erziehungswissenschaft. Wenn Erziehung die Beeinflussung von Menschen bedeutet, so würden in einer erziehungswissenschaftlichen Perspektive auf Erziehung und Bildung Fragen wie beispielsweise: „Wie können Menschen gezielt beeinflusst werden?" stehen, während in einer soziologischen Perspektive auf Erziehung und Bildung Konzepte und Praktiken der Beeinflussung von Menschen auf ihr Zustandekommen, ihre Bestandteile sowie mögliche Konsequenzen hin untersucht würden. Hartfiel (1973) untersucht den Erziehungsbegriff in historischer Perspektive und streicht die Reproduktionsfunktion von Erziehung dabei hervor:

> „Die klassischen Werke zur Geschichte der Erziehung bestätigen, dass ‚Erziehung'
> bis etwa zur Mitte des 18. Jahrhunderts als Herrschaftsverhältnis zwischen Erziehern
> und Zöglingen der jeweiligen gesellschaftlichen Bereiche verstanden wurde, durch

1. Kapitel: Was ist Bildungssoziologie?

das die nachwachsenden Generationen möglichst reibungslos und effektiv in die überlieferten Ordnungs- und Orientierungsverhältnisse eingefügt werden sollten. ‚Erziehung' reagierte immer auf die Erfordernisse der Gesellschaft ihrer Zeit. (…) Die einzelnen Ausbildungseinrichtungen richteten ihre Lernziele und -inhalte nach den ökonomischen und gesellschaftspolitischen Bedürfnissen und Interessen der einzelnen Stände aus. (…) Erziehung diente der Aufrechterhaltung und fortwährenden Reproduktion bestehender Gesellschafts-(Herrschafts-)verhältnisse" (Hartfiel 1973: 11-12).[1]

Nun stellt sich die Frage, inwieweit Hartfiels historische Analyse übertragbar ist auf heutige Erziehungs- und Ausbildungseinrichtungen in unserer Gesellschaft mit ihren formal allen Menschen offenstehenden Einrichtungen. Ich denke, dass diese Aussagen durchaus auch für unsere heutigen Institutionen der Erziehung und Bildung Gültigkeit haben, da trotz (oder durch) formale(r) Gleichheit die Partizipation der sozialen Schichten in den unterschiedlichen Erziehungs- und Bildungsinstitutionen sehr ungleich ist und auch heute die Sozialstruktur und soziale Ungleichheit in unserer Gesellschaft immer noch über Erziehung und Bildung hergestellt wird.[2]

Wenn man nun Erziehungsverhältnisse auch als Herrschaftsverhältnisse begreift und die BS diese Erziehungsverhältnisse nicht unter der erziehungswissenschaftlichen Frage: „Wie der Einfluss der Erziehenden sich wirksamer gestalten könnte?", sondern unter der soziologischen Frage: „Wie dieser Einfluss zustande kommt, wer an ihm wie beteiligt ist und welche Auswirkungen er hat?" untersucht, dann ist es möglich, die BS als ein Analysefeld für Herrschaftsverhältnisse zu begreifen bzw. die BS als eine politische Soziologie der Herrschaftsverhältnisse zu betreiben.[3] Der unterschiedliche Zugang zu Fragen der Macht bringt die Verschiedenheit der soziologischen von der erziehungswissenschaftlichen Herangehensweise zum Ausdruck. Gleichzeitig bestätigen sich Aussagen aus dem vorangegangenen Abschnitt über die Vielgestaltigkeit und die enorme Breite der BS.

---

[1] An Hartfiels Ausführungen ist auch bemerkenswert, wie bei ihm Erziehung und Ausbildung ineinander übergehen. Einzelne gesellschaftliche Gruppen wie die Kirche oder Stände vertreten Selbstbehauptungsinteressen und richten dementsprechend Lernziele und -inhalte für bestimmte Zielgruppen sowie Ausbildungsinstitutionen ein. Erziehung wird damit in Ausbildung fortgesetzt bzw. umgesetzt. Ausbildungsprozesse werden zu Erziehungsprozessen.
[2] Ich werde darauf ausführlich im 14. Kapitel eingehen.
[3] Die sich zurzeit stark vergrößernde politikwissenschaftliche Auseinandersetzung mit Bildungspolitik im deutschsprachigen Raum befasst sich meines Erachtens noch zu wenig mit der Analyse der hinter bildungspolitischen Deklarationen und Programmen stehenden Macht- und Herrschaftsverhältnisse, so dass hier durchaus ein weites Feld durch die Soziologie zu besetzen wäre.

Das Spezifische der Bildungssoziologie

Nach diesem Schritt der Abgrenzung der BS gegenüber der Erziehungswissenschaft möchte ich nun zum Spezifischen der BS kommen. Löw (2003) macht dazu folgende Ausführungen:

> „Der Schwerpunkt einer Soziologie der Bildung und Erziehung liegt folglich in der theoretischen und empirischen Untersuchung des Bildungssystems und der in den Bildungsinstitutionen (Kindergarten, Schule, Universität, außerschulische Bildungsträger) vollzogenen Bildungsprozesse (…) Grundannahme einer soziologischen Herangehensweise an Bildungs- und Erziehungsprozesse ist, dass diese nicht nur durch gezielte Einwirkungen, sondern auch durch unbeabsichtigte Folgen des Handelns, durch strukturelle Bedingungen, durch familiäre Beeinflussung und durch Prägung in der Peer Group (…) zustande kommen. (…) Ziel der Soziologie der Bildung und Erziehung ist es, Prozesse der Bildung und Erziehung sowie deren Institutionalisierung im historisch-gesellschaftlichen Kontext zu betrachten und die Bedeutung von Bildung für eine moderne Gesellschaft zu rekonstruieren" (Löw 2003: 25).

Wie in der Definition von BS bei Hurrelmann und Mansel (1997) ist auch bei Löw die historisch-gesellschaftliche Kontextualisierung von Bildungsprozessen und Bildungsinstitutionen zentral. Löw geht nun einen äußerst interessanten Weg, indem sie mit einer historisch-gesellschaftlichen Analyse des Bildungs*begriffes* (und nicht gleich der -prozesse oder -institutionen) beginnt. Durch die Untersuchung der Geschichte des Bildungsbegriffes, so Löw, werden der soziale Ursprung und die soziale Gebundenheit dieses Begriffes deutlich. Und damit wiederum wird deutlich, dass und inwiefern, Bildung konstitutives Element der sozialen Ungleichheit ist. Ich werde dies nun ausführlicher zeigen.

Nach Löw (2003) beginnt in Deutschland der Bildungsbegriff im ausgehenden 18. Jahrhundert, im Zuge der Industrialisierung, Aufklärung und Demokratisierung der Gesellschaft. Die geistige Strömung des Neuhumanismus ist weit verbreitet, und Denker wie Schiller, Herder und Wilhelm von Humboldt entwickeln Vorstellungen über Bildung, wobei sie sich auf die antiken Wurzeln des Bildungsbegriffs beziehen. Hartfiel kommt zu dem Schluss: „Zweifellos waren die ersten geschlossenen ‚Bildungs'-Theorien im Unterschied zu vorausgegangener bloßer ‚Erziehungslehre' gesellschaftskritisch und empanzipatorisch orientiert" (Hartfiel 1979: 11). „Gerichtet gegen den Utilitarismus, das Effektivitätsdenken und die Berufsorientierung der Ausbildung setzt das Bürgertum einen emphatischen Bildungsbegriff. Das klassische Bildungsideal des Neuhumanismus ist eine Vorstellung von der Einverwandlung der Welt durch das Individuum, welches dadurch zum Höchsten gelangt" (Löw 2003: 19). Beispielhaft soll nun Humboldts Bildungsbegriff näher erläutert werden, da er einer der zentralen,

1. Kapitel: Was ist Bildungssoziologie?

wenn nicht der wichtigste Bildungstheoretiker dieser Zeit war und weil sein Bildungsbegriff heutzutage insbesondere in Debatten zur Hochschulreform immer wieder angeführt wird. In einem längeren Zitat wird sein Menschenbild, auf dem sein Bildungsbegriff beruht, deutlich. Dieses Menschenbild ist wichtig für die spätere Einschätzung seines Bildungsbegriffes hinsichtlich gesellschaftlicher sozialer Ungleichheit:

> „Im Mittelpunkt aller besonderen Arten der Thätigkeit nemlich steht der Mensch, der ohne alle, auf irgend etwas Einzelnes gerichtete Absicht, nur die Kräfte seiner Natur stärken und erhöhen, seinem Wesen Werth und Dauer verschaffen will. Da jedoch die blosse Kraft einen Gegenstand braucht, an dem sie sich übe, und die blosse Form, der reine Gedanke, einen Stoff, in dem sie, sich darin ausprägend, fortdauern könne, so bedarf auch der Mensch einer Welt ausser sich. Daher entspringt sein Streben, den Kreis seiner Erkenntnis und seiner Wirksamkeit zu erweitern, und ohne dass er sich selbst deutlich dessen bewusst ist, liegt es ihm nicht eigentlich an dem, was er von jener erwirbt, oder vermöge dieser ausser sich hervorbringt, sondern nur an seiner inneren Verbesserung und Veredlung, oder wenigstens an der *Befriedigung der inneren Unruhe, die ihn verzehrt*. Rein und in seiner Endabsicht betrachtet, ist sein Denken immer nur ein Versuch seines Geistes, *vor sich selbst verständlich*, sein Handeln ein Versuch seines Willens, in sich *frei und unabhängig* zu werden, seine ganze äussre Geschäftigkeit überhaupt aber nur ein Streben, nicht in sich müssig zu bleiben. Bloss weil beides, sein Denken und sein Handeln nicht anders, als nur vermöge eines Dritten, nur vermöge des Vorstellens und des Bearbeitens von etwas möglich ist, dessen eigentlich unterscheidendes Merkmal es ist, Nicht-Mensch, d. i. Welt zu seyn, sucht er, soviel Welt, als möglich zu ergreifen, und so eng, als er nur kann, mit sich zu verbinden" (von Humboldt zit. nach Tenorth 1986: 33, Herv. A.K.).

Humboldt leitet hier Bildung aus der menschlichen Verfassung, also anthropologisch bedingt, her. Weil der Mensch nicht wie Tiere einer spezifischen Tätigkeit nachgehen muss, um zu überleben, und weil der Mensch damit quasi außerhalb der Welt steht (exzentrische Positionalität nach Plessner), ist er unausgelastet und bedarf einer Beschäftigung, besser: einer Erfüllung, einer Befriedigung. Diese Befriedigung erhält der Mensch, indem er denkend die ihn umgebende Welt versteht, um ein Teil von ihr zu werden. Bildung ist damit nach Humboldt etwas, das *notwendig ist*. Wenn es aber eine menschliche Eigenschaft ist bzw. zum Menschsein dazugehört, nach Bildung zu verlangen, dann kommt damit ein zweiter zentraler Gedanke zum Ausdruck, und zwar der Gedanke der Egalität: nach Humboldt ist Bildung *allen* Menschen qua Menschsein zugänglich. Schließlich ist ein dritter Gedanke in diesem Zitat enthalten, auf den ich ausführlicher eingehen möchte: Es ist der Gedanke, dass das Denken und die Bildungsbestrebung sich auf die individuelle Freiheit und Unabhängigkeit richten und in einer Handlungsbefähigung in der Welt zum Ausdruck kommt. Hier liegt der emphatische und emanzipatorische Kern des neuhumanistischen Bildungsbegriffes, der ein normatives Ideal hat: die persönliche Interessengebundenheit und der emanzipatorisch auf die individuelle Unabhängigkeit der Sich-Bildenden zielt. Wenn nun dieser Bildungsbegriff für sich genommen egalitär durch seine universellen Prämissen ist, so stellt sich die Frage, wie er zur Herstellung sozialer Ungleichheit beitragen kann. Löw (2003) beantwortet diese Frage mit dem Hinweis auf die soziale Rolle, die Bildung im ausgehenden 18. und beginnenden 19. Jahrhundert spielte: Damals setzte sich das Bürgertum mittels Bildung zum einen nach oben vom Adel und zum anderen nach unten vom Proletariat ab. Löw weist auch auf die Geschlechterdimension der damaligen sozialen Rolle von Bildung hin, die darin bestand, dass sich Männer von Frauen absetzten. Diese Differenzierungsprozesse mittels Bildung waren nun stark hierarchisch konnotiert, so dass die Unterscheidungsbewegungen mit der Einrichtung von Privilegien einhergingen, die nur denjenigen offen standen, die Bildung „besaßen", während die von Bildung Ausgeschlossenen auch nicht in den Genuss der mit Bildung verbundenen Güter wie höhere Erwerbsarbeitsstellen kamen. Der Bildungsbegriff stand damit im Widerspruch zum faktischen Bildungszugang, der über Geld und Macht geregelt wurde und somit Angehörige unterer sozialer Schichten sowie Frauen ausschloss (vgl. Blankertz 1982). An dieser Stelle könnte man also festhalten, dass es zwar auf der einen Seite einen emanzipatorischen und egalitären Bildungsbegriff gab, aber dass dieser mit einer diskriminierenden und differenzierenden Praxis einherging, die mit diesem Bildungsbegriff im Widerspruch stand. Blankertz führt aus, was das für die Schulorganisation bedeutet:

> „Die Einheit und Unteilbarkeit des allgemeinbildenden Unterrichtes war für Humboldt ein curriculares Prinzip, also die Einheit der Unterrichtsfächer, Unterrichtsinhalte und vor allem der Methode (...). Insofern sollte es nach Humboldts Vorstellungen didaktisch gesehen nur eine Elementarschule und eine daran anschließende Schule (Gymnasium) geben, nicht aber dachte er, dass die Kinder aller Sozialschichten gemeinsam eine Schule besuchen würden. Die Abhängigkeit des Schulbesuchs vom Vermögensstand der Eltern hielt er für selbstverständlich" (Blankertz 1982: 120-121).

Lauder (o.J.) kommt für Britannien und Neuseeland zu einem etwas anderen Schluss: In beiden Ländern wurde eine egalitäre Basis für Bildung durch die Zerstörung von Bildungseinrichtungen und -praktiken der ArbeiterInnen und die Einführung universeller Bildung und ihrem impliziten Individualismus beseitigt. Hier wird deutlich, dass das Universelle ein Problem und keine Errungenschaft darstellt, da es sozialschicht-spezifische Institutionen und Praktiken beseitigt und stattdessen eine spezifische Sozialschicht – und zwar die des Bürgertums – oktroyiert hat.

Es wäre interessant herauszufinden, inwiefern vor Einführung der universellen Schulbildung klassenspezifische Bildungseinrichtungen jeweils zur Emanzipation ihrer Mitglieder beitrugen, welches Ausmaß diese Emanzipation annahm und für welche Mitglieder sie galt. Diese Fragen leiten über zur allgemeineren Frage nach dem Verhältnis von Universalität und Emanzipation, d.h. der Frage, wie weit und unter welchen Umständen universelle oder gleiche Bildungsinstitutionen emanzipierend wirken und wie weit und unter welchen Umständen diverse und differenzierte Bildungseinrichtungen emanzipatorisch wirken. An dieser Stelle wird erneut deutlich, wie grundsätzlich Fragen im Bildungsbereich mit grundsätzlichen gesellschaftstheoretischen Fragen verbunden sind.

Zusammenfassend lässt sich das Spezifische der BS anhand des Bildungsbegriffs mit Löw (2003) als ein Spannungsverhältnis des Bildungsbegriffes mit den beiden Begriffen Ideal und Kapital umschreiben, während Becker (2009) die Spannung des Bildungsbegriffes als einerseits einen Prozess der Aneignung und andererseits als einen Zustand des individuellen Besitzes fasst. In beiden Varianten kommen die gesellschaftliche Einbettung der Bildung sowie die gesellschaftliche Konstituierung durch Bildung zum Ausdruck.

Abschließend möchte ich eine andere Herangehensweise auf der Suche nach dem Spezifischen der BS vorstellen, in der allerdings auch dieses Spannungsverhältnis wieder zum Ausdruck kommt, das jedoch eine Art Lösung oder konstruktive Umgangsweise mit diesem Spannungsfeld vorschlägt. Lauder et al. (2009) bezeichnen als das Spezifische der BS ein Gefühl. In ihrer Herangehensweise an das Verständnis einer Disziplin lehnen sie sich an Gouldner, Lakatos und Kuhn an und versuchen die Gefühle und wesentlichsten Annahmen, Kerne sowie Weltsichten herauszuarbeiten. In der BS, so die Autoren, ist es das Gefühl der Erlösung, genauer: die Sicht der BildungssoziologInnen auf Bildung ist geprägt von der Einstellung, dass Bildung als Erlösung gesehen wird. Damit, so könnte man meinen, bewegen sie sich nur auf der idealistischen Seite des Spannungsfeldes, sie merken doch für die britische BS auch kritisch an, dass diese Sichtweise soziale Ungleichheiten zu einseitig und zu ahistorisch untersucht habe, vorzugsweise in Form ethnologischer Feldstudien in kleinem Rahmen. Stattdessen, so meinen sie, müsse die BS sich größeren und wichtigeren Themen zuwenden und zeigen, welche Rolle Bildung strukturell in demokratischen und ökonomischen Kontexten spiele. Die Aufgabe der BildungssoziologInnen bestünde dann darin aufzuzeigen, wie Bildungssysteme, Bildungsinstitutionen und Bildungsprozesse zu einer demokratischeren und egalitäreren Gesellschaft beitragen könnten.

Teil I: Theorien

2. Kapitel:
Émile Durkheim: Bildung ermöglicht Gesellschaft

Am Anfang der theoretischen Auseinandersetzung mit Bildung und Erziehung aus soziologischer Perspektive steht Émile Durkheim. Er war der Erste, der soziologisches Denken in einem disziplinären Sinn, also aus der Perspektive eines Faches, systematisch in das Nachdenken und Theoretisieren von Bildung und Erziehung einbrachte. Dabei hat er die gesellschaftliche Bedeutung von Erziehung und Bildung erkannt, benannt und herausgearbeitet: Erziehung und Bildung ermöglicht Gesellschaft. Diese grundlegende Aussage ist in zweierlei Hinsicht aufregend und relevant: Zum einen bedeutet sie für SoziologInnen, dass sie sich mit Erziehungs- und Bildungsfragen beschäftigen sollten, wenn sie Gesellschaft als Ganzes, als „Gegenstand", begreifen wollen. Zum anderen kann Durkheims Aussage als ein Richtungsverweis für alle BildungssoziologInnen verstanden werden, dass es letztlich in der Auseinandersetzung mit ihrem „Gegenstand" immer auch um „große" gesamtgesellschaftliche Fragen geht.

Leben und Werk Durkheims

Durkheim wurde 1858 in Épinal, den Vogesen, in Frankreich geboren. Sein Vater war Rabbiner, seine Mutter Hausfrau und kam aus einer Kaufmannsfamilie. Von 1879 bis 1882 studierte Durkheim Philosophie an der École Normale Supérieure in Paris, einer Bildungseinrichtung mit hoher Reputation. Anschließend unterrichtete er fünf Jahre lang Philosophie in verschiedenen Lycées, wie es in Frankreich für Universitätsabsolventen der geisteswissenschaftlichen Fächer üblich war. In der Zeit veröffentlichte er seine Arbeit „Über soziale Arbeitsteilung". Ab 1887 begann er mit seiner Lehrtätigkeit an der Universität und zwar in Bordeaux, wo er Professor für Pädagogik und Soziologie wurde. 1902 wechselte er, zunächst vertretungsweise, an die Sorbonne, bis er dort 1906 eine feste Professur erhielt. Durkheim hat sich als Berater der Regierung aktiv in bildungspolitische Fragen eingebracht. Er ist 1917 in Paris mit 59 Jahren gestorben (vgl. König 1976 für eine ausführlichere Biographie).

Die doppelte Denomination seines Lehrstuhls macht deutlich, dass Durkheim beides, nämlich Pädagogik und Soziologie, eng zusammen betrieben hat.

Seine Ausführungen zu diesem Themenbereich seiner Arbeit, die neben dem bereits erwähnten Werk zur Arbeitsteilung, auch die Auseinandersetzung mit methodischen Fragen sowie mit dem Phänomen des Selbstmords umfasst, finden sich im Wesentlichen in drei Publikationen: Seine Vorlesungen „Erziehung, Moral und Gesellschaft" an der Sorbonne 1902/1903 wurden auf Deutsch 1973 bei Luchterhand veröffentlicht, sowie seine Vorlesungen „Die Entwicklung der Pädagogik" von 1905/1906, die 1977 auf Deutsch im Beltz Verlag erschienen. Schließlich sein Buch mit dem Titel „Erziehung und Soziologie", aus dem Jahr 1911, das 1972 von Raymund Krisam im Schwann Verlag auf Deutsch herausgegeben wurde. Ich werde im Folgenden auf seine Ausführungen in „Erziehung und Soziologie" eingehen, da er hier die grundlegendsten soziologischen Aussagen zu Erziehung und Bildung getroffen hat, während „Erziehung, Moral und Gesellschaft" überwiegend pädagogische Fragen der Ausbildung von Moralität beim Kind und „Entwicklung der Pädagogik" eine hauptsächlich historische Perspektive der Entwicklung des Unterrichts in Frankreich darstellt.

Die zentralen Aussagen Durkheims

Unterschiedliche Erziehung für unterschiedliche Menschen

Laut Durkheim kann es kein einheitliches Erziehungsideal für alle Menschen geben.[1] Damit grenzt er sich von anderen Sichtweisen, die ein derartiges einheitliches Erziehungsideal konzipiert haben, wie beispielsweise Kant, ab. Dafür gibt es seiner Ansicht nach zwei Gründe: Zum einen sind die Menschen unterschiedlich und zum anderen braucht die Gesellschaft unterschiedliche Menschen.

> „Wir können und wir dürfen uns nicht alle der gleichen Lebensweise verschreiben; und wir müssen versuchen, uns mit unseren Fähigkeiten in Einklang zu bringen. Wir sind nicht alle für die Reflexion geschaffen; nötig sind Menschen des Gefühls und der Tat. Umgekehrt sind Menschen nötig, deren Aufgabe es ist, zu denken" (Durkheim in: Plake 1987: 51)[2].

In dieser Aussage werden zwei Dinge deutlich: Durkheims Menschenbild und sein Gesellschaftsbild. Beides ist eng miteinander verknüpft und aufeinander

---

[1] Ich werde später zeigen, dass man Durkheims Ausführungen auch so verstehen kann, dass er letztlich doch auch ein Erziehungsideal vorschlägt, und es gar nicht merkt.
[2] Klaus Plake hat 1987 eine Sammlung von Originaltexten verschiedener „Klassiker der Erziehungssoziologie" herausgegeben, u.a. auch Durkheim, so dass dieses und die folgenden Zitate von Durkheim in Plake zu finden sind.

angewiesen. Er setzt eine Art natürlicher Unterschiedlichkeit, auch der Fähigkeiten, von Menschen voraus, und diese Unterschiedlichkeit ist notwendig, damit Gesellschaft funktioniert. Mit dem Funktionieren meint Durkheim hauptsächlich die Arbeitsteilung der Menschen, also die Vielfalt unterschiedlicher Berufe und Tätigkeiten, die Menschen ermöglicht, Güter zu konsumieren, die sie nicht selbst produziert haben. Diese Vielfalt an Berufen und Tätigkeiten ist durch die Unterschiedlichkeit der Menschen möglich. Die Menschen sind wiederum in ihrer Lebensweise auf diese arbeitsteilige Gesellschaft angewiesen. Die Arbeitsteilung hält, laut Durkheim, die Gesellschaft zusammen. Die Menschen können also nicht alle gleich erzogen werden, da dann ihre unterschiedlichen Fähigkeiten keine Berücksichtigung fänden und die Gesellschaft auseinanderfallen würde.

Durkheim wendet sich gegen die theoretische Konstruktion eines Erziehungsideals. Er schlägt einen anderen Weg ein, um herauszufinden, worin Erziehung und Bildung besteht, indem er unterschiedliche Gesellschaften zu unterschiedlichen historischen Epochen untersucht, d.h. er geht historisch-empirisch vor. Dabei stellt er fest, dass Erziehung und Bildung zu unterschiedlichen Zeiten an unterschiedlichen Orten ganz verschieden ausgeprägt war, was wiederum gegen ein einheitliches Erziehungsideal für alle spricht. „Erziehung war unendlich verschieden je nach Zeit und Ort. In den Städten Griechenlands und des römischen Reiches hat die Erziehung das Individuum darin geübt, sich blind dem Kollektiv unterzuordnen, zur Sache der Gesellschaft zu werden. Heute versucht sie, das Individuum zu einer autonomen Persönlichkeit zu machen" (Durkheim in: Plake 1987: 52).

Erziehung zum Zusammenhalt der Gesellschaft

Diese Beobachtungen führen ihn zu einer zweiten zentralen Aussage: Erziehung ist die „Gesamtheit von Praktiken und Institutionen, die sich langsam im Laufe der Zeit herausgebildet haben, die im Einklang sind mit allen anderen sozialen Institutionen, und die sie ausdrücken, die folglich nicht nach Belieben anders geändert werden können als die Struktur der Gesellschaft selbst" (Durkheim in: Plake 1987: 53).

Man kann also Erziehung, so Durkheim, nur begreifen, wenn man sie im Zusammenhang mit Religion, politischer Organisation, Grad der Wirtschaftsentwicklung usw. analysiert. Hier wird deutlich, dass mittels einer Analyse des Erziehungssystems einer Gesellschaft, die Analyse dieser Gesellschaft möglich ist, d.h. Erziehungssystemanalyse ist Gesellschaftsanalyse.

Durkheim möchte nun der Substanz von Erziehung näher auf die Spur kommen und stellt die Behauptung auf, dass sich Erziehung und Bildung immer aus zwei Bestandteilen zusammensetzt: der Mannigfaltigkeit und dem Einzigen.

Die Mannigfaltigkeit besteht in der unterschiedlichen Erziehung nach Schicht, Kultur und Beruf; das Einzige besteht in einer gemeinsamen Grundlage, die Schicht unabhängig oder Schichten übergreifend allen Menschen in Bildungseinrichtungen angetragen wird. Dieses Einzige ist auch, wie das Mannigfaltige, für das Bestehen einer Gesellschaft notwendig, da, so Durkheim, der Zusammenhalt einer Gesellschaft allein über das gegenseitige aufeinander Angewiesensein über die Arbeitsteilung nicht ausreicht. Es muss noch etwas anderes hinzukommen. Dieses zweite, das für den Zusammenhalt und damit für das Bestehen einer Gesellschaft notwendig ist, ist dieses Einzige, das nach Durkheim in einer Moral besteht, die alle Menschen in einer Gesellschaft miteinander teilen und sie daher miteinander verbindet. Die Moral lässt die Menschen von ihren eigenen Interessen absehen und befähigt sie dazu, solidarisch zu handeln, auf die Interessen der anderen einzugehen und miteinander zu teilen. Erziehung und Bildung, so könnte man also mit anderen Worten zusammenfassen, besteht immer einerseits in einer milieuspezifischen Weitergabe von Erfahrungen, Anschauungen und Praktiken, die bestimmte Qualifikationen für die Ausübung von bestimmten spezialisierten Tätigkeiten ermöglichen, und andererseits immer auch in der Vermittlung einer gemeinsamen Moral zur gegenseitigen Solidarität. Beides zusammen ist für den Erhalt von Gesellschaft notwendig.

Diese Moral, die die gemeinsame Grundlage der Menschen einer Gesellschaft bildet, besteht in Prinzipien, in denen die unterschiedlichen Menschen übereinstimmen: „respect for reason, for science, for ideas and sentiments which are the base of democratic morality" (Durkheim 1968: 81.)

Erziehung zum Erhalt der Gesellschaft und zur Menschwerdung

Bislang hat Durkheim Erziehung und Bildung überwiegend sozial erklärt, d.h. er hat sich die Praktiken von Menschen angeschaut, die immer in sozialen Kontexten verankert sind und sich auf diese beziehen. Auch die Ausbildung unterschiedlicher Fähigkeiten bei den Menschen ist weitgehend sozial begründet, da ja die unterschiedlichen Fähigkeiten in unterschiedlichen Milieus vermittelt und erlernt werden und somit nicht als natürlich veranlagt von Durkheim gefasst werden.

Doch nun ergänzt er seine soziale Erklärung von Erziehung und Bildung mit einer biologisch-anthropologischen Erklärung: Im Unterschied zu Tieren, die für ihr Überleben auf bestimmte Instinkte angewiesen sind, die von Generation zu Generation vererbt werden, braucht der Mensch Erziehung und Bildung zum Überleben. Mittels Erziehung und Bildung wird nämlich das Wissen von einer Generation an die andere weitergegeben, was dem Menschen ein Leben ermöglicht, das sich vom reinen Überleben der Tiere unterscheidet. „Instead of dissipating each time that a generation dies out and is replaced by another, human wisdom accumulates without limit, and it is this unlimited accumulation that raises man above the beast himself. But, just as in the case of the cooperation, which was discussed first, this accumulation is possible only in and through society" (Durkheim 1968: 78).

Die Vermittlung des Wissens von Generation zu Generation kann nur im Rahmen einer Gesellschaft funktionieren, da für die Weitergabe des Einzigen, der Moral, die die Homogenität der Gesellschaftsmitglieder herstellt, öffentlicher Bildungseinrichtungen, die von der ganzen Gesellschaft getragen und besucht werden, notwendig sind. Die Weitergabe des Mannigfaltigen, also der spezifischen Fähigkeiten und Qualifikationen kann auch privat geschehen.

Durkheim spricht sich vehement für einen großen staatlichen Einfluss auf Erziehung und Bildung aus. Selbst in privaten Bildungseinrichtungen soll der Staat Kontrolle ausüben und damit seinen Einfluss geltend machen. „Since education is an essentially social function, the State cannot be indifferent to it. On the contrary, everything that pertains to education must in some degree be submitted to its influence" (Durkheim 1968: 80).

Der Staatliche Einfluss ist wiederum für den Zusammenhalt der Gesellschaft von großer Bedeutung: „I fit were not always there to guarantee that pedagogical influence be exercised in a social way, the latter would necessarily be put to the service of private beliefs, and the whole nation would be divided and would break down into an incoherent multitude of little fragments in conflict with one another" (Durkheim 1968: 79).

Nun gibt es Stimmen, die sich gegen einen starken staatlichen Einfluss auf Erziehung und Bildung wehren und argumentieren, dass für die Herausbildung von Persönlichkeit und Identität eine Art gleichmachender staatlicher Einfluss schädlich sei. In dieser Sichtweise kommt eine Art Gegensatz zwischen Gesellschaft und Individuum zum Ausdruck und zwar in der Weise, dass zuviel Gesellschaft das Individuum in seiner Freiheit einschränke. Doch Durkheim wehrt sich gegen diese Sichtweise und argumentiert, dass im Gegenteil das Individuum sich nur durch gesellschaftlichen Einfluss selbst entwickeln könne.

„Thus the antagonism that has too often been admitted between society and individual corresponds to nothing in the facts. Indeed, far from these two terms being in opposition and being able to develop only each at the expense of the other, they imply each other. The individual, in willing society, wills himself. The influence that it exerts on him, notably through education, does not at all have as its object and its effect to repress him, to diminish him, to denature him, but, on the contrary, to make him grow and to make of him a truly human being" (Durkheim 1968: 78).

In Durkheims Sichtweise verhilft Erziehung und Bildung dem Menschen zur Menschwerdung; Erziehung unterdrückt Menschen nicht oder macht sie klein, sondern, im Gegenteil, bringt sie erst zur Entfaltung. Auch dies könnte als ein weiterer Grund für den legitimen, ja notwendigen Einfluss des Staates auf Bildungseinrichtungen angeführt werden.

Erziehung zum Rollenträger

Aus diesen Ausführungen wird klar, dass Durkheim der Erziehung eine große Wirkmächtigkeit zuschreibt. Auch hier unterscheidet er sich in seiner Einschätzung von anderen Auffassungen, die meinen, Menschen seien stark genetisch geprägt und Erziehung könne keine großen Veränderungen herbeiführen. Durkheim hat jedoch ein Bild vom Menschen als ein sehr flexibles Wesen, das über wenig vorab festgelegte Dispositionen oder Instinkte verfügt, die es determinieren. Menschen unterscheiden sich zwar durch ihre Temperamente, doch diese haben keinen Einfluss auf ihre grundsätzlich groß ausgeprägte Fähigkeit zu lernen. Menschen lernen nur auf unterschiedliche Art und Weise. LehrerInnen treffen demnach auf Kinder, die offen sind, so dass sie über großen Einfluss und Macht verfügen, die, wenn man sich diesen bewusst macht, einem Angst machen kann. Durch Erziehung lernen Kinder Selbstkontrolle durch moralische Notwendigkeiten, so umschreibt Durkheim den Begriff der Pflicht. Um diese ausbilden zu können, benötigen die Kinder Selbstbewusstsein, ein Gefühl ihrer Würde. Hier wird deutlich, dass Durkheim Pflicht nicht im Sinne blinden Gehorsams versteht, sondern als ein moralisches Bewusstsein der eigenen Rolle und Aufgaben. Um dieses Bewusstsein den Kindern vermitteln zu können, benötigen die LehrerInnen moralische Autorität, d.h. sie müssen selbst über ein Bewusstsein ihrer Aufgabe verfügen, sie müssen also an ihre Aufgabe der Erziehung glauben und diese wichtig nehmen. Mittels Erziehung werden die Kinder, so Durkheim, zur Freiheit geführt, denn Freiheit besteht seiner Ansicht nach nicht in der Möglichkeit beliebige Entscheidungen zu treffen, sondern die eigene Pflicht zu kennen und sich selbst zu beherrschen:

> „Liberty is the daughter of authority properly understood. For to be free is not to do what one pleases; it is to be master of oneself, it is to know how to act with reason and to do one's duty. Now, it is precisely to endow the child with this self-mastery that the authority of the teacher should be employed (...) it is on this condition that he [the child] will know later how to find it again in his own conscience and to defer to it" (Durkheim 1968: 90).

König (1976) umschreibt diesen Prozess als die Ausprägung einer Rolle, womit ein soziologischer Grundbegriff genannt ist. „Der Mensch wird als Rollenträger zum sozialen Wesen. Sozialisation erfolgt also in Rollen, wo der entscheidende Vorgang in der ‚Internalisierung' der angesonnenen Normen und Verhaltensregeln liegt, die sich im übrigen im Laufe der Geschichte ständig ändern" (König 1976: 330).

Abschließende Betrachtung

Durkheim hat einen weiten Bogen in seiner soziologischen Untersuchung von Erziehung und Bildung gespannt, der die ganze Gesellschaft und den einzelnen Menschen mit einschließt und sich in einer Aussage zusammenfassen ließe: Erziehung und Bildung sind gleichermaßen für die Existenz von Gesellschaft, als auch für die Existenz eines Menschen-Lebens notwendig. Eine größere Bedeutung kann man Erziehung und Bildung wohl kaum zuschreiben.

Ich möchte diese Darstellung von Durkheims Aussagen zu Erziehung und Bildung mit zwei kritischen Bemerkungen abschließen, die zu weiteren Fragen führen. Die erste Kritik richtet sich an seine Argumentationsweise. Durkheim behauptet, dass Erziehung und Bildung zur Herstellung der Homogenität zwischen den Menschen, die für den gesellschaftlichen Zusammenhalt und damit für die Existenz von Gesellschaft notwendig ist, beitragen. Andererseits beruht seiner Ansicht nach die Erziehung zur und Ausbildung von Moral auf einem Konsens an Prinzipien, die sich jedoch durchaus im Laufe der Zeit verändern. Man könnte also schließen, dass Erziehung und (Aus-)Bildung nur auf der Grundlage einer bereits bestehenden Übereinkunft an Prinzipien oder gemeinsam vertretenen Werten möglich ist, die aber andererseits ja gerade mittels Erziehung und Bildung hergestellt werden soll. Durkheim erklärt jedoch das Zustandekommen dieser gemeinsamen Prinzipien, die gewissermaßen eine Voraussetzung für Erziehung darstellen, nicht. Damit stellt sich die Frage, nach dem Ort der Herausbildung einer moralischen gesellschaftlichen Grundlage, die mittels Erziehung und Bildung dann allgemein vermittelt wird: Ist er in jeweils zu einer Zeit herrschenden dominanten Praktiken zu finden oder in theoretischen Konzeptionen? Sollte dies der Fall sein, dann stellt sich die Frage nach der Möglichkeit einer emanzipativen Wirkung von Erziehung und Bildung, womit ich bei meiner zweiten Kritik angekommen bin. Durkheims historisch-empirische Sichtweise auf Erziehung und Bildung legt in ihrer beschreibenden Weise der existierenden Praktiken und Institutionen von Erziehung und Bildung einen Schwerpunkt auf die Reproduktionsfunktion von Erziehung und Bildung für Gesellschaften. Dieser Fokus auf den Erhalt birgt ein konservatives Moment in sich. Neues kann eigentlich nicht im Rahmen der von Durkheim konzipierten Erziehung und Bildung entstehen, d.h. Veränderungen finden außerhalb des Erziehungs- und Bildungssystems statt. Vielleicht ist diese Erkenntnis aber auch nur vor dem Hintergrund einer normativ gefüllten Wunschvorstellung des Erziehungs- und Bildungssystems schmerzhaft und unbequem und kann bei Akzeptanz zu einer illusionslosen Analyse heutiger Praktiken und Institutionen von Erziehung und Bildung führen, die sich unter anderem durch ausgeprägte und zunehmende soziale Ungleichheiten auszeichnet?

3. Kapitel:
Karl Mannheim: Soziologisches Wissen als Voraussetzung für Erziehung

Mit Karl Mannheim kommen wir zu einem soziologischen Theoretiker, der im Bereich der Bildungssoziologie im deutschsprachigen Raum eher wenig bekannt ist und selten rezipiert wird. Ich halte dennoch Mannheims Beitrag für die Bildungssoziologie für wichtig, da er es in besonderer Weise versteht, eine Verbindung zwischen der Soziologie und den Erziehungswissenschaften zu schaffen, indem er die Bedeutung der Soziologie und der soziologischen Analyse für die Erziehungswissenschaften stark macht. Diese verbindende Perspektive ist für die englische Bildungssoziologie und war für die dortige LehrerInnenausbildung typisch und kommt in Deutschland eher selten vor, da hier die Erziehungswissenschaften stärker eine geisteswissenschaftliche Ausrichtung haben. Mannheims Perspektive lässt sich nicht zuletzt mit seiner Emigration nach England erklären.

Ich beginne wie üblich mit einem kurzen biographischen Abriss und einigen Bemerkungen zu seinem Gesamtwerk und gehe anschließend auf Mannheims Beitrag zur Bildungssoziologie ein.

Leben und Werk Mannheims

Karl Mannheim wurde 1893 in Budapest geboren. Sein Vater war Textilhändler und seine Mutter Hausfrau. Mannheim war Jude. Er besuchte das Gymnasium und begann sein Philosophiestudium in Budapest. 1912 wechselte er nach Deutschland, wo er in Berlin, Freiburg und Heidelberg bei Simmel, Heidegger, Husserl, Rackert, Max und Alfred Weber studierte. 1918 promovierte Mannheim mit der Arbeit „Strukturanalyse der Erkenntnistheorie". 1926 folgte seine Habilitation an der Universität Heidelberg mit seiner Arbeit, die 1984 unter dem Titel „Konservatismus. Ein Beitrag zur Soziologie des Wissens" veröffentlicht wurde. 1926 begann er als Privatdozent in Heidelberg zu arbeiten. 1930 erfolgte seine erste Berufung als Professor für Soziologie und Nationalökonomie in Frankfurt am Main. 1933 emigrierte Mannheim nach England, wo er zunächst als Lecturer für Soziologie an der London Schools of Economics lehrte. Mannheim wurde

1942 zum Professor am Institute of Education der University of London ernannt und blieb bis zu seinem Tod (1947) in London.

Mannheim ist insbesondere durch seine Arbeiten im Bereich der Wissenssoziologie bekannt. Er ging davon aus, dass jede Form des Wissens seinsgebunden ist. Das bedeutet, dass Wissen immer durch soziale Positionen und Mitgliedschaften der WissensträgerInnen sowie ihrer Interessen bestimmt wird. Mit seiner Emigration nach England wurde Mannheim mit der angelsächsischen Soziologie vertraut und dies veränderte sein Denken, das sich fortan stärker in eine pragmatische Richtung entwickelte (vgl. Plake 1987: 171).

Für den Bereich der Bildungssoziologie sind insbesondere zwei Gedanken von Mannheim interessant. Der erste Gedanke lautet: Soziologisches Wissen ist für Erziehung und Ausbildung notwendig. Der zweite Gedanke lautet: Erziehung soll zur Schaffung bestimmter menschlicher Typen dienen. Die zweite Aussage ist sowohl normativ, da es ihm hier um bestimmte Erziehungsziele geht, als auch soziologisch, da die Schaffung bestimmter Typen je nach Gesellschaft bzw. gesellschaftlichem Kontext variiert. Die beiden Gedanken sind miteinander verbunden, was insbesondere in Mannheims Ausführungen zum Erziehungsziel Demokratie deutlich wird, das sich nur realisieren lässt, wenn soziologisches Wissen in die Erziehung mit einfließt. Seine bildungssoziologischen Ausführungen konzentrieren sich in seinem 1951 erschienen Buch „Diagnosen unserer Zeit" und in dem von W.A.C. Stewart, einem Freund und Assistenten Mannheims 1962 (dt. 1973) posthum herausgegeben Band „Einführung in die Soziologie der Erziehung", in dem Mannheims Manuskripte von Stewart bearbeitet wurden. Ich beginne mit der Erläuterung des ersten Gedankens und seiner Facetten.

Soziologisches Wissen ist für Erziehung und Ausbildung notwendig

Zunächst geht es Mannheim nicht um eine normative oder wissenschaftliche Forderung, sondern einfach um die Feststellung der Tatsache, dass Erziehung immer in sozialen Kontexten stattfindet und daher auch durchgängig von diesen abhängt. Ähnlich wie Durkheim erläutert Mannheim anhand eines Abrisses der historischen Erziehungsziele, worin jeweils in unterschiedlichen Gesellschaften und zu unterschiedlichen Zeitpunkten Erziehung bestand und inwiefern Erziehung mit dieser jeweiligen Gesellschaft verbunden war. Mannheim sieht eine der fundamentalen Aufgaben der Erziehung in der Anpassung der Kinder und Jugendlichen an die gegebenen gesellschaftlichen Verhältnisse. In demokratischen Gesellschaften hat Erziehung darüber hinaus auch die Aufgabe, den Menschen Möglichkeiten und Spielräume für Individualität zu ermöglichen.

„Daher müssen wir unsere Aufmerksamkeit darauf richten, was die Gesellschaft von ihren Mitgliedern erwartet. (...) Wenn wir also die Erziehung untersuchen, müssen wir unsere Aufmerksamkeit auf die Soziologie richten, weil sie Zusammenhänge darstellt, in denen sich psychologische und philosophische Interpretationen ausdrücken lassen" (Mannheim/Stewart 1973: 28).

In diesem Zitat kommt neben der Bedeutung der Soziologie für die Erziehungswissenschaft auch Mannheims und Stewarts Präferenz für multidisziplinäres Arbeiten und ihr Bezug zu Nachbardisziplinen der Soziologie zum Ausdruck. Die Soziologie ist für die Erziehung wichtig, weil ErzieherInnen und LehrerInnen ohne ein Verständnis der Gesellschaft auch nicht in der Lage sind, die Menschen, die sie erziehen, auf diese Gesellschaft vorzubereiten.

Nun machen Mannheim und Stewart eine interessante Ergänzung: „Dem Verständnis sozialer Institutionen und ihren offenkundigen Auswirkungen müssen wir die Erkenntnis hinzufügen, dass diese Institutionen latente Einflüsse ausstrahlen" (Mannheim/Stewart 1973: 28). Die soziologische Analyse, die für Erziehung wichtig ist, soll sich also auch auf nicht offen deklarierte oder unmittelbar erkennbare Einflüsse sozialer Institutionen erstrecken und diese zum Vorschein bringen, da auch diese latenten Einflüsse für die Erziehung bedeutsam sind. Mit latenten Einflüssen ist folgendes gemeint:

„Hinter dieser augenfälligen Fassade steht die Routine des Schulbesuchs, der Pünktlichkeit, der Unterordnung unter die Autorität, der Ruhe in der Klasse, der Anerkennung der Hierarchie – Präfekten, Lehrer, Direktoren. Diese Faktoren stellen den latenten Inhalt dar, den der Schulorganisation zugrunde liegenden Effekt. Was ich den ‚manifesten' Inhalt der schulischen Arbeit genannt habe, wird durch das aktive Lernen dargestellt. Der latente Inhalt wird durch das passive Lernen dargestellt, das heißt durch die Gewohnheiten, die Daten, die durch regelmäßigen, vertrauten, stetigen Kontakt mit einem Zustand über den wir nicht mehr nachzudenken brauchen" (Mannheim/Stewart 1973: 162-163).

Sie sprechen von den Anordnungen des Mobiliars im Klassenraum, die dazu da sind, die Aufmerksamkeit zu definieren. „Das Pult trägt dazu bei, den Ernst des erwarteten Verhaltens anzudeuten; die Reihen sollen die Ordnung in Planung und Benehmen demonstrieren, die die Lehrer von ihren Schülern erwarten, und die Sitzordnung stellt als Ganzes eine ‚Einheit' für den Unterricht im Klassenraum dar" (Mannheim/Stewart 1973: 160). Mannheim und Stewart schildern, dass der Lehrer als Einziger frei umhergehen darf. Sie kommen zur Bedeutung physischer Beziehungen in Erziehungs- und Lernprozessen: „Die physischen Beziehungen sind von Bedeutung, weil sie das sehr oft undurchdachte Grundgerüst abgeben, auf dem sich die Beziehungen im Klassenraum und die Einstellungen hinsichtlich der Lehrer-Schüler-Arbeit aufbauen" (Mannheim/Stewart 1973:

161). Mannheim und Stewart verdeutlichen mit ihrer Erweiterung der soziologischen Analyse durch Einbeziehung latenter Einflüsse, dass sich soziale Beziehungen, Wahrnehmungen, Handlungen und soziale Strukturen auch auf dieser Ebene abspielen. Anhand ihrer Beispiele führen sie ausgewählte Bereiche in der Schule als eine zentrale Erziehungs- und Bildungseinrichtung vor. Ich werde im siebenten Kapitel mit Foucault noch stärker auf diesen Bereich der latenten Einflüsse eingehen.

Es soll nun eine weitere Begründung für die Notwendigkeit soziologischen Wissens für Erziehung und Unterricht erläutert werden. Da Mannheim von der sozialen Einbettung von Erziehung ausgeht, kann diese auch nicht isoliert in formalen, für Erziehung vorgesehenen Einrichtungen stattfinden, sondern muss in Einklang gebracht werden mit weiteren Institutionen, die eine Rolle im Leben der Kinder und Jugendlichen spielen. Verschiedene erzieherische Einrichtungen wie Heime oder Fürsorger sollen zusammen mit der Schule und untereinander arbeiten (vgl. Mannheim 1951). In der späteren Schrift erweitern Mannheim und Stewart diese Forderung:

„Wir sollten also zwischen formalen, institutionalisierten Aspekten der Erziehung, wie man sie zum Beispiel in den Schulen findet, und der umfassenderen, mehr verallgemeinerten Vorstellung der sozialen Erziehung unterscheiden, die sich aus dem Einfluß der erziehenden Gesellschaft ergibt, in der wir durch die Anwendung von Einflüssen der Gemeinschaft erziehen. Wir dürfen nicht mehr in Begriffen einzelner Fächer denken. Hier beschäftigen wir uns sowohl mit der Schule *in* der Gesellschaft wie mit der Schule *und* der Gesellschaft. Das heißt, daß die Erziehung als unteilbare Einheit verstanden werden muß, in der man die formale Ausbildung, so unbedingt wichtig sie auch ist, in allen Aspekten zu anderen Faktoren in der Gesellschaft in Beziehung setzen muß" (Mannheim/Stewart 1973:36).

Es gibt ihrer Ansicht nach drei Gründe für die Ausweitung des Erziehungsbegriffs:

1. die Ausweitung der Demokratie
2. die größere Beherrschung der sozialen Umwelt und
3. die Bedeutung der Gemeinschaft und des Elternhauses als erzieherische Agentur.

Zum ersten Punkt: In einer demokratischen Gesellschaft wird nicht mehr nur noch ein kleiner Teil der Bevölkerung – die Elite – erzogen bzw. unterrichtet, sondern alle Kinder und Jugendliche erhalten Unterricht. „Die Verbreitung des Ideals der allgemein bildenden Erziehung musste das, was gelehrt wurde, und die ganze Vorstellung dessen, wie es gelehrt werden sollte, umwandeln" (Mannheim/Stewart 1973: 38). Allerdings entstammen die Bildungsinhalte auch in demokratischen Gesellschaften oftmals nur den kulturellen Vorstellungen einer kleinen und einflussreichen Gruppe. Es stellen sich daher in demokratischen Gesellschaften die dringenden Fragen, wie das Bildungserbe breiter verteilt werden kann, ohne es umzuwandeln und zu entwerten und welche Erziehung für die Massen sinnvoll sind. Mannheim und Stewart wehren sich allerdings gegen die Vorstellung, dass jedem die gleiche Erziehung und Bildung angediehen werden soll. Dies sei, so die beiden, nicht möglich, da die natürliche Begabung dem Erziehungsniveau Grenzen setze. Außerdem dürfe sich Erziehung und Bildung nicht ausschließlich in Berufsausbildung und Anpassung an eine industrielle Ordnung erschöpfen (vgl. Mannheim/Stewart 1973: 39).

Der zweite Punkt, die größere Beherrschung der sozialen Umwelt, bedeutet lediglich, dass sich die soziale (Um)Welt der Menschen mit ihrer Beherrschung vormals unbeherrschter Bereiche wie soziale Sicherung und Arbeit ausgedehnt hat, so dass daher der Soziologie generell eine wachsende Bedeutung zukommt.

Der dritte Punkt, die Bedeutung der Gemeinschaft und des Elternhauses für die Erziehung, ist soziologisch relevant, da es sich hier um erhebliche Einflussfaktoren auf Erziehung handelt, so dass sie von sozialer Erziehung sprechen (vgl. Mannheim/Stewart 1973: 42).

Insgesamt kommt hier der Anspruch der Autoren, mit der Analyse von Erziehung zu einer gesamtgesellschaftlichen Analyse beizutragen, zum Ausdruck. Wichtig scheint mir hier der Hinweis, Erziehung sei auch bereits als eingebettete soziale Institution zu begreifen, so dass man ihren Anspruch dahingehend konkretisieren könnte, dass eine Analyse der Erziehung *in ihren Verbindungen* zu anderen sozialen Institutionen zu einer Gesellschaftsanalyse führen kann.

Zu der soziologischen Begründung dieser Forderung nach Einbeziehung möglichst vieler sozialer Institutionen und ihrer Analysen in Erziehung, kommt eine erkenntnistheoretische Begründung hinzu: „Die Wirkungen unseres Unterrichts hängt davon ab, wie wir neue Erfahrungen in die bereits vorhandenen Wissensgrundlagen des Individuums einbauen. Die ideale Methode, einen Menschen zu unterrichten, würde am Ende die ganze Lebensgeschichte des Individuums und viel der sozialen Faktoren einbeziehen, die außerhalb der Schule auf ihn einwirken" (Mannheim 1951: 82). Hier wird deutlich, dass Mannheim letztlich normative Vorstellungen von Erziehung verfolgt, wie sie in dem eingangs erläuterten zweiten Gedanken bereits anklangen. Er möchte, dass Menschen optimal erzogen werden und dafür bedarf es der Soziologie. Ich gehe gleich auf seine inhaltlichen Vorstellungen ein. Vorher möchte ich die Erläuterung der Bedeutung der Soziologie für Erziehung und Bildung mit einer Art Zuspitzung abschließen: Mannheim hat der Soziologie die Rolle einer Sozialtechnik zugedacht, d.h. er meinte, dass Soziologie die Welt konkret beeinflussen könne: „Das Ignorieren soziologischer Betrachtungsweisen schafft soziale Probleme nicht aus der Welt, sondern führt zu völligem Chaos, das durch den wachsenden Einfluß derer gekennzeichnet ist, die in der Gesellschaft anstatt durch wissenschaftliche Leitung durch Diktat Ordnung schaffen wollen" (Mannheim 1951: 109). Dieses Zitat lässt sich auch als große Zukunftshoffnung vor dem Hintergrund der Erfahrung des nationalsozialistischen Deutschlands lesen.

Erziehung zur Erschaffung des neuen Menschen

Ich komme nun zu Mannheims zweitem Gedanken, dem, dass Erziehung der Schaffung eines bestimmten menschlichen Typen dienen soll. Dieses normative Ziel von Erziehung rührt ebenfalls unmittelbar aus der Erfahrung des Nationalsozialismus her:

> „Obwohl die Gründe, die zu ihrem Zusammenbruch führten, sehr kompliziert waren, und in erster Linie auf die Mängel der modernen wirtschaftlichen und politischen Ordnung zurückzuführen sind, kann niemand leugnen, dass das Fehlen jedes geistigen Widerstandes zu diesem Zusammenbruch wesentlich beigetragen hat. Es war nicht nur die Tatsache, dass das Erziehungssystem jener Länder für Massenerziehung ungeeignet war, auch die außerhalb der Schule wirkenden psychologischen Vorgänge wurden sozial nicht wirklich integriert und führten so notwendigerweise zu Chaos und Auflösung" (Mannheim 1951: 105).

Erziehung soll konkret dazu führen, „die sozialen Einflüsse zurückzudämmen, die sonst das Gemeinschaftsleben zerrütten" (Mannheim 1951: 107) und Massenpsychosen, so Mannheim, wie sie sich auf dem Kontinent entwickelt haben, vorzubeugen. Erziehung trägt wesentlich zur Demokratie bei, indem sie die BürgerInnen in den Stand setzt, zu wichtigen Fragen Stellung zu nehmen, und dieses Urteilsvermögen hängt davon ab, dass richtige Einschätzungen der sozialen Bezüge gemacht werden, wofür wiederum die Soziologie wichtig ist. Der Typus von Mensch, der durch Erziehung geschaffen werden soll, ist nach Mannheim ein mündiger Mensch, da der ganze Erziehungsprozess letztlich dazu führen soll, dass sich der zu Erziehende schließlich in seinen eigenen Erzieher wandelt. Damit soll sich die Natur des zu Erziehenden wandeln. Schließlich beinhaltet die Schaffung eines neuen Menschentyps durch Erziehung auch die Erneuerung der Gesellschaft: „Erzieher und Fürsorger stehen an einem Kreuzungspunkt, von wo aus sowohl Einsicht in das Funktionieren der individuellen Psyche wie in das der Gesellschaft gewonnen werden kann. Sie haben, mehr als andere, die Möglichkeit, die Erneuerung des Menschen mit der Erneuerung der Gesellschaft zu verbinden" (Mannheim 1951: 132-133). Mannheim zieht also einen großen Bogen vom Beitrag der Erziehung und Bildung zur Reproduktion von Gesellschaft zu ihrem möglichen Beitrag zur Herstellung einer neuen Gesellschaft. Dies ist eine Verbindung von soziologischer und normativer Perspektive auf Erziehung und Bildung.

Abschließende Betrachtung

Ein großes Verdienst von Mannheim, neben der Demonstration der Bedeutung der Soziologie für Erziehung und Bildung, ist sein Hinweis auf den Einfluss der sozialen Gruppe und damit seine Abkehr von der Erziehung des einzelnen Menschen, der losgelöst von Familie und *peers* konzipiert wurde. Diese Erweiterung ist für heutige Erziehungseinrichtungen und -methoden selbstverständlich. Allerdings kann dieser weite Erziehungsbegriff auch problematisch sein, da eine Abgrenzung zu lebenslanger Sozialisation schwierig wird. Bei Mannheim ist alles, was auf Menschen einwirkt, wichtig für Erziehung, und so ist es schwer, Erziehung als einen spezifischen gesellschaftlichen Bereich einzugrenzen.

Auch Mannheims normative Perspektive auf Erziehung und Bildung ist wenig trennscharf, da sie kaum inhaltlich gefüllt ist. Außer, dass Menschen sich demokratisch verhalten sollen, wird kaum klar, was diesen neuen Menschentypus, der durch Erziehung und Bildung geschaffen werden soll, ausmachen soll.

Mannheims bildungssoziologischer Beitrag ist wichtig, da er zeigt, wie Verbindungen und Zugriffe auf unterschiedliche Disziplinen fruchtbar gemacht werden können.

4. Kapitel: Talcott Parsons: Schule als soziales System

Mit Talcott Parsons, dem Begründer der strukturfunktionalistischen Theorie in den USA, kommen wir zu einer Fortführung und Spezifizierung von Durkheims Perspektive auf Erziehung und Bildung: Mit Durkheim haben wir gelernt, Erziehung als Vergesellschaftung zu verstehen, denn mittels Erziehung und Bildung werden Menschen in die Gesamtgesellschaft integriert und auf ihre spätere spezifische Funktionsrolle, die in der Ausübung spezifischer (Erwerbs)Tätigkeiten besteht, vorbereitet, womit die Sozialstruktur der Gesellschaft reproduziert wird. Parsons „wendet" nun Durkheim „an", indem er dessen allgemeine Aussagen in einer Institutionenanalyse konkretisiert. Dies soll nach einem Überblick über sein Leben und Werk näher erläutert werden.

Leben und Werk Parsons

Talcott Parsons wurde 1902 als zweiter Sohn eines College-Professors und einer Frauenrechtlerin in Colorado Springs, USA, geboren. Er schloss die High School in New York City ab. Im Anschluss begann Parsons zunächst ein Biologiestudium, doch er wechselte dann in die Wirtschaftswissenschaften, die er mit einem BA 1924 im Amherst College, Massachusetts, abschloss. Zwischen 1924-1927 studierte er Nationalökonomie zunächst an der London School of Economics and Political Sciences und später in Heidelberg. Dort promovierte er 1927 in Nationalökonomie mit einer Arbeit „Capitalism in recent German literature: Sombart and Max Weber". Nebenbei arbeitete er als Lehrkraft am Amherst College. Im gleichen Jahr begann er seine Karriere an der Harvard University, wo er zunächst als Lehrkraft in den Wirtschaftswissenschaften eingestellt wurde, 1931 als Lehrkraft für Soziologie, 1936 als Assistant Professor, 1939 zum Associate Professor aufstieg und ab 1944 bis zu seiner Emeritierung 1973 als Full Professor in der Soziologie arbeitete. Parsons war mit einer Wirtschaftswissenschaftlerin verheiratet und hatte drei Kinder. 1979 starb er in München.

Das 1937 erschienene Buch „The Structure of Social Action" wird oft als Parsons Hauptwerk bezeichnet. Er artikuliert dort eine voluntaristische Handlungstheorie, in der soziale, kulturelle und psychologische Systeme als die drei Haupttypen der Interpretation beim Handeln zur Herstellung sozialer Ordnungen analysiert werden. 1973 veröffentlicht er „The American University", in der er auf vielfältige soziale Dynamiken zwischen der Universität und dem Wirtschaftssystem sowie zwischen Bildung und Persönlichkeit eingeht.

Schulklasse als soziales System

In seiner Analyse der „Schulklasse als soziales System" zeigt Parsons, wie die Kinder und Jugendlichen in einer formalen Bildungseinrichtung systematisch gesamtgesellschaftlich sozialisiert und selektiert werden. Laut Parsons ist die Struktur der Schulklasse ausschlaggebend für die Sozialisation und Verteilung der SchülerInnen. Der Schulklasse kommt nach dem Eintritt in die Schule, die größte Bedeutung für die Sozialisation zu, familiäre Sozialisation und Sozialisation durch *peers* oder in spezifischen Institutionen wie der Kirche treten in den Hintergrund (vgl. Parsons 1968: 162). Laut Parsons kann die „Sozialisationsfunktion [...] zusammenfassend gekennzeichnet werden als die Entwicklung von Bereitschaften und Fähigkeiten der Individuen als wesentlicher Voraussetzung ihrer späteren Rollenerfüllung" (Parsons 1968: 162). Die Dimension der Entwicklung von Bereitschaften erinnert an die „Zustände", die nach Durkheim im Kind erzeugt werden sollten, um bestimmte Haltungen und damit Verhaltensweisen im Kind zu erzeugen. Bei Parsons beinhaltet die Entwicklung von Bereitschaften zwei Dimensionen: „Bereitschaft zur Verwirklichung der allgemeinen Werte der Gesellschaft und Bereitschaft zur Erfüllung eines spezifischen Rollentyps innerhalb der Struktur der Gesellschaft" (Parsons 1968: 162) Mit der Dimension der Bereitschaft ist eine motivationale Dimension angesprochen, die als Voraussetzung für bestimmtes Verhalten neben dem reinen Wissen, was von einem erwartet wird und wie bestimmte (Erwerbs)Tätigkeiten ausgeführt werden, gilt. „Fähigkeiten können ebenfalls in zwei Komponenten aufgeteilt werden: erstens, Kompetenz oder Fertigkeiten, die mit den individuellen Rollen verbundenen Aufgaben zu erfüllen; zweitens „Rollenverantwortlichkeit" oder Fähigkeit, den Erwartungen der anderen hinsichtlich dem diesen Rollen angemessenen interpersonellen Verhalten zu entsprechen."[1] (Parsons 1968: 162-163). Es wird deutlich, dass bei Parsons die Anpassung an andere eine große Rolle bei der Sozialisation spielt.

---

[1] Eine ähnliche Unterscheidung von Bildung bzw. Qualifikation treffen später auch Bourdieu und Boltanski (1981) sowie Offe (1975), wie ich im 15. Kapitel zu Bildung und Erwerbsarbeit zeigen werde.

4. Kapitel: Talcott Parsons: Schule als soziales System

Von diesen Grundfeststellungen ausgehend, stellt Parsons nun zwei Fragen:

1. „wie die Schulklasse funktioniert, um bei den Schülern Bereitschaft und Fähigkeit zur erfolgreichen Erfüllung ihrer späteren Erwachsenenrollen zu verinnerlichen" (Parsons 1968: 161) und
2. „wie sie funktioniert, um diese menschlichen Ressourcen innerhalb der Rollenstruktur der Erwachsenengesellschaft zu verteilen" (Parsons 1968: 162).

Parsons behandelt diese beiden Fragen nicht unabhängig voneinander, sondern im Gegenteil: „Die Art und Weise, wie diese beiden Probleme miteinander verbunden sind, wird uns die wichtigsten Bezugspunkte liefern" (Parsons 1968: 162). Wichtig ist hier, dass Parsons die Sozialisations- und Verteilungsfunktion der Schulklasse nicht als unabhängig voneinander sieht, sondern er konzipiert Sozialisation immer als einen mit Verteilung verbundenen sozialen Prozess bzw. Verteilung immer als einen mit Sozialisation verbundenen Prozess.

Die Beschäftigung mit der Verteilungsfunktion der Schulklasse ist durch die wachsende Teilnahme der Bevölkerung an Bildung wichtig, denn dadurch haben die formalen Erziehungs- und Bildungseinrichtungen an Bedeutung für die Verteilung der Menschen auf unterschiedliche Erwerbsarbeitsstellen gewonnen. Der Druck zu immer höheren Bildungsabschlüssen als Mindestvoraussetzung zur Sicherung von weiteren Aussichten auf gut bezahlte und angesehene Erwerbsarbeit steigt:

> „Heute wird als Ergebnis steigender Ausbildungs- und Berufsanforderungen der Oberschulabschluss mehr und mehr als Untergrenze eines befriedigenden Ausbildungserfolgs betrachtet, und die wichtigste Trennungslinie für den zukünftigen Berufsstatus ist mittlerweile zwischen den Mitgliedern einer Altersgruppe gezogen worden, die ein College besuchen beziehungsweise nicht besuchen" (Parsons 1968: 163).

Dieser Druck könne geradezu zur Ursache für das Scheitern vieler Menschen am unteren sozialen Ende einer Gesellschaft werden: „So kann gerade die Verbesserung des Bildungsstandards der Gesamtgesellschaft zu einem wesentlichen Faktor für das Misslingen des Erziehungsprozesses bei einer wachsenden Zahl von Personen am unteren Ende der Status- und Befähigungsverteilung werden" (Parsons 1968: 185). Diese Einschätzung verdeutlicht, weshalb Parsons die Beschäftigung mit dem Bildungssystem einer Gesellschaft für das Verstehen der Gesamtgesellschaft für unabdingbar hält. Seine Ausführungen zielen darauf, das Bild vom „self made man" als prototypischen Aufsteiger in der US-amerikanischen Gesellschaft als Mythos zu entlarven und stattdessen die Bedeutung formaler Erziehung und Bildung für die spätere soziale Position der Menschen zu verdeutlichen.

Auf dieser Beobachtung beruhend stellt Parsons nun die Frage: „was in der Schulklasse unserer Gesellschaft die Trennung zwischen Teilen einer Altersgruppe, die ein College besuchen, und denen, die es nicht besuchen, bestimmt" (Parsons 1968: 163). Mit anderen Worten: Was passiert in der Schulklasse, das die Verteilung herstellt? Parsons Antwort lautet:

> „daß die Schulleistung in der Grundschule das bei weitem wichtigste Selektionskriterium darstellt. Die Berichte über die Schulleistungen werden von den Lehrern und Rektoren begutachtet, und es gibt wenig Fälle, bei denen der Besuch des College-Vorbereitungskurses gegen ihren Rat erfolgt. Es ist deshalb nicht zuviel behauptet, wenn gesagt wird, daß im großen und ganzen der primäre Selektionsprozeß durch unterschiedliche Schulleistung in der Grundschule erfolgt; in der ‚junior high school' wird dieser Prozeß dann ‚besiegelt'" (Parsons 1968: 164).

Laut Parsons handelt es sich um einen „echten Selektionsprozeß" (Parsons 1968: 164), der sich durch vorgegebene (askriptive) und erworbene Faktoren zusammensetzt. Zu den vorgegebenen Faktoren gehört der sozio-ökonomische Status der Familien, und den erworbenen Faktor misst Parsons als Intelligenzquotienten. Seine empirischen Daten einer Studie von 3348 Bostoner (männlichen) Oberschülern zeigen, dass der geplante Collegebesuch und der Intelligenzquotient mit dem sozio-ökonomischen Status zusammenhängen.

Nun meint Parsons aber, dass es sich dennoch nicht um eine „abgekartete" Sache handle „es ist nicht einfach eine Art der Bestätigung eines bereits determinierten askriptiven Status" (Parsons 1968: 165). Denn es gebe eine große Gruppe von Jungen, die entgegengesetzten Einflüssen ausgesetzt seien, also die einen hohen sozio-ökonomischen Status, aber geringen Intelligenzquotienten hätten, und diejenigen, die einen geringen sozio-ökonomischen Status und einen hohen Intelligenzquotienten hätten. Es gibt also in der Grundschule eine „einzige Hauptachse" der Selektion, das wäre die Leistung, die sich dann in der Oberschule nur noch fortsetze (vgl. Parsons 1968: 166). Parsons führt aus, dass die Kinder, bis auf ihre Geschlechterrollen und eine weitere Prädisposition, als noch nicht weiter für bestimmte Rollen definiert in die Grundschule kommen: „Das nach-ödipale Kind tritt eindeutig als Junge oder Mädchen kategorisiert in das System der formalen Erziehung ein, aber weiter ist seine *Rolle* noch nicht differenziert. Der Selektionsprozeß, durch den Personen Rollenkategorien auswählen beziehungsweise dafür ausgewählt werden, findet erst noch statt" (Parsons 1968: 166). Die weitere Prädisposition neben der Geschlechtsrolle des Kindes ist nun sein Niveau der Unabhängigkeit. „Darunter wird sein Niveau der Selbständigkeit hinsichtlich der Führung durch Erwachsene verstanden, seine Fähigkeit, Verantwortung zu übernehmen und eigene Entscheidungen zur Meisterung neuer und veränderlicher Situationen zu treffen. Dies wird, wie die Geschlechtsrolle, als Funktion der Erfahrungen in der Familie erworben" (Parsons 1968: 166).

Leider fügt Parsons keine weiteren Ausführungen, was er unter dem Niveau der Unabhängigkeit versteht, hinzu. Das ist bedauerlich, da mir das Niveau der Unabhängigkeit wesentlich für die Einstellungen und Verhaltensweisen der Kinder und Jugendlichen gegenüber den LehrerInnen zu sein scheint. Das Verhältnis ist wiederum ausschlaggebend für die Beurteilung durch die LehrerInnen, wie zahlreiche Studien an Schulen zeigen, auf die ich im 14. Kapitel zur sozialen Ungleichheit eingehen werde. Die LehrerInnenbeurteilungen sind ausschlaggebend für weitere Schul- und Berufslaufbahnen. Es ist anzunehmen, dass ein hohes Identifikationspotenzial mit LehrerInnen bei SchülerInnen zu größerer Erfüllung von LehrerInnenerwartungen führt, als ein geringes Identifikationspotenzial, das beispielsweise durch die Zugehörigkeit zu einer anderen Klasse oder sozialen Schicht als die der/des Lehrerin/Lehrers oder zum anderen Geschlecht oder zu einer sozialen Gruppe aus anderer geografischer Herkunft bestimmt werden kann. Außerdem kann ein hohes Maß an Unabhängigkeit dazu führen, dass sich Kinder gegen die Erwartungen der LehrerInnen entscheiden.

Kommen wir zurück zur Art und Weise der Verteilung in der Schule. Nach Parsons ist das zentrale Merkmal der Verteilung in der Schuleklasse das meritokratische Prinzip:

> „Die Schule ist die erste Sozialisationsinstanz in der Erfahrung eines Kindes, die eine Statusdifferenzierung auf nichtbiologischer Basis institutionalisiert. Darüber hinaus handelt es sich dabei nicht um einen askriptiven, sondern um einen erworbenen Status, der durch unterschiedliche Erfüllung der vom Lehrer gestellten Aufgaben „verdient" wird; der Lehrer wiederum handelt als Beauftragter des Schulsystems der Gemeinde" (Parsons 1968: 166-167).

Laut Parsons kommt die meritokratische Verteilung durch die Strukturen der Schulklasse zustande. Diese setzt sich aus vier Elementen zusammen:

1. „die anfängliche Gleichheit des Status der ‚Wettbewerber' nach Alter und Familiensituation, da die Nachbarschaft typischerweise weitaus homogener ist, als die ganze Gesellschaft" (Parsons 1968: 168),
2. „eine Reihe gemeinsamer Aufgaben" (Parsons 1968: 168),
3. „die scharfe Polarisierung zwischen den Schülern in ihrer ursprünglichen Gleichheit einerseits und dem einzelnen Lehrer andererseits" (Parsons 1968: 168) und
4. „einen verhältnismäßig systematischen Prozeß der Bewertung der Schulleistungen" (Parsons 1968: 168).

Es gibt, nach Parsons, nur zwei Einschränkungen dieser Struktur:

1. progressive Schulen, die eher Kooperation statt Wettbewerb fördern, Großzügigkeit anstelle von Disziplin und eine gewisse Abwertung formeller Zensuren vornehmen; allerdings haben diese Schulen kein großes Gewicht
2. informelle Aspekte der Schulklasse, also die partikularistische Behandlung der SchülerInnen durch die LehrerInnen. Diese kämen jedoch im Vergleich zur partikularistischen Behandlung zu Hause kaum vor.

Die Schulleistung

Nach diesen Ausführungen über den Charakter der Verteilung und die ihn konstituierenden Strukturen, komme ich nun zu einer ausführlicheren Erläuterung von Parsons' Verständnis der Schulleistung an sich. Er meint, dass sie sich einerseits aus zwei Komponenten (kognitiven Fähigkeiten und Betragen) zusammensetzt und andererseits zu ihrem Charakteristikum gehört, dass diese beiden Komponenten nicht getrennt, sondern miteinander vermischt werden.

„Das Auffallende an dieser Leistungsdefinition ist, dass die beiden primären Komponenten in den unteren Klassen nicht klar voneinander unterschieden werden. Der Schüler wird vielmehr nach diffus allgemeinen Begriffen beurteilt; ein guter Schüler wird nach Begriffen definiert, in denen kognitive und moralische Komponenten miteinander verschmolzen sind, wobei jeweils die eine oder die andere Komponente mehr betont wird (...). Der entscheidende Punkt scheint deshalb zu sein, dass die Grundschule unter dem Aspekt ihrer Sozialisationsfunktion eine Instanz ist, die die Schulklasse im wesentlichen nach einem einzigen Leistungskontinuum differenziert, dessen Inhalt relative Auszeichnung bei der Erfüllung der Erwartungen ist, die der Lehrer als Vertreter der Erwachsenen-Gesellschaft an die Schüler stellt. Die Kriterien dieser Leistung sind, generell gesprochen, nicht in die kognitive oder technische Leistung und die moralische oder „soziale" Komponente unterschieden. Hinsichtlich ihrer Beziehung auf gesellschaftliche Werte handelt es sich im Wesentlichen jedoch um eine Unterscheidung von Ebenen der Fähigkeit, in Übereinstimmung mit diesen Werten zu handeln. Obwohl die Beziehung weit davon entfernt ist, einheitlich zu sein, liegt diese Differenzierung doch den Selektionsprozessen für die Ebenen von Status und Rolle in der Erwachsenen-Gesellschaft zugrunde" (Parsons 1968: 171-172).

In diesem längeren Zitat wird wiederum deutlich, wie stark „Leistung" an Anpassung gebunden ist. Darüber hinaus wird deutlich, dass die Erwartungen der LehrerInnen eine enorme Rolle für die Verteilung der SchülerInnen spielen. Es ist daher wiederum bedauerlich, dass Parsons keine weiteren Ausführungen zu den LehrerInnen-Erwartungen macht. So wäre beispielsweise eine Analyse der sozialen Verankerung von LehrerInnen über ihre Rolle als staatliche Erziehungs- und BildungsauftträgerInnen und deren Bedeutung für die Verteilung der SchülerInnen von großer Bedeutung.

Allerdings macht Parsons interessante Ausführungen zu den Leistungsmotivationen auf der SchülerInnenseite. Er bezeichnet das Erlernen der Leistungsmotivationen psychologisch gesprochen als einen Prozess der Identifizierung mit der/dem LehrerIn. In diesem Prozess versuchen die SchülerInnen den LehrerInnen zu gefallen und zwar in dem „selben Sinne, wie das vor-ödipale Kind neue Fertigkeiten erlernt, um der Mutter zu gefallen" (Parsons 1968: 175). Dabei unterscheidet Parsons zwei Arten von Identifikationsmustern: stärker auf Eltern orientierte Identifikation und stärkere Identifikation mit der Rolle des Kindes gegenüber den Eltern. Der entscheidende Punkt ist nun, dass diese zwei unterschiedlichen Identifikationsmuster letztlich ausschlaggebend sind für die spätere Zweiteilung der SchülerInnen in College-StudentInnen und Nicht-College-StudentInnen:

„Sofern die Schulklasse zur Zweiteilung neigt (…) erfolgt dies im großen und ganzen auf der Basis der Identifizierung mit dem Lehrer oder der Akzeptierung seiner Rolle als Vorbild einerseits, der Identifizierung mit der Gruppe der gleichaltrigen Schüler andererseits. Diese Zweiteilung der Klasse auf der Basis der Identifizierung mit dem Lehrer oder der ‚peer group' korrespondiert so auffallend mit der Zweiteilung der Schüler nach dem Kriterium des College-Besuchs, daß es schwerfällt, auf die Hypothese zu verzichten, daß diese strukturelle Dichotomisierung innerhalb des Schulsystems die primäre Ursache der selektiven Dichotomisierung ist" (Parsons 1968: 176).

Parsons Verdienst ist es hier, auf psychologische Faktoren der Verteilung und damit des Zustandekommens von Sozialstruktur hinzuweisen. Damit relativiert er seine eigene Aussage, dass das Verteilungsprinzip in Schulklassen ausschließlich auf dem meritokratischen Faktor beruhe. Andere AutorInnen, auf die ich im 14. Kapitel zur Bildung und sozialen Ungleichheit eingehen werde, haben Analysen zur Bedeutung der sozialen Herkunft für die Identifikation in Bildungsprozessen angefertigt, die verdeutlichen, dass soziale Herkunft ausschlaggebend ist für den schulischen Erfolg.

Bedingungen der Leistungsbewertung

Im Anschluss an seine Erläuterung der Schulleistung, die ja eng mit der Struktur der Schulklasse verknüpft ist, bettet er beides in einen größeren sozialen Kontext, indem er die Bedingungen, die der Leistungsbewertung zugrunde liegen, erläutert. Es gibt vier Bedingungen:

1. Die gemeinsamen Werte, der daran beteiligten Instanzen der Erwachsenen, d.h. der Familie und der Schule.

   „In diesem Fall besteht der Kern in der gemeinsamen Bewertung der Leistung. Damit wird vor allem anerkannt, daß es fair ist, unterschiedliche Belohnungen für verschiedene Leistungsniveaus zu erteilen, solange eine faire Offenheit der Chancen besteht, und daß es ebenso fair ist, wenn diese Belohnungen zu Chancen höherer Ordnung für die Erfolgreichen führen. Die Grundschulklasse ist somit in einem grundsätzlichen Sinn eine Verkörperung des fundamentalen amerikanischen Wertes der Chancengleichheit, indem sie sowohl auf ursprüngliche Gleichheit als auch auf unterschiedliche Leistung Wert legt" (Parsons 1968: 179-180).

2. Die Härte des Bewertungsmusters muss durch Nachsicht für die Schwierigkeiten und Bedürfnisse des Kindes gemildert werden. „Hier spielt die Quasi-Mütterlichkeit der Lehrerin eine wichtige Rolle" (Parsons 1968: 180). Aber die Schule hat hier nur eine begrenzte Bedeutung. „Das grundlegende Fundament dieser Hilfe kommt aus dem Elternhaus, außerdem kann, wie wir gesehen haben, eine wichtige Ergänzung hierzu aus der informellen Assoziation der Gleichaltrigen stammen." (Parsons 1968: 180).

3. „Es muß drittens einen Prozeß selektiver Belohnungen für erwünschtes Verhalten geben. Hier ist der Lehrer eindeutig der primäre Agent" (...) „Dieser Prozeß ist die unmittelbare Quelle der Differenzierung innerhalb der Klasse nach der Leistungsachse" (Parsons 1968: 180).

4. „Die letzte Bedingung ist, dass diese ursprüngliche Differenzierung tendenziell ein Statussystem in der Klasse herausbildet, in dem nicht nur die unmittelbaren Ergebnisse der Arbeit in der Schule, sondern eine ganze Reihe von Einflüssen zur Festigung verschiedener Erwartungen konvergieren, die als die „Anspruchsniveaus" des Kindes betrachtet werden können." (Parsons 1968: 180).

Parsons fügt hinzu, dass für die breite Akzeptanz des meritokratischen Prinzips, wie er es im ersten Punkt ausführt, wichtig ist, dass die Leistungsdifferenzierung tatsächlich quer durch die Familien unterschiedlich verläuft und eben nicht Kinder mit hohem sozialem Hintergrund automatisch besser bewertet werden, als Kinder mit einem niedrigen sozialen Hintergrund. Nur wenn die LehrerInnen die unterschiedlichen Leistungen auch tatsächlich fair unterschiedlich bewerten, kann das meritokratische Prinzip auch von den Verlierern anerkannt werden. Zum zweiten ist es wichtig, dass die verlierenden Kinder einen emotionalen Rückhalt in ihren

Familien finden. Darüber hinaus sollen LehrerInnen auch ihre Zuneigung und Achtung gegenüber SchülerInnen völlig unabhängig von deren Leistungen zum Ausdruck bringen. Parsons bezeichnet diese Beziehungen als „querverlaufende Solidaritätsbeziehungen, welche die durch differentielle Belohnung von Leistungen hervorgerufenen Spannungen mildern" (Parsons 1968: 182).

Die emotionalen Bindungen an das Elternhaus wirken jedoch, so Parsons, nicht allein unterstützend, sondern für Kinder von ArbeiterInnen oder insgesamt aus bildungsfernen Schichten können sie auch bildungshemmend wirken: Um die emotionale Nähe zum Herkunftsmilieu nicht zu verlieren, werden Bildungsaufstiege vermieden, was nach Parsons Einschätzung ein weit verbreitetes Phänomen in der US-amerikanischen Gesellschaft sei.

Die bisherigen Ausführungen beziehen sich auf die Grundschulklasse. Parsons hält diese für die entscheidende Sozialisations- und Verteilungsinstanz und meint, dass in den oberen Klassen im Wesentlichen fortgesetzt würde, was in der Elementarschule an Fundament gelegt wäre. In der Oberstufe käme lediglich eine stärkere Differenzierung nach unterschiedlichen inhaltlichen Ausrichtungen und Schwerpunkten hinzu. Parsons unterscheidet grob zwischen SchülerInnen mit stärker kognitiv im Gegensatz zu stärker „moralisch" ausgerichteten Fähigkeiten. Während die erste Gruppe zum späteren Übergang in technische Berufe tendiere, würden SchülerInnen mit stärker „moralischen" Betragens-Fähigkeiten in Berufe mit hohem Anteil an Sozialkontakten streben.

Abschließende Betrachtung

Parsons zeigt in eindrücklicher Weise, wie Sozialisation und Verteilung der SchülerInnen miteinander über eine Korrespondenz der Meritokratie-Vorstellung in Elternhäusern und in der Schule verknüpft sind und wie beide Institutionen bei der Herstellung von GewinnerInnen und VerliererInnen in diesem Prozess zusammen wirken. Parsons äußert aber keine Kritik an der Idee der Meritokratie. Im Gegenteil, er hält dieses Verteilungsprinzip für gut und in Form US-amerikanischer Grundschulen auch für realisiert. Dies halte ich für erstaunlich, da er mit seinem eigenen Zugriff auf und Einbeziehung von psychologischen Erklärungsmustern für soziale Phänomene selbst Hinweise auf die Unzulänglichkeit meritokratischer Vorstellungen gegeben hat. Die Ausblendung geschlechtsspezifischer Analysen hat es ihm vermutlich zusätzlich erleichtert, an der Illusion der Meritokratie festzuhalten.

Es gibt eine weitere Ungleichheitsdimension, die Parsons in seiner Analyse nicht bedacht hat, die ich jedoch ebenfalls für zentral halte: die Leistungsunterschiede zwischen den Schulen. Gerade in der US-amerikanischen Gesellschaft, in der die Rekrutierung der SchülerInnen aus dem eigenen Stadtteil verpflichtendes Prinzip ist, unterscheiden sich die Schulen in ihrer materiellen und auch personellen (hier sind in erster Linie die SchülerInnen gemeint) Ausstattung enorm voneinander. Die unterschiedlichen Leistungen, die unter diesen Umständen erbracht werden, sind ebenfalls ausschlaggebend für die Verteilung von SchülerInnen und sollten daher in einer Analyse des US-amerikanischen Schulsystems mit dem Ziel einer Gesellschaftsanalyse nicht fehlen.

Dagegen sind seine Einschätzungen hinsichtlich der zunehmenden Bedeutung formalisierter Erziehung und Bildung weitblickend und zutreffend für sämtliche Gesellschaften, in denen eine große Bildungsexpansion stattgefunden hat.

5. Kapitel:
Helmut Schelsky: Schule in der nivellierten Mittelstandsgesellschaft

Mit Schelsky kommen wir zu einem für die Bundesrepublik Deutschland bedeutenden Soziologen der 1950er Jahre. Er ist für die Bildungssoziologie interessant, da er seine Analyse der westdeutschen Nachkriegsgesellschaft unmittelbar auf Fragen der Bildung und Erziehung in und für diese Gesellschaft bezogen hat. Doch zunächst soll in einem kurzen Überblick über seine Biografie die Person Schelskys skizziert werden.

Leben und Werk Schelskys

Helmut Schelsky ist 1912 in Chemnitz geboren. Sein Vater war Zollbeamter, über seine Mutter ist nicht bekannt. Nach der Schule ging er zunächst für ein Semester nach Königsberg, wo er sein Philosophiestudium begann. Anschließend ging er nach Leipzig, wo er sein Studium der Philosophie u.a. bei Arnold Gehlen fortsetzte. Außerdem belegte Schelsky Lehrveranstaltungen in Germanistik, Geschichte und Soziologie. 1935 promovierte er in Leipzig mit einer Arbeit über Fichte. Er folgte Gehlen nach Königsberg und habilitierte sich dort 1939 mit einer Arbeit über Thomas Hobbes in den Fächern Philosophie und Soziologie. Für kurze Zeit arbeitete er in Budapest als Assistent. 1944 heiratete Schelsky; er wurde Vater zweier Kinder. 1948 folgte er einem Ruf an die neu gegründete Akademie für Gemeinwirtschaft in Hamburg und wechselte 1953 an einen der ersten Lehrstühle für Soziologie der Bundesrepublik Deutschland an die Universität Hamburg. In dieser Zeit veränderte Schelsky sein Forschungsinteresse, das sich von den bislang überwiegend anthropologischen Arbeiten fort- und hin zu empirischen Studien entwickelte. Unter diesen fand vor allem „Die skeptische Generation" (1957) großes Interesse auch außerhalb des akademischen Bereiches. Darin beschreibt er die Orientierungs- und Verhaltensmuster der Jugendgeneration der 1950er Jahre als pragmatisch und distanziert gegenüber Ideologien. 1960 erhielt Schelsky einen Lehrstuhl an der Universität Münster und wurde Direktor der Sozialforschungsstelle Dortmund, der damals größten soziologischen Forschungseinheit der Bundesrepublik. Dort initiierte er mehrere empirische Großuntersuchungen vor allem im Bereich der Industrie- und Betriebssoziologie, der Gemeinde- und Stadtsoziologie sowie der Sozialpolitik u.a. und habilitierte zahlreiche Wissenschaftler. Schelsky befasste sich auch eingehend mit dem tertiären Bildungssektor. In „Einsamkeit und Freiheit. Idee und Gestalt der deutschen Universität und ihrer Reformen" (1963) befasste er sich mit den historisch-sozialen Grundlagen und aktuellen Problemen der deutschen Universität und engagierte sich als Gründungsmitglied der Universität Bielefeld, wo er 1970 einen Lehrstuhl übernahm, allerdings drei Jahre später wieder an die Universität Münster zurück ging, wo er 1978 emeritierte. Nach seiner Emeritierung arbeitete er als Honorarprofessor am Institut für Rechtssoziologie in Graz. 1984 starb Schelsky in Münster.

Die Rolle der Schule in der Gesellschaft

In den folgenden Ausführungen beziehe ich mich auf Schelskys Text „Soziologische Bemerkungen zur Rolle der Schule in unserer Gesellschaftsverfassung", der 1956 als Gutachten für den „Deutschen Ausschuß für das Erziehungs- und Bildungswesen" erstellt und 1957 im Werkbund-Verlag veröffentlicht wurde. Die Fragestellung für das Gutachten war sehr breit: „mit welchen sozialen Verhältnissen, Strukturen und Entwicklungen eine gegenwärtige Schulreform in unserer Gesellschaft zu rechnen hat" (Schelsky 1957b: 9). Schelsky wollte diese Frage mit „einer Darstellung der wichtigsten sozialen Veränderungen und ihrer Entwicklungsgesetzlichkeiten" (Schelsky 1957b: 10) zu beantworten und versuchte „ihre Einwirkung auf das Erziehungswesen, auf die Rolle der Schule in der Gesellschaft usw. auszudeuten" (Schelsky 1957b: 10). Er verweist an mehreren Stellen auf seine unzureichenden Kenntnisse in pädagogischen und schulpolitischen Konzepten und möchte daher seine Vorschläge für Schulreformen unter Vorbehalt stellen. Ich werde in dieser Erläuterung wenig auf seine Reformvorschläge eingehen und mich hauptsächlich auf seine gesellschaftsanalytischen Ausführungen konzentrieren.

Schelsky hält vier soziale Veränderungen, die die Gesellschaftsverfassung der 1950er Jahre der Bundesrepublik Deutschland prägten, für zentral für die Rolle der Schule in dieser Gesellschaft. Es handelt sich erstens, um Veränderungen in der Sozialstruktur, zweitens um den Wandel der Familie, drittens, um Veränderungen in der Arbeits- und Berufswelt und viertens um Veränderungen im Freizeitverhalten. Zu dem ersten Punkt, also dem Wandel der Sozialstruktur äußert sich Schelsky am ausführlichsten, so dass dieser Punkt auch in meinen Erläuterungen den größten Raum einnehmen wird.

1. Wandel der Sozialstruktur

Schelsky geht kontrastierend vor, d.h. er sagt zunächst, worin die Rolle der Schule in der Klassengesellschaft bestand, die jetzt – so Schelsky – nicht mehr existiert und vergleicht dies mit der Rolle, die die Schule seiner Ansicht nach in der heutigen Gesellschaft spielt. Seine Aussagen möchte er zugunsten größerer Einsicht als idealtypisch überzogen verstanden wissen.

Schule in der Klassengesellschaft
„Die Schule in der Klassengesellschaft war als Spiegelbild der Klassenschichtung von der Funktion, den sozialen Status zu bestimmen oder zu verändern, relativ frei, weil sie ihn voraussetzen konnte und ihn im Durchschnitt nur bestätigte" (Schelsky 1957b: 14). Schelsky ist der Ansicht, dass sich die Klassengesellschaft durch klar voneinander getrennte, unterschiedliche Klassen ausgezeichnet hat, die ein Schulsystem hatte, das genau diese Klassentrennung widerspiegelte. Eltern haben ihre Kinder je nach eigener Klassenlage in die für sie entsprechende oder korrespondierende Schule geschickt, so dass „das Schulsystem [..] ein Abbild der vorgegebenen sozialen Schichtung [war]‚, (Schelsky 1957b: 12). Die Oberschicht ging zur Gelehrtenschule, die Unterschicht besuchte die Volksschule, die damals noch zum Pflichtschulabschluss führte, und der industriell-bürokratische Mittelstand folgerichtig die Mittelschule. „Der Schulbesuch einer bestimmten Schulform war also eine Bestätigung eines bestimmten sozialen Status oder Ranges, nicht aber sein Erwerb" (Schelsky 1957b: 12-13). Diese Korrespondenz zwischen Klasse oder sozialer Schicht und Schulart in der Klassengesellschaft begründet Schelsky mit der geringeren sozialen Mobilität. Darüber hinaus waren Industrie und Wirtschaft damals unabhängiger von Schulvorbildungen, als sie es in der Nachkriegsgesellschaft waren. Nun folgert Schelsky aus diesem Befund: „Damit war sie [die Schule] weit mehr von sozialen Ansprüchen entlastet als heute, konnte sich weit mehr auf erzieherische Ausbildungs- und Bildungsaufgaben beschränken" (Schelsky 1957b: 14). Schelsky führt diesen Punkt nicht weiter aus, denn er zeigt nicht auf, wo genau die Vermittlung des Unterrichtsstoffes durch die nun vorherrschende Selektion zu kurz kommt bzw. inwiefern in den Schulen früher mehr an Inhalten und Wissen vermittelt wurde, als dies heute der Fall ist.

Schule in der nivellierten Mittelstandsgesellschaft
Während sich also die frühere Gesellschaft durch starke Klassenunterschiede voneinander ausgezeichnet hat, beobachtet Schelsky grundlegende Veränderungen der Sozialstruktur:

„Eine *relative Nivellierung der Klassen- und Schichtenunterschiede* durch den kollektiven Aufstieg der Industriearbeiterschaft, den familien-individueller verlaufenden, insgesamt aber ebenfalls schichtbildend wirkenden Aufstieg der technischen und Verwaltungs-Berufe als neuer Mittelstand einerseits und durch den Abstieg ehemaliger Oberschichten, besonders des sogenannten Bildungs-Bürgertums andererseits. Diese sich begegnenden Tendenzen des sozialen Aufstiegs und der sozialen Deklassierung haben eine sehr breite, im realen Status sich verhältnismäßig wenig unterscheidende kleinbürgerlich-mittelständische Schicht geschaffen, die als die tragende Schicht der gegenwärtigen Gesellschaftsverfassung angesehen werden muß" (Schelsky 1957b: 14).

Diese nivellierte Mittelstandsgesellschaft ist in ihrer Lebenssicherung von wohlfahrtsstaatlichen Einrichtungen wie der Kranken- und Rentenversicherung abhängig, die Schelsky als „bürokratische Großorganisationen" bezeichnet. Allerdings entwickeln die Menschen eine Aversion und Gegnerschaft zu diesen Großorganisationen der Arbeitswelt und Öffentlichkeit und ziehen sich stärker in ihre private Welt zurück. Politische Partizipation wird von ihnen abgelehnt. Dieses Lebensgefühl wird, wie eingangs erwähnt, anschaulich in Schelskys Begriff der „skeptischen Generation" beschrieben.

Interessant ist, dass Schelsky diese Nivellierung weniger auf Einkommensunterschiede zurückführt, als vielmehr „durch die starke Vereinheitlichung des kulturellen Lebensstils verursacht" (Schelsky 1957b: 15) ansieht. Diese Vereinheitlichung kommt wiederum zustande durch „die Sozialisierung ehemaliger Luxus- und Oberschichtengüter durch die moderne Massenproduktion materieller und geistiger Güter" (Schelsky 1957b: 15). D.h. Güter, wie Bücher oder die Möglichkeit, Theatervorstellungen und Konzerte zu besuchen, waren früher nur einer kleinen Elite vorbehalten, während sie nun breit zugänglich sind. „Die möglichst gleichmäßige Teilnahme am materiellen und geistigen Zivilisationskomfort ist der Grundzug der mittelständisch nivellierten Lebenshaltung und zugleich das selbstverständlichste materielle Grundrecht dieser Gesellschaftsverfassung" (Schelsky 1957b: 15). Hier kommt ein weiterer zentraler Gedanke Schelskys zum Ausdruck, nämlich der, dass sich in der Wohlfahrtsstaatsgesellschaft eine Haltung der BürgerInnen entwickelt hat, die sich durch die selbstverständliche Inanspruchnahme von Kulturgütern auszeichnet und von einem Art Grundrecht auf Konsum dieser Güter ausgeht.

Schelsky beschreibt die Gesellschaftsverfassung der 1950er Jahre als eine hoch mobile Gesellschaft, in der die familiäre Klassen- oder Schichtbindung enorm durch kriegsbedingte Schicksale wie Heimatvertreibung und Ausfall des Ernährers abgenommen habe. Die Menschen beziehen ihre soziale Sicherheit nunmehr aus den wohlfahrtsstaatlichen Einrichtungen sowie aus ihrem universalen Aufstiegsbedürfnis, das, bei Erfüllung, mit materieller Sicherheit einhergeht.

5. Kapitel: Helmut Schelsky: Schule in der nivellierten Mittelstandsgesellschaft

Schelsky meint jedoch, dass auch in dieser hochmobilen Gesellschaft an alten Leitbildern und Prestigestufen der Klassengesellschaft festgehalten wird. Er begründet das anthropologisch (bzw. ein wenig apodiktisch) damit, dass allein statische soziale Ortungsgefühle und -vorstellungen soziale Sicherheit begründen (vgl. Schelsky 1957b: 16). Daher wird auf den Vorstellungen der alten Klassengesellschaft beharrt und Legitimierungen für die gegenwärtigen Sozialansprüche gezogen. Aus diesem Grund sind Aufstiegs- und Lebensstandardwünsche sehr stark durch alte Prestigevorstellungen (z.B. in der Berufswahl) gekennzeichnet.

Nachdem Schelsky nun das Bild der neuen Gesellschaft gezeichnet hat, kommt er zu den Folgen für die Rolle der Schule in dieser heutigen Gesellschaft. In einer solchen Gesellschaft wird die Schule sehr leicht zur ersten und damit entscheidenden *zentralen sozialen Dirigierungsstelle* für die künftige soziale Sicherheit, den künftigen sozialen Rang und das Ausmaß künftiger Konsummöglichkeiten. Die Rolle der Schule als soziale Dirigierungsstelle wird umso stärker, je geschlossener und undurchlässiger die außerschulischen Aufstiegsmöglichkeiten sind. Hinzu kommt, dass diese Funktion der Schule auch deshalb verstärkt wurde, da „fast alle Berufe, insbesondere in der Wirtschaft, ihre formalen und schulischen Vorbildungsanforderungen erhöht haben" (Schelsky 1957b: 18). D.h. Wissen wird für die Wirtschaft wichtiger und daher erhält die Schule eine größere Bedeutung insgesamt. Es wird hier nicht gesagt, ob es tatsächlich das inhaltliche Wissen ist, das hier für die Wirtschaft wichtiger wird, oder ob hier eher die Ansprüche an höhere Schulabschlüsse steigen, da das Angebot an AbsolventInnen höherer Schulen gestiegen ist. Zusammenfassend kann man die Rolle der Schule in der Gesellschaftsverfassung der 1950er Jahre nach Schelsky so beschreiben: „Die Schule als primäre, entscheidende und nahezu einzige soziale Dirigierungsstelle für Rang, Stellung und Lebens-Chancen des einzelnen in unserer Gesellschaft: das scheint mir der Kern der ‚sozialen Frage' der Schule heute zu sein: von hier aus ergeben sich entscheidende Zwiespalte und Spannungen, in denen heute Schule und Lehrerschaft genauso wie Jugend und Elternschaft stehen, von hier aus wäre also jede Frage der Schulreform in ihrer gesellschaftspolitischen Bedeutung zu durchdenken" (Schelsky 1957b: 18). Schelskys Ausführungen erinnern hier an Parsons, der auch von einer weitgehend sozial homogenen Schulpopulation in den unterschiedlichen Schulen ausging und daher auch der Schule bzw. der Schulklasse die Schlüsselstellung für die Selektion und damit Vermittlung weiterer Berufs- und Lebenschancen zuschrieb.

Nach Schelsky ist die Rolle der Schule als zentrale Dirigierungsstelle für weitere Lebenschancen problematisch. Abgesehen davon, dass die Schule sich nun nicht mehr überwiegend ihrer erzieherischen und bildnerischen Aufgaben widmen kann, bewirkt die neue Rolle, dass sich Eltern zunehmend in Opposition oder Auseinandersetzung mit der Schule befinden und dass die Schule insgesamt von ihrer neuen Aufgabe überfordert ist, die sie unter den gegebenen Bedingungen auch gar nicht erfüllen kann. Zur ersten Belastung: Da die Schule mittlerweile eine derart zentrale Stellung in der Zuteilung weiterer Lebenschancen einnimmt, richten die Eltern auch hohe Erwartungen an die Schule bzw. versuchen ihre Interessen mittels Einflussnahme auf die LehrerInnen durchzusetzen. Schelsky geht davon aus, dass sich Eltern grundsätzlich für den sozialen Aufstieg ihrer Kinder einsetzen, so dass sie nunmehr fordernd gegenüber der Schule auftreten und „die privaten Ansprüche und Egoismen gegen die Sachstrukturen der Organisation setzend und durchsetzend, also primär nicht kooperativ" (Schelsky 1957b: 19) vorgehen. Schelsky geht implizit von einer Art genuinen Aufgabe der Schule aus, die darin besteht, dass sie die Begabten unter den SchülerInnen herausfindet und fördert und sie zur höheren Bildung führt. In der nivellierten Mittelstandsgesellschaft verändert sich nun, laut Schelsky, die Aufgabe der Schule dahingehend, dass sie eine Art „Halt" oder „Stopp" den weniger begabten SchülerInnen aussprechen muss, dass sie also nicht nur fördernd, sondern auch bremsend bzw. schließend vorgehen muss:

> „die soziale Hauptfunktion der Schule [ist] *gar nicht mehr die Auslese* von Begabten für höhere Ausbildungen (...), sondern mindestens ebenso wichtig, aber sozial aufdringlicher *die Abweisung* vieler als berechtigt empfundener sozialer Ansprüche. Sie ist nicht nur *fördernd* im sozialen Sinne, sondern *zuteilend*: sie bietet nicht nur den begabten Jugendlichen Chancen, sondern sie verweigert heute vor allem nach ihrem Begabungs- und Leistungsurteil soziale Chancen, auf die die Elternhäuser für ihre Kinder und für sich Anspruch zu haben glauben" (Schelsky 1957b: 19-20).

Zugespitzt heißt das: „Die Schule wird so zum *zentralen gesellschaftlichen Mittel für den sozialen Abstieg der Familien* in der modernen Gesellschaft" (Schelsky 1957b: 20). Es wird nun leicht ersichtlich, wie die Konfliktlage zwischen Elternhäusern und Schule gelagert ist, wenn Eltern gegen LehrerInnen kämpfen, um soziale Abstiege ihrer Kinder zu verhindern.

Nun zur zweiten Belastung der Schule in der heutigen Gesellschaft: Schelsky meint, dass das politisch verbürgte Recht der freien Berufswahl mittlerweile in Form eines sozialen Rechts gefordert wird, für deren Erfüllung der Staat zu sorgen hätte. Hier manifestiert sich das, was Schelsky als neue Haltung im Wohlfahrtsstaat beschrieben hat: der Anspruch auf bestimmte Güter als verbriefte Grundrechte. Eltern und Jugendliche sehen, so Schelsky, also nicht mehr die ursprüngliche Intention des politischen Rechts auf freie Berufswahl, die darin besteht, ein Schutzrecht gegen staatlichen oder ständischen Dirigismus zu sein. Stattdessen wird die Berufswahl – so Schelsky – im Sinne eines für alle freien Zugangs zu höherer Bildung verstanden. Nun ist es aber so, dass bei der Berufswahl heutzutage weniger Begabung eine Rolle spiele, als vielmehr bestimmte Ziele der sozialen Sicherung oder des sozialen Status.

„Genau dieses Dilemma scheint mir nun schon beim Abschluß der Grundschule vorzuliegen: Auch hier löst sich der elterliche Ausbildungswunsch vielfach vom Eignungs- und Begabungsbestand des Kindes und fordert bestimmte Schulausbildungen rein aus Gründen der sozialen Sicherheit, des sozialen Aufstiegs oder der Bewahrung des sozialen Ranges der Familie" (Schelsky 1957b: 22). Aus einer demokratischen Perspektive sei dieser Anspruch zunächst einmal verständlich und legitim. Doch Schelsky geht implizit von Begabungsunterschieden zwischen Menschen aus und macht daher das ältere Prinzip „Ausbildung nach Begabung" stark und meint, dass es

„klarer in seinem ursprünglichen Sinn einer ‚formalen Freiheitsforderung' festhält, anstatt unversehens daraus das materielle Sozialordnungsgesetz schlechthin zu machen. Das Prinzip ‚Ausbildung nach Begabung' (Schulbesuch nach Begabung) ist ursprünglich gegen eben jene Klassengesellschaft formuliert worden, deren Vorgegebenheit die Bildungs- und Ausbildungsstufen der Schule ausdrückten (...) so wirkte diese pädagogische Forderung als Auflockerung und Befreiung gegen die klassengesetzlichen sozialen Monopolisierungstendenzen schon in der Schule, keineswegs aber prinzipiell als Verneinung der vorgegebenen Gesellschaftsordnung" (Schelsky 1957b: 23).

Der universelle Aufstiegswille stellt ebenso wenig die hierarchische Sozialstruktur der Gesellschaft in Frage. Schelsky möchte deutlich machen, dass aus dem, wie er es nennt, pädagogischen Prinzip Ausbildung nach Begabung „unversehens das materielle Ordnungsprinzip der Gesellschaft selbst geworden [ist]: Zuteilung der sozialen Stellung nach Begabung (und die Schule damit, wie skizziert, zum zentralen Dirigierungsort, da sie die ‚Begabungen' feststellt und die Ausbildungen danach zuweist)" (Schelsky 1957b: 24). Schelsky ist, worauf ich später in kritischer Weise eingehen werde, einer sozialen Selektionsfunktion der Schule nicht *prinzipiell* abgeneigt. Er meint nur, dass die Schule unter den gegebenen Umständen dazu nicht in der Lage sei, da die Menschen die faktischen Begabungsunterschiede auch tatsächlich als Gesellschaftsstruktur prägend anerkennen müssten, also *„daß die realistische Einsicht in den Begabungsrang und die Begabungsart zum sozialen Selbstbewußtsein schlechthin wird und daß man seine sozialen Wünsche und Ansprüche in ihrer Art und Legitimität von dort her steuert"* (Schelsky 1957b: 24). In einer derartigen Gesellschaft müssten dann die Einschätzungen der LehrerInnen oder Prüfungsausschüsse realistische Einsichten in die wirklich vorhandenen Begabungen und Eignungen vermitteln und als Steuerungsprinzip der Gesellschaft wirken. Doch Schelsky meint, dass dies von Schule und von Eltern (die das akzeptieren müssten) zu viel verlangt sei und dass dies darüber hinaus LehrerInnen und Eltern in ein falsches Verhältnis zueinander führen würde. Schelsky meint, dass man zwar gegen die oben dargestellten materialistischen Ansprüche der Eltern an freie Berufswahl angehen müsste, aber dass es dazu mehr bedürfe, als nur die Schule: „Gegen diese, wie ich glaube, strukturell notwendigen illusorischen Sozialansprüche auf Ausbildungs-Chancen müssen die Sanktionen einer breiteren sozialen Wirklichkeit ins Spiel gebracht werden als nur die schulische Begabungsbeurteilung" (Schelsky 1957b: 25). *Was aber dazu noch weiteres ins Spiel gebracht werden könnte oder sollte sagt Schelsky nicht.* Stattdessen macht er eine grundsätzlich kritische Anmerkung zu dieser Idee der sozialen Stellung nach Begabung, die ich für wichtig halte: Dieses Prinzip ließe sich gar nicht mit der vorhandenen Wirtschafts- und Produktionsstruktur der Gesellschaft verwirklichen:

> „Absolut genommen, d.h. als materielles, zuweisendes Ordnungsprinzip der Gesellschaft, setzt es nämlich eine prästabilisierte Harmonie zwischen den objektiven Arbeits- und Leistungsanforderungen der jeweils vorhandenen Produktions- und Verwaltungsart oder überhaupt zivilisatorisch erforderlichen Tätigkeiten einerseits und den vorhandenen subjektiven Fähigkeiten und Eignungen andererseits voraus" (Schelsky 1957b: 25).

Diese Übereinstimmungen existieren jedoch nicht.

Zum Abschluss seiner gesellschaftlichen Analyse der Schule kommt Schelsky zu praktischen Vorschlägen für eine Schulreform. Sie richten sich hauptsächlich auf eine engere Zusammenarbeit mit den Eltern sowie eine größere Durchlässigkeit zur höheren Bildung und sollen hier nicht weiter ausgeführt werden. Stattdessen komme ich gleich zu den weiteren gesellschaftlichen Veränderungen, die für die Rolle der Schule wichtig sind. Schelsky ist nicht vertiefend auf diese Veränderungen eingegangen, so dass die folgende Darstellung ziemlich knapp ausfällt.

2. Wandel der Familie

Als zweite gesellschaftliche Veränderung, die für die Rolle der Schule in dieser Gesellschaft bedeutsam ist, nannte Schelsky den Strukturwandel der Familie. Mit seinen Ausführungen zur Privatisierung und zum Aufstiegs- sowie Sicherheitsbedürfnis ist er bereits teilweise auf den strukturellen Wandel der Familie eingegangen. Grundsätzlich geht Schelsky von einem Übergang der agrarisch-handwerklichen Gesellschaft in die moderne industriell-bürokratische Sozialverfassung aus, die mit einer Abwanderung der ökonomischen Produktionsfunktion aus dem Familienraum und der Trennung der Arbeitswelt von der Familienwelt einhergeht. Soziale Sicherung wird an den Staat mit seinen Großorganisationen delegiert und der Staat übernimmt auch durch die Einrichtung von Kindergärten und der Schulpflicht umfassende Erziehungsfunktionen, die vorher der Familie vorbehalten waren. Es wandern zunehmend auch Erholungs- und Unterhaltungsbereiche in außerfamiliäre Bindungen. Familiärer Zusammenhalt wird schwächer. Die Familie ist daher überwiegend zur Grundlage der personalen Beziehungen der EhepartnerInnen und Kinder geworden. Die Familie steht heute zwei anderen Lebensräumen gegenüber, zu denen sie gegenstrukturell verfasst ist: der Berufs- und Arbeitswelt und der Öffentlichkeit. „Damit wird der Beitrag der Familie zum Aufbau der sozial-kulturellen Persönlichkeit des Kindes und Jugendlichen, aber auch noch des Erwachsenen immer problematischer und teilhaft einseitiger" (Schelsky 1957b: 33). Nach Schelsky verringert die zunehmende Berufstätigkeit von Müttern ihre Möglichkeiten zur Erziehung der Arbeitshaltung der Kinder und zur Erziehung insgesamt. Die Familie wird im Zuge dieser Entwicklung zunehmend zur Konsumgemeinschaft und das Familienleben wird stark durch Konsum bestimmt. Die Erziehungsleistung der Familie, auch für den privaten Lebensbereich, wird entwertet und bedroht: „Als Konsequenz aller dieser Entwicklungen ist eine *sinkende Erziehungsfähigkeit der Familie* festzustellen, die sich aus sozialen Strukturgründen ergibt (nicht aus persönlichen oder psychischen Lebenshaltungsgründen, die nur Folge davon sind) und sich insbesondere gegenüber den Erziehungsansprüchen des öffentlichen Lebens und der Berufs- und Arbeitswelt dokumentiert" (Schelsky 1957b: 35). Die Familie stellt aber auch einen Schutz vor der sachzwanghaften Indienstnahme des Menschen durch gesellschaftliche Strukturen, vor allem der Arbeitswelt, dar und erfüllt menschliche Grundbedürfnisse nach Geborgenheit.

Aus diesen Veränderungen der Familie ergeben sich nun neue Aufgaben für die Schule: Sie muss stärker erzieherische Aufgaben gegenüber der Berufs- und Arbeitswelt und auch gegenüber dem öffentlichen und staatsbürgerlichen Verhalten übernehmen. Außerdem muss die Schule auch als Treuhänder familiärer Privatinteressen auftreten. Hinzu kommt: „Die Schule hat aber auch in der *Erziehung der Kinder und Jugendlichen für das private und familiäre Leben selbst* entscheidende Erziehungsbeihilfen zu leisten, und zwar unter dem Gesichtspunkt einer Stabilisierung dieser privaten Welt als einer ‚Gegenstruktur' zur Selbstentfremdung des Menschen in den Sachstrukturen der Arbeitswelt und Öffentlichkeit" (Schelsky 1957b: 37). Als einen wichtigen Punkt nennt Schelsky hier die Freizeiterziehung gegen die Entfremdungsprozesse des Konsums. „Schließlich liegt eine wichtige Aufgabe der Schule durchaus mit darin, die jungen Menschen, insbesondere die Mädchen, zu Fähigkeiten einer befriedigenden Führung des familiären Lebens selbst zu erziehen, da die Elternhäuser z.T. bereits hier versagen" (Schelsky 1957b: 39). Ein Problem der Schulen besteht darin, dass Eltern ganz unterschiedliche Ansprüche und Vorstellungen von Erziehung haben. Schelsky verweist in diesem Zusammenhang erneut auf die Bedeutung eines möglichst engen Kontakts zwischen Eltern und Schule.

3. Veränderungen der Arbeits- und Berufswelt

Ich komme nun zur dritten gesellschaftlichen Veränderung, die Schelsky nennt: Wandlungen der Arbeits- und Berufsstrukturen. Hier sind die Entwicklungen der Produktionstechniken die wichtigste Ursache für die Veränderung der modernen Arbeitsformen in Richtung Automatisierung. Laut Schelsky verwischen die alten Stufen zwischen Ungelernten, Angelernten und Gelernten, und es entstünde eine breite Schicht hoch qualifizierter betriebsgebundener Anlernberufe. Außerdem verschwänden die Unterschiede zwischen Büro- und Werkstattberufen und damit auch die Unterscheidung zwischen Arbeitern und Angestellten. Auf der Qualifikationsebene würden höhere Anforderungen an technisches Verständnis und Reaktionsgeschick gestellt und ein größeres Gewicht gelegt auf abstrakte Charaktereigenschaften und Arbeitstugenden, etwas, das heutzutage unter dem Begriff der Schlüsselqualifikationen zusammengefasst wird. Mit den neuen Anforderungen würden, so Schelsky, sowohl das Lehrmodell als auch das Modell des Kaufmannsgehilfen für breite Schichten der beruflichen Ausbildung obsolet. Der traditionelle Berufsbegriff werde erschüttert und abstraktere Arbeitstugenden würden ausschlaggebender. Jugendliche seien mit vierzehn Jahren charakterlich noch nicht reif für die modernen Arbeitsanforderungen.

Diese hier nur skizzierten Veränderungen haben auch wiederum Auswirkungen auf Bildung und Erziehung. Laut Schelsky seien Berufsbildungsansprüche zu den sozialen Ansprüchen schlechthin an Erziehung jeder Art geworden. Erziehung wird stärker auf das Arbeitsdasein in der technisierten Welt ausgerichtet und das allgemein bildende Schulwesen soll enger mit dem Beruf bildenden Schulwesen verschmelzen. Dafür sind insbesondere die Einrichtung von Übergangsmöglichkeiten, ein Ausbau des zweiten Bildungswegs und die Verbreiterung der Ausbildungen für die mittleren technischen Berufe wichtig.

4. Veränderungen im Freizeitverhalten

Als vierte und letzte gesellschaftliche Veränderung nennt Schelsky die neuen Freizeitgesetzlichkeiten. Hier ist die Vergrößerung der arbeitsfreien Zeit an erster Stelle zu nennen, die Anforderungen an eine „sinnvolle" Freizeitgestaltung stellt, die erzieherisch vermittelt werden soll. Schelsky geht erneut auf die Sozialisierung ehemaliger Oberschicht-Güter ein, die mittlerweile zu einem sozialen Normalanspruch geworden sind. Gleichzeitig aber findet eine Art widersprüchlicher Entwicklung statt: Ansprüche an eine persönlichkeitsorientierte Bildung werden geringer und damit Erziehung, die dahin vermitteln sollte, unbedeutender. Bildung wird somit immer mehr zu einer eher professionellen Lebensart für eine kleinere spezifische Gruppe von Menschen und verliert ihre breite Verankerung im Bürgertum.

Abschließende Betrachtung

Schelsky bietet mit seiner These, je egalitärer eine Gesellschaft sei, desto mächtiger in der Status-Zuweisung würden die Schulen, eine ungewöhnliche Verknüpfung von Gesellschafts- mit Bildungsanalyse. Sie wirft allerdings die Frage auf, wo denn diese Rolle der Schule festgelegt wird, wer Interesse daran haben könnte, dass Schulen Menschen an bestimmte gesellschaftliche Orte des Obens und Untens deligiert, denn gesellschaftlich bedingt, also sozialstrukturell-funktional können ja in einer weitgehend egalitären Gesellschaft soziale Ungleichheiten nicht mehr sein. Einen Hinweis könnte Schelsky selbst mit seinem Festhalten an Begabungsunterschieden, die quasi angeboren oder jedenfalls unabänderlich seien, geben. Wenn sich Menschen auf natürliche Weise in ihren Fähigkeiten unterscheiden, dann, so könnte er argumentieren, bedarf es gesellschaftlicher Institutionen, die diese Unterschiede feststellen und Menschen in die entsprechenden „Bahnen" lenken. Allerdings wäre dies eher ein bürokratischer Akt der Schule und weniger ein sozialer.

Dass Schelsky die Frage, weshalb denn Schule so stark selektieren müsse, wenn doch die Gesellschaft insgesamt eine weitgehend egalitäre sei, nicht eindeutig beantworten kann, hängt vermutlich mit seiner, wie ich denke, unangemessenen Einschätzung der Einkommensunterschiede zusammen. Nach Schelsky findet ja die Nivellierung der Schichten und Klassen hauptsächlich im kulturellen Bereich statt, wobei er den verbleibenden Unterschieden im Einkommen eine geringe Bedeutung beimisst, so dass er insgesamt – wie bekannt – von einer nivellierten Mittelstandsgesellschaft ausgeht. Damit schließt Schelsky jedoch den ganzen Bereich der unterschiedlichen Entgeltung unterschiedlicher Tätigkeiten, wozu unterschiedliche Bildungsgänge hinführen, aus und damit Fragen nach der Herstellung von Einkommensunterschieden. Darüber hinaus sieht Schelsky keine Verbindung zwischen materieller Ausstattung und kultureller Vermittlung von und in Familien, sondern behandelt beide Bereiche getrennt. Mit Bourdieu (siehe 8. Kapitel) wird die enge Verknüpfung unterschiedlicher Kapitalsorten wie Einkommen und Bildung aufgedeckt.

Schließlich schreibt Schelsky der Schule eine sehr große Verantwortung und auch einen sehr umfassenden Aufgabenbereich zu, da er sowohl für eine stärkere Ausrichtung auf die Arbeitswelt als auch auf den Familienerhalt plädiert. Dass diese umfassenden Anforderungen nicht mit einer geschlechtsspezifischen Bildung zu erfüllen sind, ist auch Schelsky, trotz – vermutlich zeitbedingter – Vertretung von Ansätzen geschlechtsspezifischer Erziehung in Anbetracht der genannten Gesellschaftsveränderungen klar. Es stellt sich daher die Frage, ob die Schule nicht mit einem derart großen Spektrum an Anforderungen und Aufgaben überfordert sei.

6. Kapitel:
Theodor Adorno: Bildung ist Erfahrung machen

Adorno beschäftigte sich mit Fragen der Bildung und Erziehung – wie Mannheim – als Konsequenz seiner Erfahrungen mit dem Nationalsozialismus. Damit ist eine normative Ausrichtung seines Erziehungsbegriffs vorprogrammiert: „Die Forderung, daß Auschwitz nicht noch einmal sei, ist die allererste an Erziehung" (Adorno 1972: 88). Er leitet jedoch einen Erziehungsbegriff her, der über diese Erfahrung und die deutsche Situation hinausgeht und als ein universelles Erziehungsprinzip verstanden werden kann. Dieses Erziehungsprinzip ist aus soziologischer Perspektive interessant, da Adorno die Erziehung des Menschen an die gesellschaftliche Situation bindet und dies in einer Weise tut, die uns bisher noch nicht begegnet ist, weshalb er hier näher vorgestellt werden soll. Ich beginne jedoch zunächst wie üblich mit einer kurzen biographischen Skizze seiner Person.

Leben und Werk Adornos

Theodor W. Adorno wurde 1903 in Frankfurt/M. geboren. Seine Mutter war eine erfolgreiche Sängerin und sein Vater ein Weingroßhändler, der aus einer jüdischen Familie zum Protestantismus übergetreten war. Adorno hatte keine Geschwister. Im Haushalt lebte ebenfalls eine Schwester seiner Mutter, eine Pianistin. Adorno erhielt als Kind eine fundierte musikalische Ausbildung. Er übersprang zwei Schulklassen und legte 1921 seine Reifeprüfung ab. Bereits als Schüler las er zusammen mit Siegfried Kracauer „Kants Kritik der reinen Vernunft". Adorno studierte von 1921-1924 in Frankfurt/M. Philosophie, Musikwissenschaft, Psychologie und Soziologie und schloss sein Studium mit einer Promotion über Husserls Phänomenologie bei Hans Cornelius ab. 1925 ging er nach Wien, um Kompositions- und Klavierunterricht zu nehmen. 1926 kehrte er nach Frankfurt/M. zurück und begann bei Cornelius sein Habilitationsvorhaben. Seine ein Jahr darauf eingereichte Habilitationsschrift wurde wegen mangelnder Originalität und Eigenständigkeit nicht angenommen. 1931 habilitierte sich Adorno mit einer Arbeit zu Kirkegaard bei dem Philosophen und Theologen Paul Tillich in Frankfurt/M.. Max Horkheimer war der zweite Gutachter der Habilitationsschrift. 1933 wurde Adorno die Lehrbefugnis entzogen, 1934 emigrierte er nach

Oxford, Großbritannien und arbeitete bis 1937 als Dozent am Merton College. Er heiratete 1937. 1938 erhielt er von Horkheimer das Angebot einer Stelle am Institute for Social Research in New York, wo er bis 1941 das Music Department leitete. 1941-49 lebte Adorno in Los Angeles, wohin er Horkheimer folgte und mit dem zusammen er seine wichtige Arbeit „Dialektik der Aufklärung" verfasste, die 1947 veröffentlicht wurde. Die zentrale These dieses Werkes ist die der Selbstzerstörung der Aufklärung: Aufklärung hat sich zu einem blinden Fortschrittsmythos verwandelt, statt die Menschen aus ihrer Unmündigkeit zu befreien. In Los Angeles war Adorno Direktor des „Research Project on Social Discrimination", wo er eine empirische Studie zur autoritären Persönlichkeit anfertigte. 1949 kehrte er nach Frankfurt/M. zurück und belegte einen Lehrstuhl für Soziologie und Philosophie. Von 1959 leitete er das wiederbegründete Institut für Sozialforschung. Adorno veröffentlichte zahlreiche Schriften soziologischer, musikästhetischer, kulturkritischer, philosophischer und psychologischer Art. Er gab sich als Intellektueller in die tagespolitische Diskussionen mit Radiosendungen und Artikeln in Zeitungen ein. 1969 starb er an einem Herzinfarkt im Urlaub in Visp, Schweiz.

Adornos Ausführungen zu Bildung und Erziehung entstanden überwiegend in einer Gesprächsreihe, die er zusammen mit Hellmut Becker, damaliger Direktor des Instituts für Bildungsforschung in der Max-Planck-Gesellschaft in Berlin zwischen 1966-1969 führte und die im Hessischen Rundfunk gesendet wurde. Diese Gespräche wurden, zusammen mit weiteren Texten, in einem Band „Erziehung zur Mündigkeit" bei Suhrkamp von Gerd Kadelbach herausgegeben.

Erziehung gegen Barbarei

Adornos Ausführungen beziehen sich zum einen auf Forderungen an Erziehung und Fragen, was Erziehung leisten soll, und zum anderen auf inhaltliche Aussagen zu Erziehungszielen sowie die Schwierigkeiten, diese zu verwirklichen. Ich beginne mit dem ersten Komplex. Wie bereits eingangs zitiert besteht Adornos erste Forderung an Erziehung darin, Auschwitz nie wieder zuzulassen. Seine eigenen Erfahrungen mit dem Nationalsozialismus sind selbstverständlich ein wichtiges Motiv für seine Forderung, aber sie geht über den Nationalsozialismus hinaus und bezieht sich auf das Phänomen der Barbarei (Adorno meint damit primitive physische Gewalt) insgesamt, das eng mit Nationalismen zusammenhinge: „Der Völkermord hat seine Wurzeln in jener Resurrektion des angriffslustigen Nationalismus, die seit dem Ende des neunzehnten Jahrhunderts in vielen Ländern sich zutrug" (Adorno 1972: 89). In seinem späteren Text „Erziehung zur Entbarbarisierung" macht Adorno deutlich, dass keiner ganz von Barbarei

6. Kapitel: Theodor Adorno: Bildung ist Erfahrung machen 61

frei sein könne, da alle Menschen im „Schuldzusammenhang des gleichen Systems" (Adorno 1972a: 123) gefangen seien. Er geht sogar so weit zu sagen, dass bestimmte Handlungen gegen Barbarei selbst nicht von barbarischen Zügen frei seien, „und es kommt nur darauf an, diese Züge gegen das barbarische Prinzip zu wenden, anstatt ihnen ihren Lauf ins Unheil zu lassen" (Adorno 1972:a 123). Adorno hält es für legitim, Gewalt anzuwenden, wenn diese Gewalt dazu dient, menschenwürdigere Zustände herzustellen. Grundsätzlich soll jedoch Erziehung dazu dienen, Gewalt zu beenden.

Adorno schlägt als Ansatz für Erziehung das Subjekt, den einzelnen Menschen, vor und begründet das mit existierenden gesellschaftlichen und politischen Bedingungen, die äußerst schwer zu verändern seien: „Da die Möglichkeit, die objektiven, nämlich gesellschaftlichen und politischen Voraussetzungen, die solche Ereignisse ausbrüten, zu verändern, heute aufs äußerste beschränkt ist, sind Versuche, der Wiederholung entgegenzuarbeiten, notwendig auf die subjektive Seite abgedrängt. Damit meine ich im wesentlichen die Psychologie der Menschen, die so etwas tun" (Adorno 1972: 89). Für Erziehung sei es wichtig, die Mechanismen zu erkennen, die Menschen dazu bringen, dass sie solcher Taten fähig würden und ein Teil von Erziehung sei, diese Mechanismen den Menschen aufzuzeigen. Da es um den Menschen als Subjekt und damit die Entwicklung zum Subjekt ginge, müsse Erziehung insbesondere in der frühen Kindheit ansetzen und als allgemeine Aufklärung wirken. Dabei geht Adorno durchaus kritisch von zwei Bedeutungen des Erziehungsbegriffs aus, der zum einen eine kultivierende, emanzipatorische Konnotation habe und zum anderen durchaus auch unterdrückende, repressive Momente in sich berge (vgl. 1972a: 122).

Ich komme nun zu den von Adorno benannten Mechanismen, die Menschen zu barbarischen Handlungen antreiben und zu seinen Vorschlägen, inwiefern Erziehung einen Weg zur Beendigung von Gewalt darstellen könne. Ein Mechanismus besteht in der Kollektivierung von Menschen. „Menschen, die blind in Kollektive sich einordnen, machen sich selber schon zu etwas wie Material, löschen sich als selbstbestimmte Wesen aus. Dazu paßt die Bereitschaft, andere als amorphe Masse zu behandeln" (Adorno 1972: 97). Eine Kollektivierungserfahrung, die so gut wie alle Menschen machten, besteht im Schulbesuch. Einen Weg, der unreflektierten Macht der Kollektive entgegenzuarbeiten, sieht Adorno im Widerstand gegen diese, der durch Aufdecken der Probleme der Kollektivierung gesteigert werden könnte. Wenn Menschen mittels Erziehung über die Gefahren der Kollektivierung und über ihr eigenes Leiden in Prozessen der Kollektivierung wie der Beschulung aufgeklärt würden, so wäre bereits die Bedrohung durch Kollektivierung abgeschwächt.

Ein weiterer Mechanismus, gegen den Erziehung angehen soll, besteht im Ideal der Härte, das eng an Männlichkeit gekoppelt ist.

„Wer hart ist gegen sich, der erkauft sich das Recht, hart auch gegen andere zu sein, und rächt sich für den Schmerz, dessen Regungen er nicht zeigen durfte, die er verdrängen mußte" (Adorno 1977: 682). Erziehung müsse also gegen diese Härte angehen und „Ernst machen mit einem Gedanken, der der Philosophie keineswegs fremd ist: daß man die Angst nicht verdrängen soll. Wenn Angst nicht verdrängt wird, wenn man sich gestattet, real so viel Angst zu haben, wie diese Realität Angst verdient, dann wird gerade dadurch wahrscheinlich doch manches von dem zerstörerischen Effekt der unbewußten und verschobenen Angst verschwinden" (Adorno 1977: 683).

Ein weiterer Mechanismus, der Menschen zur Barbarei bringt, ist die Emotionslosigkeit, die Menschen dazu veranlasse, Dinge aus Effizienz zu tun. Adorno nennt dies den Typus des verdinglichten Bewußtseins: „Erst haben die Menschen, die so geartet sind, sich selber gewissermaßen den Dingen gleichgemacht. Dann machen sie, wenn es ihnen möglich ist, die anderen den Dingen gleich" (Adorno 1977: 684). Auch hier schlägt Adorno Aufklärung als einen ersten Schritt vor, um diesem Typus des verdinglichten Charakters entgegenzusteuern: „Bei Versuchen, der Wiederholung von Auschwitz entgegenzuwirken, schiene es mir wesentlich, zunächst Klarheit darüber zu schaffen, wie der manipulative Charakter zustande kommt, um dann durch Veränderungen der Bedingungen sein Entstehen, so gut es geht, zu verhindern" (Adorno 1977: 684). Konkret benennt Adorno hier die Erforschung der Schuldigen von Auschwitz mittels Psychoanalyse, um das Werden dieser Menschen begreiflich zu machen.

Schließlich benennt Adorno als weiteren Mechanismus die „Verfolgung des je eigenen Interesses gegen die Interessen aller anderen" (Adorno 1977: 678). Adorno bezeichnet dies als Mitläufertum, als eine Art Geschäftsinteresse, „daß man seinen eigenen Vorteil vor allen anderen wahrnimmt und, um nur ja nicht sich zu gefährden, sich nicht den Mund verbrennt" (Adorno 1977: 687). Diese dadurch entstehende allgemeine Kälte müsste, so Adorno, durch die Einsicht in die Existenzgründe und -bedingungen dieser Kälte reduziert werden. Schließlich fügt Adorno noch einige weitere Möglichkeiten der Erziehung gegen Barbarei hinzu: das Aufzeigen konkreter Möglichkeiten des Widerstands, die soziologische Aufklärung über gesellschaftliche Kräftespiele, den Abbau jeglicher Art von unerhellter, intransparenter Autorität und schließlich die Erzeugung von Widerspruch und Widerstand, die „Erziehung des ‚Madigmachens'" (Adorno 1972b: 146), wie er es nennt.

Erziehung zur Mündigkeit

Nun komme ich zum zweiten Bereich, der inhaltlichen Bestimmung von Erziehungszielen. Zunächst macht Adorno klar, dass er die Frage nach der inhaltlichen Ausrichtung von Erziehung für selbstverständlich hält. Gleichzeitig wehrt er sich gegen von außen gesetzte Erziehungsziele, die nicht legitimierbar seien, da nicht begründbar sei, wer sich das Recht nehmen könne zu entscheiden, wozu andere erzogen werden sollten (vgl. Adorno 1972c: 107). Adorno bringt eine Definition von Erziehung, die gleichzeitig das Erziehungsziel ausdrückt: „Eben nicht sogenannte Menschenformung, weil man kein Recht hat, von außen her Menschen zu formen; nicht aber auch bloße Wissensübermittlung, deren Totes, Dinghaftes oft genug dargetan ward, sondern die *Herstellung des richtigen Bewußtseins*" (Adorno 1972c: 107). Um diese Aussage zu verstehen, ist es wichtig, zu wissen, was Adorno unter Bewusstsein verstanden hat:

> „Das aber, was eigentlich Bewußtsein ausmacht, ist Denken in bezug auf Realität, auf Inhalt: die Beziehung zwischen den Denkformen und -strukturen des Subjekts und dem, was es nicht selber ist. Dieser tiefere Sinn von Bewußtsein oder Denkfähigkeit ist nicht einfach der formallogische Ablauf, sondern er stimmt wörtlich mit der Fähigkeit, Erfahrungen zu machen, überein. Denken und geistige Erfahrungen machen, würde ich sagen, ist ein und dasselbe. Insofern sind Erziehung zur Erfahrung und Erziehung zur Mündigkeit, so, wie wir versucht haben, es auszuführen, miteinander identisch" (Adorno 1972c: 116).

Mit Bewusstsein meint Adorno also nicht einen bestimmten Inhalt in dem Sinne, wie wir heutzutage beispielsweise das Wort „Umweltbewusstsein" verwenden und damit auf die Notwendigkeit des Schutzes der Umwelt vor schädigenden Einflüssen hinweisen. Adorno gebraucht den Begriff des Bewusstseins abstrakter, nämlich als die Fähigkeit, Erfahrungen zu machen. Mit Erfahrungen meint er eine unverstellte, unverfremdete Berührung, einen direkten Kontakt mit uns umgebenden Gegenständen, Menschen, Sachverhalten etc. Etwas zu erfahren bedeutet, etwas kennenzulernen. In dem Moment aber, indem wir unverstellt etwas erfahren, setzen wir uns mit diesem „Gegenstand" auseinander und zwar denkend (und handelnd) und das, wie wir uns zu diesem „Gegenstand" verhalten oder wie wir über ihn denken, zeichnet unsere Mündigkeit aus. Richtiges Bewusstsein bedeutet demnach unverstellt Erfahrungen machen zu können. Adorno spricht also ein klares Erziehungsziel aus, ohne es jedoch inhaltlich spezifisch zu füllen, denn der denkende Mensch ist ein freier und mündiger Mensch. Nach Adorno ist es nicht anders als durch Denken möglich, zu bestimmen, was zu tun richtig sei und damit richtige Praxis zu benennen (vgl. Adorno 1972b: 137).

Als Begründung für die Erziehung zur Mündigkeit führt Adorno die Demokratie an, und zwar einerseits als faktische Staatsordnung der Bundesrepublik Deutschland in den 1960ern und andererseits als normative Ausrichtung, denn Adorno ist ein Verfechter der Demokratie. Mündigkeit ist deshalb so wichtig, weil die Demokratie auf der Willensbildung eines jeden Einzelnen beruhe, die dann in der Institution der repräsentativen Wahl zusammengefasst würde.

Probleme bei der Verwirklichung der Erziehung zur Mündigkeit

Nun gibt es jedoch in der Praxis zwei Probleme, die die Erziehung zur Mündigkeit behindern bzw. ihr entgegenstehen. Das erste Problem besteht in der „unermeßliche[n] Last der Verdunklung des Bewußtseins" (Adorno 1972c: 108-109). Damit spricht Adorno die gesellschaftlichen und politischen Verhältnisse an, die bereits oben zur Sprache kamen und die die freie Entfaltung und Selbstbestimmung der Menschen verhindern. In diesen Verhältnissen wird auf Menschen ein enormer Druck ausgeübt, der alle Erziehung überwiegt, „daß kein Mensch in der heutigen Gesellschaft wirklich nach seiner eigenen Bestimmung existieren kann" (Adorno 1972b: 144). Ein Sprechen über Mündigkeit ohne dieses Drucks gewahr zu sein, wäre idealistisch im schlechten Sinn.

Das zweite Problem der Erziehung zur Mündigkeit handelt von der Doppeldeutigkeit von Erziehung, die einerseits zu Bewusstsein und andererseits zu Anpassung führt.

> „Mündigkeit bedeutet in gewisser Weise soviel wie Bewußtmachung, Rationalität. Rationalität ist aber immer wesentlich Realitätsprüfung, und diese involviert regelmäßig ein Moment von Anpassung. Erziehung wäre ohnmächtig und ideologisch, wenn sie das Anpassungsziel ignorierte und die Menschen nicht darauf vorbereitete, in der Welt sich zurechtzufinden. Sie ist aber genauso fragwürdig, wenn sie dabei stehenbleibt und nichts anderes als ‚well adjusted people' produziert, wodurch sich der bestehende Zustand, und zwar gerade in seinem Schlechten, erst recht durchsetzt. Insofern liegt im Begriff der Erziehung zu Bewußtsein und Rationalität von vornherein eine Doppelschlächtigkeit. Vielleicht ist sie im Bestehenden nicht zu bewältigen; jedenfalls dürfen wir ihr nicht ausweichen" (Adorno 1972c: 108-109).

Hier taucht mit dem Motiv der Anpassung – das wir bereits bei Mannheim kennengelernt haben – eine sehr handfeste und konkrete Dimension von Erziehung auf, die Menschen dazu befähigen soll, in ihrer momentanen Situation und unter gegebenen Bedingungen zurecht zu kommen. Die Anpassung ist jedoch ein Problem für die Herausbildung von Mündigkeit und Individualität, eben weil sie die Menschen dazu zwingt, in gegebenen Situationen klar zu kommen, ohne diese gleich verändern zu können. Adorno löst dieses Problem, indem er auf den

6. Kapitel: Theodor Adorno: Bildung ist Erfahrung machen

Widerstand verweist, der den Menschen als eine Art Ausweg aus der Alternative zwischen der puren Akzeptanz und Anpassung und der Verzweiflung und Ohnmacht nach Bewusstwerden der gesellschaftlichen Zustände bleibt. Im Widerstand zu den gegebenen Verhältnissen können die Menschen ihr gewonnenes Bewusstsein, das sie mündig macht, und ihre Individualität leben:

> „Die Situation ist paradox. Eine Erziehung ohne Individuum ist unterdrückend, repressiv. Wenn man aber versucht, Individuen so heranzuziehen, wie man Pflanzen züchtet, die man mit Wasser begießt, dann hat das etwas Schimäres und Ideologisches. Die Möglichkeit ist allein, all das in der Erziehung bewußt zu machen, also etwa, um noch einmal auf Anpassung zu kommen, anstelle der blinden Anpassung die sich selbst durchsichtige Konzession zu setzen dort, wo das unausweichlich ist, und auf jeden Fall anzugehen gegen das verschlampte Bewußtsein. Das Individuum, würde ich sagen, überlebt heute nur noch als Kraftzentrum des Widerstandes" (Adorno 1972c: 118).

Der letzte Gedanke, nämlich, dass Erziehung heutzutage nur noch als Widerstand gegen bestehende gesellschaftliche Verhältnisse möglich ist, führt uns erstens doch zu einer Art inhaltlichen Bestimmung von Erziehung: der Freiheit des Menschen als einem anderen Begriff für Mündigkeit. Der Widerstands-Gedanke führt uns zweitens direkt in den gesellschaftlichen Kontext von Erziehung, denn Erziehung kann nie losgelöst von gesellschaftlichen Verhältnissen stattfinden. Erziehung zur Mündigkeit bedeutet in unterschiedlichen gesellschaftlichen Kontexten inhaltlich unterschiedliches; außerdem ist sie an das denkende, erfahrende Subjekt gebunden, das auch unterschiedlich gesellschaftlich verortet ist.

Abschließende Betrachtung

Adorno bewegt sich insgesamt sehr nah am Humboldtschen Bildungsbegriff des Weltaufschlusses. Allerdings streicht Adorno, im Gegensatz zu Humboldt, deutlich das Anpassungsziel von Erziehung hervor, ohne das Erziehung zur Ideologie verkäme. Dass Erziehung in unterschiedlichen Kontexten und je nach Subjekt etwas anderes bedeutet, macht Adornos Erziehungsbegriff auch offener gegenüber Humboldts Bildungsbegriff, der doch sehr auf die Lebenswirklichkeit des Bürgertums zugeschnitten war. Allerdings vertritt Adorno selbst einen relativ engen Erfahrungs- und damit Bewusstseins- bzw. Mündigkeitsbegriff, indem er diesen allein auf geistige Erfahrungen bezieht und damit andere Erfahrungsdimensionen, die für das Bewusstsein ebenfalls von großer Bedeutung sind, wie körperliche und emotionale Erfahrungen, unerwähnt lässt.

Insgesamt räumt Adorno der Erziehung nur einen relativ kleinen Raum zur Veränderung der bestehenden Verhältnisse ein, der ansonsten hauptsächlich in der Reflexion über die bestehenden Verhältnisse besteht:

> „Ich möchte das Gespräch am liebsten damit schließen, daß wir unseren Zuhörern das Phänomen zu bedenken geben, das gerade im Eifer des Änderungswillen allzu leicht verdrängt wird, daß Versuche, in irgendeinem partikularen Bereich unsere Welt wirklich eingreifend zu ändern, sofort der überwältigenden Kraft des Bestehenden ausgesetzt sind und zur Ohnmacht verurteilt erscheinen. Wer ändern will, kann es wahrscheinlich überhaupt nur, indem er diese Ohnmacht selber und seine eigene Ohnmacht zu einem Moment dessen macht, was er denkt und vielleicht auch was er tut" (Adorno 1972b: 147).

Das scheint der Preis zu sein, den Adorno zahlen muss, wenn er die Mündigkeit der Menschen ernst nimmt und sie nicht nur als Produkt von Erziehung, sondern auch implizit als Voraussetzung für Erziehung annimmt.

7. Kapitel:
Michel Foucault: Schule als Disziplinaranstalt

Mit Foucault kommen wir wieder zu einem französischen Denker, genauer, zu einem Philosophen und Psychologen. Obwohl er selbst keine ausdrücklich soziologische Analyse von Bildung oder Bildungsinstitutionen anfertigte, hat er mit seiner historischen Beschreibung und Rekonstruktion der Entstehung moderner Institutionen wie des Gefängnisses, des Krankenhauses und der Schule eine Seite von Schule aufgedeckt, die bislang noch nicht eingehend theoretisiert, sondern nur angedeutet wurde: die Erzeugung von Zuständen, wie Durkheim gesagt hat, also von Haltungen, Verhaltensweisen und Bereitschaften bei SchülerInnen, die nichts unmittelbar mit dem inhaltlichen Aspekt von Unterricht zu tun haben, sondern durch die Art des Unterrichtens, der Verhaltensregeln im Schulalltag sowie durch räumliche Maßnahmen hergestellt werden. Foucault entwickelt eine neue Sichtweise auf Macht, die uns dazu verhilft, die Strukturen zu erkennen, die diese Zustände produzieren. Seine Analyse leistet einen wichtigen Beitrag zur größeren Erkenntnis der nicht-offiziellen Aufgaben und Funktionen von Schule. Bevor ich jedoch näher darauf eingehe, beginne ich wiederum mit einer kurzen Beschreibung seiner Person, die neben den reinen Informationen auch zu einem erweiterten Verständnis seines theoretischen Ansatzes beitragen soll (vgl. Kammler et al. 2008; Kögler 2004).

Leben und Werk Foucaults

Michel Foucault wurde 1926 in Poitiers geboren. Sein Vater war Arzt und lehrte an der medizinischen Fakultät und seine Mutter entstammte ebenfalls einer Familie von Ärzten und brachte eigenes Vermögen mit in die Ehe. Foucault hatte eine ältere Schwester und einen jüngeren Bruder und wurde auf eigenen Wunsch vorzeitig eingeschult. Im Anschluss an seine Schulzeit besuchte Foucault einen Vorbereitungskurs für die École Normale Supérieur (ENS) für das Studium der Human- und Geisteswissenschaften, doch er bestand die Aufnahmeprüfung zunächst nicht und wiederholte diese im folgenden Jahr erfolgreich. 1946 begann er mit seinem Studium der Philosophie an der ENS, einer Bildungseinrichtung, die in Frankreich als elitär gilt. Dort war er Schüler von Louis Althusser, einem einflussreichen marxistischen Theoretiker. Neben Philosophie studierte Foucault auch Psychologie. Nach einem gescheiterten Versuch 1950 schloss Foucault sein Studium 1951 mit der Agrégation im Fach Philosophie und 1952 mit einem Diplom in Psychopathologie ab. Von 1951-1955 war er als Dozent für Psychologie an der Universität in Lille tätig. 1955 ging er für drei Jahre nach Upsala, Schweden, wo er das französische Kulturinstitut leitete und hauptsächlich französische Literatur und Kultur an der Universität Upsala unterrichtete. 1958 erfolgte der Wechsel nach Warschau und 1959 nach Hamburg. Im Herbst 1960 kehrte er nach Frankreich zurück. Hier stellte er sein erstes Buchmanuskript „Wahnsinn und Gesellschaft" fertig, das mit Hilfe eines früheren Prüfers die Grundlage für einen Teil seiner Dissertation 1961 wurde. Zwischen 1960-1966 unterrichtete Foucault Philosophie und Psychologie an der Universität in Clermont-Ferrand, wohin er von Paris aus pendelte. 1966-1968 war Foucault als Professor an der Universität Tunis beschäftigt. Er beendete seinen Vertrag in Tunesien vorzeitig, um am Aufbau der Reformuniversität im Pariser Vorort Vincennes mitzuwirken, einer Universität, die Studierende ohne zertifizierte Hochschulreife aufnahm. 1970 wurde er an das hoch angesehene Collège der France auf die Professur für „Geschichte der Denksysteme" berufen, wo er bis zu seinem Tod 1984 blieb. Dort hatte er wenig Lehrverpflichtungen und vollkommene Forschungsfreiheit und war von akademischen Verwaltungsaufgaben und Prüfungen frei. Foucault hat in mehreren Ländern gelehrt, u.a. in den USA und Brasilien.

Foucault steht für sehr heterogene intellektuelle und politische Ansätze. So verband er philosophische mit politischen und historischen Studien. Politisch hat er sich für unterschiedliche Dinge eingesetzt, wie für den Erhalt einer maoistischen Zeitschrift und gegen die Anerkennung des Jaruselski-Putsches in Polen. Die Veröffentlichung seiner Schriften dauert bis heute an.

Gelehrigkeit der Körper

Das zentrale Buch für bildungssoziologisch Interessierte ist Foucaults Buch „Überwachen und Strafen. Die Geburt des Gefängnisses", das 1975 veröffentlicht wurde und zwei Jahre später auf Deutsch erschien. In diesem Buch geht er, wie auch in anderen, genealogisch vor, d.h. er arbeitet anhand überlieferter Dokumente, wie beispielsweise Gerichtsakten, die Machtwirkungen des damaligen nicht-wissenschaftlichen Wissens heraus. Ihm geht es darum, die gegenseitige Schaffung von Macht und Wissen herauszufinden, also die Frage zu beantworten, inwiefern Macht von Wissen abhängt und durch Wissen geschaffen wird und umgekehrt, inwieweit Wissen von Macht abhängt und geschaffen wird.

7. Kapitel: Michel Foucault: Schule als Disziplinaranstalt

Foucault möchte auch die gesellschaftliche Verbreitung dieser Macht-Wissen-Konstellationen aufzuzeigen. Hier spielt die Schule eine wichtige Rolle, da sie eine der Institutionen ist, die im Laufe des 18. Jahrhunderts zur Verbreitung einer neuen Macht-Wissen-Konstellation beitrug, die bis heute diese Institution und durch sie unsere Gesellschaft prägt.

Foucault setzt mit seiner Analyse der Macht-Wissen-Konstellation am menschlichen Körper und seinen Formungen an. Dies mag zunächst ungewöhnlich erscheinen, da der Körper in sozialwissenschaftlichen Analysen meist keine große Rolle spielt. Doch mit seiner Analyse der Körper-Formungen bekommt Foucault viel mehr als nur den Körper in den Blick; er kann mit seiner Analyse der Unterwerfung von Körpern auch die Unterwerfung des menschlichen Geistes und der Seele fassen. Seine Analyse des Körpers wirkt wie ein Dreh- und Angelpunkt für die Haltungen von Menschen und von da für gesellschaftliche Zustände.

Zunächst beschreibt Foucault das klassische Zeitalter als eines, indem man den Körper als „Gegenstand und Zielscheibe der Macht" (vgl. Foucault 1977: 174) sieht. Der Mensch wird als Maschine betrachtet. Er macht dies an Militär-, Schul- und Spitalreglements fest, in denen es um die Ausnutzung und die Durchschaubarmachung von Körpern ging (vgl. Foucault 1977: 174). Der menschliche Körper wird als gelehrig entdeckt. Im Begriff der Gelehrigkeit des Körpers wird der analysierbare Körper mit dem manipulierbaren Körper verknüpft. „Gelehrig ist ein Körper, der unterworfen werden kann, der ausgenutzt werden kann, der umgeformt und vervollkommnet werden kann" (Foucault 1977: 175). Hier deutet sich bereits an, was Foucault später expliziter analysieren wird: die Verbindung von Macht und Wissen. Macht, im Weberschen Sinn, jemandem seinen Willen aufdrücken zu können, wird hier in der Manipulation und Unterwerfung der Körper deutlich. Aber es findet noch etwas anderes statt: der menschliche Körper wird gleichzeitig analysiert und die Ergebnisse der Analyse werden für die Umformung des Körpers eingesetzt. Das Neue am Umgang mit dem Körper ist:

1. die Skala oder Größenordnung der Kontrolle: es geht nicht um Körper in der Masse, sondern darum, ihn im Detail zu behandeln,
2. der Gegenstand der Kontrolle: „es geht nicht oder nicht mehr um die Bedeutungselemente des Verhaltens oder um die Sprache des Körpers, sondern um die Ökonomie und Effizienz der Bewegungen und ihrer inneren Organisation" (Foucault 1977: 175) und
3. die Durchführungsweise: „sie besteht in einer durchgängigen Zwangsausübung, die über die Vorgänge der Tätigkeit genauer wacht als über das Ergebnis und die Zeit, den Raum, die Bewegungen bis ins kleinste codiert" (Foucault 1977: 175)

Disziplin = Macht und Wissen

Ein zentraler Begriff in Foucaults Analyse ist der Begriff der Disziplin. In diesem Begriff kommen sowohl Macht als auch Wissen zum Ausdruck. Der Aspekt der Macht drückt sich folgendermaßen aus:

> „Die Disziplin fabriziert auf diese Weise unterworfene und geübte Körper, fügsame und gelehrige Körper. Die Disziplin steigert die Kräfte des Körpers (um die ökonomische Nützlichkeit zu erhöhen) und schwächt diese selben Kräfte (um sie politisch fügsam zu machen). Mit einem Wort: sie spaltet die Macht des Körpers; sie macht daraus einerseits eine ‚Fähigkeit', eine ‚Tauglichkeit', die sie zu steigern sucht; und andererseits polt sie die Energie, die Mächtigkeit, die daraus resultieren könnte, zu einem Verhältnis strikter Unterwerfung um. Wenn die ökonomische Ausbeutung die Arbeitskraft vom Produkt trennt, so können wir sagen, daß der Disziplinarzwang eine gesteigerte Tauglichkeit und eine vertiefte Unterwerfung im Körper miteinander verkettet" (Foucault 1977: 177).

Hier deutet sich bereits Foucaults erweiterte Auffassung von Macht an, auf die ich später noch genauer eingehen werde. An dieser Stelle sei nur darauf hingewiesen, dass er hier Macht zweideutig auffasst: einerseits als Steigerung von körperlichen Kräften, die genutzt werden können, und andererseits als Unterwerfung von kräftigen Körpern, damit sie dem gewünschten Interesse dienen. Die Art und Weise der Unterwerfung, der Disziplinierung von Körpern, die auf einer Ansammlung von Wissen über den Körper beruht, bringt den zweiten Aspekt von Disziplin zum Ausdruck: das Wissen, das für die Konstituierung von Macht ausschlaggebend ist:

> „Die Kleinlichkeit der Reglements, der kleinliche Blick der Inspektionen, die Kontrolle über die kleinsten Parzellen des Lebens und des Körpers werden im Rahmen der Schule, der Kaserne, des Spitals oder der Werkstätte jenem mystischen Kalkül des unendlich Kleinen und Großen bald einen weltlichen Inhalt, eine ökonomische oder technische Rationalität verleihen" (Foucault 1977: 180).

Techniken der Disziplinierung

Foucault geht dann auf die Techniken der Disziplin näher ein und beginnt mit der Verteilung der Individuen im Raum. Menschen werden zunächst durch die Technik der Klausur, einer baulichen Abschließung eines Ortes von anderen Orten, diszipliniert. Beispiele für die Klausur sind Kasernen, Manufakturen und

7. Kapitel: Michel Foucault: Schule als Disziplinaranstalt

eben auch Schulen und Internate. Eine weitere Technik besteht in der Parzellierung von Menschen:

> „Jedem Individuum seinen Platz und auf jeden Platz ein Individuum. Gruppenverteilungen sollen vermieden, kollektive Einnistungen sollen zerstreut, massive und unübersichtliche Vielheiten sollen zersetzt werden (...) Es geht gegen die ungewissen Verteilungen, gegen das unkontrollierte Verschwinden von Individuen, gegen ihr diffuses Herumschweifen, gegen ihre unnütze und gefährliche Anhäufung (...) Es geht darum, die Anwesenheiten und Abwesenheiten festzusetzen und festzustellen, zu wissen, wo und wie man die Individuen finden kann, die nützlichen Kommunikationskanäle zu installieren und die anderen zu unterbrechen; jeden Augenblick das Verhalten eines jeden überwachen, abschätzen und sanktionieren zu können; die Qualitäten und die Verdienste zu messen. Es handelt sich also um eine Prozedur zur Erkennung, zur Meisterung und zur Nutzbarmachung. Die Disziplin organisiert einen analytischen Raum" (Foucault 1977: 183-184).

Das Klassenzimmer mit bestimmten Sitzordnungen ist ein Beispiel für die Parzellierungstechnik.

Eine weitere Technik, die auch in Bildungseinrichtungen angewandt wird, ist die Verknüpfung von Einheit mit Hierarchie. Foucault spricht von der Einheit als Rang und beschreibt die Entwicklung von Schulklassen folgendermaßen:

> „Allmählich – vor allem nach 1762 – „verflacht" sich der Schulraum: die Klasse wird homogen und besteht nur mehr aus individuellen Elementen, die sich nebeneinander unter dem Blick des Lehrers ordnen. Der ‚Rang' beginnt im 18. Jahrhundert die große Form der Verteilung der Individuen in der Schulordnung zu definieren: Schülerreihen in der Klasse, Korridore, Kurse; jeder erhält bei jeder Aufgabe und bei jeder Prüfung einen Rang zugewiesen – von Woche zu Woche, von Monat zu Monat, von Jahr zu Jahr; Gleichschaltung der verschiedenen Altersklassen; Abfolge des Lehrstoffs und der behandelten Fragen in der Ordnung zunehmender Schwierigkeit. Und in diesem System obligatorischer Gleichschaltungen erhält jeder Schüler nach seinem Alter, seinen Leistungen, seinem Benehmen bald diesen Rang und bald einen andern; er verschiebt sich ständig auf jenen Reihen, von denen die einen rein ideal eine Hierarchie des Wissens und der Fähigkeiten markieren, während die andern die Verteilung der Werte und der Verdienste materiell in den Raum der Klasse oder des Kollegs übersetzen" (Foucault 1977: 188).

Die Schaffung von Rängen hat eine andere Art der Wissensvermittlung und der Machtausübung ermöglicht:

> „Die Organisation eines seriellen Raumes war eine der großen technischen Mutationen des Elementarunterrichts, der das traditionelle System (ein Schüler arbeitet einige Minuten lang mit dem Lehrer, während eine ungeordnete Masse der anderen ohne

Aufsicht müßig ist und wartet) abgelöst hat. Indem er individuelle Plätze zuwies, hat er die Kontrolle eines jeden und die gleichzeitige Arbeit aller möglich gemacht. Er hat eine neue Ökonomie der Lernzeit organisiert. Er hat den Schulraum zu einer Lernmaschine umgebaut – aber auch zu einer Überwachungs-, Hierarchisierungs-, Belohnungsmaschine" (Foucault 1977: 188-189).

Foucault führt auch Dokumente an, aus denen die Unterscheidung der Schüler nach dem Vermögen der Eltern vorgenommen wurde, durch Sitzordnungen beispielsweise, in denen die ärmeren Kinder nicht neben den wohlhabenden sitzen durften, um kein Ungeziefer zu übertragen. Foucault betont die doppelte Bedeutung von Rängen: „Die Anordnung nach Rängen oder Stufen hat eine zweifache Aufgabe: sie soll die Abstände markieren, die Qualitäten, Kompetenzen und Fähigkeiten hierarchisieren; sie soll aber auch bestrafen und belohnen. Die Reihung wirkt sanktionierend, die Sanktionen wirken ordnend" (Foucault 1977: 234).

Zur räumlichen Disziplinierung trat die Kontrolle von Tätigkeiten hinzu. Disziplinierungstechniken bestanden hier in der Zeitplanung in Form von Festsetzung von Rhythmen, der Zwang zu bestimmten Tätigkeiten, die Regelung von Wiederholungszyklen sowie die zeitliche Durcharbeitung von Tätigkeiten. Die Stundenpläne in Schulen sind ein Beispiel dafür. Körper wurden mittels bestimmter Gesten geordnet, was die Geschwindigkeit des Gehorchens erhöhte (wir kennen dies beispielsweise aus der Grundschule, wenn die Lehrerin ihren Finger an den Mund legt und so die Kinder zur Ruhe aufruft), und die Körper wurden mit Objekten wie Tafeln und Stiften zusammengeschaltet. So entstand beispielsweise eine Lehre von der besten Haltung von Schreibwerkzeugen. Schließlich wurde das Prinzip der erschöpfenden Ausnutzung, also die Vermeidung von Müßiggang, eingeführt: „Der Stundenplan sollte die Gefahr der Verschwendung – eine moralische Schuld und eine wirtschaftliche Unredlichkeit – bannen. Die Disziplin hingegen organisiert eine positive Ökonomie. Sie setzt auf das Prinzip einer theoretisch endlos wachsenden Zeitnutzung. Nicht nur Einsatz, sondern Ausschöpfung." (Foucault 1977: 197-198). Als ein Beispiel kann die Einführung von Schreibübungen dienen.

Eine weitere Disziplinierung, die nun verstärkt den Aspekt des Wissens aufgreift, besteht in der Organisation von Entwicklungen. Hier steht der Gedanke im Mittelpunkt, dass Menschen aufgrund bestimmter Erkenntnisse gezielt entwickelt werden können. Die Entwicklung wiederum wird dokumentiert und dient der Hierarchisierung von Menschen. In der Schule gehören die Schulaufgaben zur Organisation von Entwicklungen:

> „jede dieser Übungsarbeiten wird mit Namen und Datum versehen und dem Professor ausgehändigt; die besten werden belohnt; am Ende des Jahres werden sie zusammengestellt und verglichen, wodurch sich die Fortschritte, die augenblicklichen

7. Kapitel: Michel Foucault: Schule als Disziplinaranstalt

Tauglichkeit, der Rang eines jeden Schülers ermitteln lassen; so werden diejenigen bestimmt, die in die nächsthöhere Klasse aufsteigen können" (Foucault 1977: 202).

„Die Übung ist nämlich jene Technik, mit der man den Körpern Aufgaben stellt, die sich durch Wiederholung, Unterschiedlichkeit und Abstufung auszeichnen. Indem sie das Verhalten auf einen Endzustand ausrichtet, ermöglicht die Übung eine ständige Charakterisierung des Individuums: entweder in Bezug auf dieses Ziel oder in Bezug auf die anderen Individuen oder in Bezug auf eine bestimmte Gangart. Auf diese Weise gewährleistet sie in der Form der Stetigkeit und des Zwanges sowohl eine Steigerung wie Beobachtung und Qualifizierung" (Foucault 1977: 207-208).

Was hier passiert, bezeichnet Foucault als „Entwicklung einer neuen Technik zur Erfassung der Zeit der Einzelexistenzen; zur Reglementierung der Verhältnisse der Zeiten, Körper und Kräfte; zur Akkumulation der Dauer; und zur ständigen Steigerung der Rentabilität des Zeitflusses" (Foucault 1977: 202). Hier wird die gesellschaftliche Dimension der Disziplin deutlich, die die Reglementierung von Individuen oder einzelnen sozialen Gruppen übersteigt. Tätigkeiten werden mittels bestimmter Techniken auf Dauer „eingereiht", so dass sie planbar und kontrollierbar werden, da man weiß, wo beispielsweise ein Schüler zurzeit steht und wohin es mit ihm gehen soll.

„Die ‚Einreihung' der Tätigkeiten eröffnet die Möglichkeit einer Besetzung der Dauer durch die Macht: die Möglichkeit einer detaillierten Kontrolle und pünktlichen Intervention (einer differenzierenden, korrigierenden, strafenden, ausschaltenden Intervention) in jedem Moment der Zeit; die Möglichkeit des Beurteilens und damit des Einsatzes der Individuen je nach dem Niveau, das sie auf ihren Laufbahnen erreicht haben; die Möglichkeit der Akkumulierung, Einholung, Totalisierung und Ausnutzung der Zeit und der Tätigkeit im Endresultat, das die endgültige Tauglichkeit des Individuums ist" (Foucault 1977: 206).

Im Zeitalter des so genannten lebenslangen Lernens bekommt die Analyse von Foucault eine neue Dimension, da sich dann die Kontrolle und Intervention sowie die Beurteilung von Menschen nicht mehr „nur" noch auf ihre Schul- und Erwerbsarbeitszeit erstreckt, sondern darüber hinaus weitere Lebensbereiche, die mit Weiterbildung verbracht werden, ebenfalls den Disziplinierungen unterstehen können.

Schließlich erzeugt die Disziplin die Zusammensetzung der Kräfte zur Herstellung eines leistungsfähigen Apparates. So wird der einzelne Körper zu einem Element, das man platzieren, bewegen und an andere Elemente anschließen kann, womit Kräfte geballt werden können. Die Zeit wird aus chronologischen Serien gebildet, d.h. sie wird dadurch kalkulierbar. Damit dies funktioniert, ist ein präzises Befehlssystem erforderlich, was durch die Dressur der Schüler in immer wieder derselben Weise erreicht wird. Erst die geordnete Kombination der Kräfte ermöglicht ihren fruchtbaren und gezielten Einsatz.

„Zusammenfassend kann man sagen, dass die Disziplin mit ihrer Körperkontrolle (...) eine Individualität mit vier Merkmalen produziert: diese Individualität ist zellenförmig (aufgrund der räumlichen Parzellierung); sie ist organisch (dank der Codierung der Tätigkeiten); sie ist evolutiv (aufgrund der Zeithäufung); sie ist kombinatorisch (durch die Zusammensetzung der Kräfte). Und um das zu erreichen setzt die Disziplin vier große Techniken ein: sie konstruiert Tableaus, sie schreibt Manöver vor; sie setzt Übungen an; und um das Zusammenspiel der Kräfte zu gewährleisten, ordnet sie ‚Taktiken' an" (Foucault 1977: 216).

Foucault bezeichnet diese Art von Disziplin als eine „Mikro-Justiz der Zeit (Verspätungen, Abwesenheiten, Unterbrechungen), der Tätigkeit (Unaufmerksamkeit, Nachlässigkeit, Faulheit), des Körpers (‚falsche' Körperhaltungen und Gesten, Unsauberkeit), der Sexualität (Unanständigkeit, Schamlosigkeit)" (Foucault 1977: 230). Es werden gute und schlechte Punkte verteilt, so dass sich das Verhalten von SchülerInnen in einer Zahlenökonomie ausdrücken lässt (vgl. 233).

„Mit Hilfe dieser Quantifizierung, dieses Geldumlaufs von Guthaben und Schulden, dieser ständigen Notierung von Pluspunkten und Minuspunkten hierarchisieren die Disziplinapparate die ‚guten' und die ‚schlechten' Subjekte im Verhältnis zueinander. In dieser Mikro-Ökonomie einer pausenlosen Justiz vollzieht sich die Differenzierung – nicht der Taten, sondern der Individuen selber: ihrer Natur, ihrer Anlagen, ihres Niveaus, ihres Wertes. Indem sie die Taten mit größter Genauigkeit sanktioniert, durchschaut sie die Individuen ‚in Wahrheit'. Ihr Strafsystem gehört in den Kreislauf der Erkenntnis der Individuen" (Foucault 1977: 234).

Diese Art von Mikro-Justiz ist auch heute fester Bestandteil des Schulalltags; wir müssen nur an verschiedene Aufkleber von LehrerInnen in den Heften von SchülerInnen als Bonus- und Malusausdrücke denken, oder die Eintragungen in die Klassenbücher.[1] Foucault betont die doppelte Wirkung der Strafjustiz: Sie sortiert die Schüler nach ihren Tauglichkeiten und ihrem Benehmen und somit auch nach dem Gebrauch, den man nach der Schule von ihnen machen wird; zudem übt sie einen ständigen Druck auf sie aus, damit sie sich alle demselben Muster unterwerfen, damit sie allesamt „zur Unterordnung, zur Fügsamkeit, zur Aufmerksamkeit in den Studien und Übungen und zur genauen Ausführung der Aufgaben und aller Teile der Disziplin angehalten werden" (Foucault 1977:

---

[1] Klaus Holzkamp (1993) hat in seinem Buch „Lernen. Subjektwissenschaftliche Grundlegung" die Berliner Schulverfassung sowie verdeckte Lernstrategien anhand Foucaults Konzept der Mikro-Justiz beschrieben.

235). Das Strafsystem wirkt daher „vergleichend, differenzierend, hierarchisierend, homogenisierend, ausschließend" (Foucault 1977: 236). Foucault weist hier auf die vielfältigen Wirkungen der Disziplin hin, die eben nicht nur „negativ" im Sinne von unterdrückend, sondern auch „positiv" im Sinne von schaffend funktioniert. Statt einer Überwachung von außen, wie sie bisher üblich war, „wird die Disziplinargewalt ein „integriertes System, das von innen her mit der Ökonomie und den Zwecken der jeweiligen Institution verbunden ist und das sich so zu einer vielfältigen, autonomen und anonymen Gewalt entwickelt" (Foucault 1977: 228). Die Disziplin legt also nicht die Kräfte der Menschen in Ketten, um sie zu unterdrücken oder einzuschränken, sondern sie versucht, die Kräfte zu verbinden, so dass sie vervielfältigt und nutzbar gemacht werden können (vgl. Foucault 1977: 220). Foucault schildert diese Umwandlung der Disziplin anhand des Wandels des Elementarunterrichts: Die Überwachung der Schüler wird zu einer eigenen Aufgabe und gleichzeitig in das Erziehungsverhältnis integriert (vgl. Foucault 1977: 227). Fast alle Überwachungsfunktionen sind mit pädagogischen Rollen gekoppelt: „ein Unterlehrer bringt das Halten der Feder bei, führt die Hand, verbessert die Irrtümer und notiert gleichzeitig ‚die Fehler, wenn man streitet'" (Foucault 1977: 228). Durch diese „positive" Wirkung der Disziplin hält sie sich selbst am Leben, reproduziert sie sich selbst und zwar weitgehend unbemerkt und ganz im Gegensatz zu früher, wo sie durch Aufsehen erregende öffentliche Kundmachungen zur ihrer eigenen Aufrechterhaltung beitrug.

Die Prüfung

Ich komme abschließend zur Prüfung, die Foucault als eine Art Konzentration, Ballungspunkt der beschriebenen neuen Disziplin bezeichnet und deren Analyse in besonders deutlicher Weise die beschriebenen Elemente der Disziplin hervortreten lässt. Seine Analyse der Prüfung ist insbesondere für die Bildungssoziologie von Interesse, da Prüfungen einen großen Raum und entscheidenden Status im Bildungssystem und in Relation zwischen Bildungs- und Beschäftigungssystem einnehmen.

> „Die Prüfung kombiniert die Techniken der überwachenden Hierarchie mit derjenigen der normierenden Sanktion. Sie ist ein normierender Blick, eine qualifizierende, klassifizierende und bestrafende Überwachung. Sie errichtet über den Individuen eine Sichtbarkeit, in der man sie differenzierend behandelt. Darum ist in allen Disziplinaranstalten die Prüfung so stark ritualisiert. In ihr verknüpfen sich das Zeremoniell der Macht und der Formalität des Experiments, die Entfaltung der Stärke und die Ermittlung der Wahrheit. Im Herzen der Disziplinarprozeduren manifestiert sie die subjektivierende Unterwerfung jener, die als Objekte wahrgenommen werden und

die objektivierende Vergegenständlichung jener, die zu Subjekten unterworfen werden. Die Überlagerung der Machtverhältnisse und der Wissensbeziehungen erreicht in der Prüfung ihren sichtbarsten Ausdruck" (Foucault 1977: 238).

Hier kommt wiederum die doppelte Bedeutung der Disziplin, die einerseits in der Machtausübung und andererseits in der Wissensformierung besteht, zum Ausdruck. Der entscheidende Punkt in Foucaults Analyse ist der, dass es sich hier nicht einfach um zwei voneinander getrennte Bestandteile eines Ganzen, also der Disziplin, handelt, sondern dass sich beide Elemente, also sowohl die Machtausübung als auch die Wissensformierung, gegenseitig schaffen und bedingen. Ich werde die beiden Elemente näher erklären und fange mit dem Element der Machtausübung an, da es uns wahrscheinlich vertrauter und auf den ersten Blick plausibler erscheint.

„Die Prüfung kehrt die Ökonomie der Sichtbarkeit in der Machtausübung um" (Foucault 1977: 241, ohne Hervorhebung). Damit meint Foucault, dass sich hier die Art und Weise der Unterwerfung als dem „negativen" Aspekt von Macht, im Laufe der Zeit umgekehrt hat. Statt, wie früher, die Mächtigen, wie Könige, in einem strahlenden Licht und auf Podesten hervorzuheben und in ihrer Sichtbarkeit zu stärken, werden nun die „Scheinwerfer" auf die Unterworfenen gerichtet, sie werden sichtbar und damit analysierbar gemacht, während der Mächtige als Person unsichtbar wird. Seine Macht zeigt sich vielmehr in Gestalt der Körper der Unterworfenen, die sich diszipliniert bewegen bzw. ruhig sitzen, ganz wie er es wünscht. Die Unterworfenen sind dauerhaft sichtbar bzw. die disziplinarischen Anordnungen ermöglichen eine dauerhafte Sichtbarkeit, die die Menschen in ihrer Unterwerfung festhält. So gibt es üblicherweise in Prüfungen keine Zeiten des Rückzugs oder der persönlichen Zeitnutzung der Geprüften, im Gegenteil, während der Prüfung sind sie ständiger Beobachtung ausgesetzt.

„Die Prüfung macht auch die Individualität dokumentierbar" (Foucault 1977: 243). Damit meint Foucault, dass eine große Menge an Dokumenten über die Individuen durch Registrierungen und Archivierungen hergestellt wird: „in den Unterrichtsanstalten hatte man die Geeignetheit eines jeden zu bestimmen, sein Niveau und seine Fertigkeiten festzustellen sowie ihre mögliche Nutzbarmachung anzugeben" (Foucault 1977: 244). Auf das Register konnte man jederzeit zurückgreifen. Die Dokumentation der Individuen hat sie dauerhaft des Zugriffs der Mächtigen ausgesetzt und dadurch dauerhaft unterworfen.

Dann kommt Foucault auf eine wichtige Wirkung dieser Disziplinarmacht zu sprechen: Auf die Konstituierung der Individualität bzw. einer spezifischen Form der Individualität: „der ‚Formalisierung' des Individuellen innerhalb von Machtbeziehungen" (244). Mit seinem Konzept der Individualität bzw. der spezifisch neuen Form von Individualität, die sich herausbildet und auch noch heute von Bedeutung ist, verbindet Foucault die beiden Elemente der Disziplin, d.h. er

7. Kapitel: Michel Foucault: Schule als Disziplinaranstalt

beschreibt die Machtausübung in Form von Unterdrückung der Individuen und er beschreibt die Wissensformierung in Form der „Formalisierung" von Individuen, d.h. der Herstellung eines neuen Typs von Individualität am Beispiel der Prüfung:

> „Die Prüfung macht mit Hilfe ihrer Dokumentationstechniken aus jedem Individuum einen ‚Fall': einen Fall, der sowohl Gegenstand für eine Erkenntnis wie auch Zielscheibe für eine Macht ist (...) der Fall ist das Individuum, wie man es beschreiben, abschätzen, messen mit andern vergleichen kann – und zwar in seiner Individualität selbst; der Fall ist aber auch das Individuum, das man zu dressieren oder zu korrigieren, zu klassifizieren, zu normalisieren, auszuschließen hat usw." (Foucault 1977: 246).

Mittels der Prüfung ist es also möglich, Wissen über den einzelnen Menschen zu erzeugen und die Prüfung ist gleichzeitig ein Mittel, um das Individuum in einer bestimmten Weise zu formen, zu beeinflussen, auszurichten. Soziologisch betrachtet ist die Prüfung bedeutsam, da sie die Individuen im Verhältnis zueinander anordnet, d.h. genauer, die Menschen in ein hierarchisches Verhältnis zueinander bringt, da sie die Menschen einteilt in solche, die Prüfungen bestanden haben und andere, die Prüfungen nicht bestanden haben. Darüber hinaus hierarchisiert auch die differenzierende Beurteilung durch Prüfungen, beispielsweise in Noten, die Menschen in verschiedenen Skalen von beispielsweise „sehr gut" bis „ungenügend" einteilt. Die Hierarchisierungen sind allerdings nur vor dem Hintergrund weiterführender Bedeutungen wie Zugangsregelungen zu weiteren Bildungseinrichtungen oder Status von Noten für die Verteilung von Erwerbsarbeitsplätzen wirkungsvoll. Auf den sozialen Aspekt von Prüfungen kommt Foucault zu sprechen, wenn er meint:

> „die Prüfung [zeigt] das Heraufkommen einer neuen Spielart der Macht an, in der jeder seine eigene Individualität als Stand zugewiesen erhält, in der er auf die ihn charakterisierenden Eigenschaften, Maße, Abstände und ‚Noten' festgelegt wird, die aus ihm einen ‚Fall' machen" (Foucault 1977: 247).

Hier wird die Bedeutung von Prüfungen für die weiteren Lebenschancen eines Menschen in unserer Gesellschaft angesprochen. Die Ergebnisse von Prüfungen können Menschen bestimmte Wege wie die Partizipation an höherer Bildung verschließen. Die Beurteilung in Prüfungen kann darüber hinaus Einfluss auf den Zugang zur Erwerbsarbeit und zu spezifischen Erwerbsarbeitsstellen und damit auf Einkommen, Tätigkeiten und Ansehen von Menschen ausüben. Aus diesem Grund ist die bildungssoziologische Auseinandersetzung mit Prüfungen von großer Bedeutung.

Abschließende Betrachtung

Zusammenfassend könnte man Foucaults Machtverständnis mit folgendem Zitat zum Ausdruck bringen:

„Man muß aufhören, die Wirkungen der Macht immer negativ zu beschreiben, als ob sie nur ‚ausschließen', ‚unterdrücken', ‚verdrängen', ‚zensieren', ‚abstrahieren', ‚maskieren', ‚verschleiern' würde. In Wirklichkeit ist die Macht produktiv, und sie produziert Wirkliches. Sie produziert Gegenstandsbereiche und Wahrheitsrituale: das Individuum und seine Erkenntnis sind Ergebnisse dieser Produktion" (Foucault 1977: 250).

Mit Foucault ist es möglich, die Zustände, die die Schule bei den SchülerInnen erzeugt, näher zu bestimmen. Es sind Zustände des Gehorsams, der Angst, der Demütigung und der Abstumpfung. Diese Zustände bewirken konformes, ritualisiertes und unkreatives Handeln bei den SchülerInnen. Dies bedeutet nicht, dass Schule einzig und allein diese Zustände und Handlungen produziert. Es gibt auch SchülerInnen, die in der Schule lernen und sich persönlich entfalten. Foucault verhilft uns jedoch dazu, Bereiche der Schule zu erkennen, die nicht in offiziellen Schulkonzepten erscheinen und die einen bedeutenden Teil des Schulalltags ausmachen sowie darüber hinaus das Leben von Menschen bestimmen.

8. Kapitel:
Pierre Bourdieu: Reproduktion der Klassengesellschaft durch Bildung

Mit Bourdieu kommen wir zu einem ausgesprochenen Bildungssoziologen, der eine große Anzahl soziologischer Forschungsarbeiten über Bildung erstellte und sich gleichwohl nicht auf die Bildungssoziologie allein mit seinem Schaffen beschränkte, sondern auch wichtige kultursoziologische sowie wissenschaftstheoretische Beiträge veröffentlichte. Allerdings ist es nicht möglich, diese drei Bereiche in Bourdieus Arbeit strikt voneinander zu trennen, denn eine von Bourdieus charakteristischen soziologischen Arbeitsweisen besteht gerade in der Verknüpfung von bildungs- mit kultur- und wissenschaftssoziologischer Analyse, wie ich später zeigen werde.

Bourdieu hat in großartiger Weise die verborgenen Mechanismen der Herstellung und Reproduktion sozialer Ungleichheit durch Bildung aufgezeigt. Sein besonderer Beitrag besteht in seiner Analyse der kulturellen und sozialen Bestandteile dieser Mechanismen, die neben bereits bekannten strukturellen Bestandteilen wie gestufte Bildungsinstitutionen oder ungleiches elterliches Einkommen, von Bourdieu mit diesen in einen Gesamtzusammenhang gestellt werden, so dass die Art und Weise der Reproduktion des Klassensystems durch Bildung aufgedeckt wird. Da in diesem Buch in knapper und zugleich profunder Weise in grundlegende theoretische Konzeptionen der Bildungssoziologie eingeführt werden soll, ist es nicht möglich, auf sämtliche Werke Bourdieus und seiner KollegInnen einzugehen. Ich werde mich daher nur auf das Buch, eine Textsammlung der Jahre 1964-1970, „Die Illusion der Chancengleichheit" (1971), konzentrieren, indem die meisten Texte zusammen mit Claude Passeron und weitere zusätzlich mit Monique de Saint Martin bzw. Jean-Claude Chamboredon verfasst wurden.[1] In diesem Buch geht es in grundlegender Weise um das Verhältnis sozialer Herkunft und Bildungserfolge. Gleichwohl muss ich auf andere Schriften zurückgreifen, um vorab in seine grundlegenden Begrifflichkeiten einzuführen. 1981, 1975 in Französisch, folgte „Titel und Stelle. Über die Reproduktion sozialer Macht" zusammen mit Luc Boltanski, indem es um die Relation

---

[1] Leider handelt es sich bei dieser Ausgabe nicht um eine Übersetzung, sondern um eine sprachlich weitgehende Überarbeitung der Originaltexte. Für 2011 ist eine Werkausgabe der Bourdieu-Texte bei uvk und Suhrkamp geplant.

zwischen Bildungserfolg und sozialer Position anhand des Berufes geht. 1984 erschien „Homo Academicus", eine Feldanalyse der französischen Universität, in der die Zusammenhänge zwischen sozialer Herkunft, fachlicher Disziplin sowie akademischer Stellung einzelner Professoren analysiert werden. 2001 wurde von Margareta Steinrücke das Buch „Wie die Kultur zum Bauern kommt. Über Bildung, Schule und Politik" herausgegeben, in der sie Texte von und Interviews mit Bourdieu von 1964-2000 gesammelt hat. Auf die drei letztgenannten Bücher werde ich hier nicht näher eingehen. Bevor ich jedoch mit der Erläuterung der Hauptaussagen aus „Die Illusion der Chancengleichheit" beginne, folgt eine knappe Skizze der Person Bourdieus, die, wenn auch in anderer Weise als bei Foucault, so doch auch wiederum zu einem erweiterten Verständnis Bourdieus beitragen soll, da seine soziale Herkunft und sein persönlicher Lebensweg ausschlaggebend für seine Untersuchungsgegenstände und -ergebnisse waren.

Leben und Werk Bourdieus

Pierre-Félix Bourdieu wurde 1930 in Denguin, einem kleinen Dorf in den Pyrenäen Frankreichs geboren. Sein Vater war zunächst Kleinbauer und später Postbeamter. Über seine Mutter wird keine berufliche Tätigkeit berichtet. Von 1941-1947 besuchte Bourdieu das Gymnasium in Pau, wo er im Internat wohnte. Sein Vater, der die Schule nach der Pflichtschulzeit verließ, hat diesen Schulbesuch seines Sohnes entgegen der Meinung der Dorfschullehrer sehr gefördert. Aufgrund hervorragender Schulleistungen ermutigte ein Lehrer Bourdieu zum Besuch des Lycée Louis-le-Grand in Paris, einer höheren Schule, die in drei Jahren zum Baccalauréat führt. Nach Abschluss dieser Schule wurde Bourdieu an der École Normale Supérieure, einer Eliteuniversität in Paris aufgenommen. Dort studierte er von 1951-54 Philosophie und schloss mit der Agrégation als Jahrgangsbester ab. Anschließend arbeitete er ein Jahr lang als Gymnasiallehrer in Moulins, einer Provinzstadt. Er wurde dann zum Militärdienst nach Algerien einberufen und begann anschließend, 1959-1960 als Assistent in Philosophie in der Universität Algier zu arbeiten. Hier setzte er seine ethnologischen Studien zur Landbevölkerung Algeriens fort, die er bereits in seinem Militärdienst begonnen hatte. 1960-1961 wurde Bourdieu Assistent von Raymond Aron an der Sorbonne, einem hoch angesehenen französischen Philosophen und Soziologen. Dort wollte Bourdieu seine Arbeiten über Algerien als kumulative Dissertation einreichen, doch Aron lehnte ab. Es ist bemerkenswert, dass Bourdieu ohne formale Qualifikation seine akademische Karriere fortsetzte. Ab 1961 war Bourdieu als Dozent an zwei Tagen der Woche in Lille tätig und ab 1962 übernahm er die Funktion des Generalsekretärs am Centre de sociologie européenne, das Aron mit Drittmitteln gegründet hatte. In diesem Jahr heiratete Bourdieu. Er wurde Vater von drei Kindern. 1969 trennte er sich von Aron und gründete sein eigenes Centre des sociologie de l'éducation et culture, das er bis 1984 leitete. 1972-1973 war er Visiting Member in Princeton und von 1975-2002 Consulting Editor des American Journal of Sociology. 1982 erfolgte seine Berufung als Professor für Soziologie an das Collège de France (der prestigeträchtigsten Hochschuleinrichtung), wo Foucault bereits als Professor tätig war. Bourdieu wurde mit zahlreichen Preisen, u.a. der Goldmedaille des Centre National de la Recherche Scientifique. Bourdieu engagierte sich in einer Vielzahl politischer Aktivitäten als linker Intellektueller. Er starb 2002.

Das Bildungssystem reproduziert das Klassensystem

Die wichtigste Aussage Bourdieus lässt sich vielleicht so zusammenfassen: Das Bildungssystem reproduziert das Klassensystem. Das mag zunächst nicht sehr neu klingen, hat doch bereits Durkheim die stratifizierende Rolle des Bildungssystems für die Verteilung der Menschen auf unterschiedliche berufliche Tätigkeiten und Positionen analysiert. Doch Bourdieus Analyse geht über die Feststellung einer linearen Korrelation zwischen sozialer Herkunft und Bildungserfolg hinaus. Er sieht soziale Klasse und Geschlecht bezogen auf Bildung als einen Prozess und damit als veränderliche Dynamik. Damit geht es ihm um Relationensysteme zwischen dem Bildungswesen und dem System der Klassenbeziehungen, also um sehr komplexe Zusammenhänge. Bourdieu zeigt, dass die relative Autonomie des Bildungswesens eine wesentliche Voraussetzung für die Reproduktion des Klassensystems ist. Da alle Aussagen miteinander zusammenhängen, ist es schwierig einen Anfang zur Erläuterung zu finden. Ich werde zunächst mit Bourdieus Erläuterung der grundlegenden theoretischen Konzeption des Zusammenhangs zwischen sozialer Herkunft und Bildungserfolg beginnen. Dann werde ich seine auf Bildung bezogenen Gedanken sozialer Klasse und Geschlecht als Prozesse erklären. Dies führt mich zu seinen Ausführungen zu den Relationensystemen zwischen Bildungswesen und System von Klassenbeziehungen. Schließlich werde ich die Bedeutung der relativen Autonomie des Bildungswesens für die Reproduktion des Klassensystems erläutern. Damit ist weitgehend Bourdieus theoretischer Zugang zur sozialen Ungleichheit in Bildung gefasst. Zur Veranschaulichung werde ich anschließend auf den Hochschulbereich eingehen. Hier kommt ein zusätzlicher Gedanke ins Spiel, der bereits zu seinen politisch-normativen Forderungen und Vorschlägen überleitet: Das Studium kann rational gestaltet werden, so dass auch Nichteingeweihte, wie

Angehörige unterer sozialer Herkunft, es nachvollziehen und an ihm partizipieren können.

Grundlegende theoretische Konzeption des Zusammenhangs von sozialer Herkunft und Bildungserfolg

Nach Bourdieu setzt sich die soziale Position von Menschen im Wesentlichen aus dem ökonomischen, kulturellen und sozialen Kapital, über das die Person verfügt, sowie über ihre Stellung im sozialen Raum oder Feld zusammen. Es gibt drei grundlegende Arten von Kapital: das ökonomische, das kulturelle und das soziale Kapital (vgl. Bourdieu 1983: 184-185). Das ökonomische Kapital ist in Geld tauschbar und institutionalisiert sich primär in Eigentumsrechten. Auf das ökonomische Kapital werde ich hier nicht näher eingehen, es entspricht bei Bourdieu dem marxistischen Gebrauch des Begriffs: Eigentum an Produktionsmitteln.

Das Neue und Bereichernde an Bourdieus Theorie sind die beiden anderen Kapitalbegriffe, die gesellschaftliche Ungleichheits- und Machtstrukturen sichtbar machen, die nicht im ökonomischen Kapitalbegriff enthalten sind.

Das kulturelle Kapital kann in drei Formen existieren:

1. in verinnerlichtem, inkorporiertem Zustand (Verinnerlichungsprozesse, das Delegationsprinzip ist ausgeschlossen, Erwerb kostet Zeit)
2. in objektiviertem Zustand: kulturelle Güter wie Bilder, Bücher, Instrumente und
3. in institutionalisiertem Zustand wie akademische Titel

Kulturelles Kapital wird (unter anderem) in der Familie weitergegeben. Im Bildungsbereich wird es beispielsweise anhand von Schulnoten oder auch Schulabschlüssen sichtbar, die nicht aufgrund natürlicher Fähigkeiten oder Begabungen zustande kommen, sondern als Investitionen von Zeit und kulturellem Kapital (vgl. Bourdieu 1983: 186).

Nun zum sozialen Kapital:

> „Das Sozialkapital ist die Gesamtheit der aktuellen und potentiellen Ressourcen, die mit dem Besitz eines dauerhaften Netzes von mehr oder weniger institutionalisierten *Beziehungen* gegenseitigen Kennens oder Anerkennens verbunden sind; oder, anders ausgedrückt, es handelt sich dabei um Ressourcen, die auf der *Zugehörigkeit zu einer Gruppe* beruhen" (Bourdieu 1983: 190-191).

Der Umfang des sozialen Kapitals hängt demnach von der Anzahl und die Wertigkeit von der Bedeutung der sozialen Beziehungen bzw. der Personen ab, mit denen ein Mensch in Beziehung steht. Aus der Zugehörigkeit zu einer Gruppe ergeben sich materielle Profite, wie Gefälligkeiten oder symbolische Profite, die aus der Mitgliedschaft einer erlesenen oder angesehenen Gruppe entstehen. Die Aufrechterhaltung des Sozialkapitals erfordert unaufhörliche Beziehungsarbeit, die Zeit und Geld kostet und damit indirekt auch ökonomisches Kapital verausgabt.

Das ökonomische Kapital ist einerseits die Grundlage des kulturellen und teilweise auch des sozialen Kapitals, doch die beiden Kapitalarten können nur mit Hilfe des ökonomischen Kapitals gewonnen werden, wenn gleichzeitig ein mehr oder weniger großer Aufwand an Transformationsarbeit geleistet wird.

Die verschiedenen Kapitalsorten entfalten ihre Wirkung immer in sozialen Räumen. Soziale Räume setzen sich aus sozialen Positionen und dem Raum der Lebensstile zusammen, d.h. aus dem Volumen an Kapital und der Struktur des Kapitals, die durch die jeweiligen Anteile der verschiedenen Kapitalsorten gekennzeichnet ist. Ein anderer Begriff für Lebensstile ist der Begriff des Habitus. Damit meint Bourdieu die Erzeugung klassifizierbarer Praxisformen und Werke zum einen und die Unterscheidung und Bewertung der Formen und Produkte (Geschmack) zum anderen (vgl. Bourdieu 1982: 277-278).

Soziale Räume sind daher immer hierarchisierte Räume, in denen die sich darin befindlichen Menschen unterschiedliche Standpunkte einnehmen. Ein spezifischer Ausschnitt des sozialen Raumes ist das Feld, hier insbesondere das akademische Feld, auf das ich später näher eingehe.

Die grobe „Formel" für einen grundsätzlichen Zusammenhang zwischen sozialer Herkunft und Bildungserfolg geht so: Je höher das ökonomische, kulturelle und soziale Kapital einer Person, das entscheidend den Habitus prägt, desto erfolgreicher absolviert sie die Schule und Universität, da es sich um Bildungseinrichtungen handelt, die mit ihrer Beschaffenheit Menschen mit höherem Kapital und einem dazugehörigen Habitus fördern und Menschen mit geringem Kapital und dazugehörigem Habitus benachteiligen. Da Bourdieu jedoch eine komplexere Sichtweise auf den Zusammenhang von sozialer Klasse und Geschlecht bezogen auf Bildung eingenommen hat, komme ich nun zur Erläuterung seines Verständnisses der sozialen Klasse und Geschlecht als Prozesse in Bildungseinrichtungen.

Soziale Klasse und Geschlecht als Prozesse bezogen auf Bildung

Bourdieu und Passeron kommt es darauf an, soziale Klasse und Geschlecht nicht nur als Ausgangspunkt und als einmalig bedeutsam für Bildung zu sehen, sondern sie bemerken, dass soziale Klasse und Geschlecht zu allen Zeiten und an allen Orten des Bildungsprozesses ebenfalls als Prozesse wirken, so dass eine dauerhafte gegenseitige Beeinflussung von sozialer Klasse sowie Geschlecht und Bildung stattfindet. Statt einmaliger (Zeit)Punkte des Zusammenhangs zwischen sozialer Herkunft und Bildungserfolg, wie sie beispielsweise in quantitativen Messungen von Bildungsentscheidungen bei Übergängen von einer Bildungseinrichtung wie der Grundschule zu einer weiterführenden Schule wie dem Gymnasium vorkommen, gehen Bourdieu und Passeron von einer Dynamik sozialer Klassen- und Geschlechterverhältnisse im Verlauf von Bildungsprozessen aus, so dass soziale Klasse und Geschlecht nicht zu allen Zeiten und an allen Orten des Bildungsprozesses die *gleiche* Wirkung haben. Sie beschreiben folgende Dynamik:

> „das mit der sozialen Herkunft verbundene Determinantensystem (..) [bleibt] während des gesamten Bildungsganges wirksam (..), indem es sich je nach dem unterschiedlichen Gewicht restrukturiert, das die verschiedenen Faktoren (beispielsweise kulturelles Kapital oder Einkommen) innerhalb der Faktorenstruktur im Laufe der verschiedenen Phasen des hier grob in drei Phasen gegliederten Bildungsganges einnehmen (...). Zugleich muß man sich vor Augen halten, dass in diesem, sich unaufhörlich aufgrund seiner eigenen Wirkung restrukturierenden Faktorensystem die durch die Herkunftsklasse gegebenen Determinanten progesssiv an Gewicht verlieren zugunsten der Bildungsdeterminanten, in die sie sich übersetzen" (Bourdieu/Passeron 1971: 144).

Gemeint ist also, dass Angehörige unterer sozialer Herkunft zwar einerseits während ihres gesamten Bildungsprozesses aufgrund ihrer sozialen Herkunft im mittel- bis oberschichtsorientierten Bildungssystem benachteiligt sind, dass aber diese Benachteiligung abnimmt, je höher sie aufsteigen, da ihre höhere Position zukünftiges Aufsteigen erleichtert.[2]

Es klangen bereits mit „der sozialen Herkunft verbundenes Determinantensystem" und mit „restrukturierendem Faktorensystem" die zwei Bereiche der sozialen Herkunft und des Bildungssystems in Form komplexerer Zusammenhänge an, die nun im folgenden Abschnitt näher erläutert und auf deren Verknüpfungen eingegangen werden soll.

---

[2] Der Rational Choice Ansatz von Raymond Boudon (1974) und weiter entwickelt von Rolf Becker (Becker/Schubert 2009) kommt zu ähnlichen Aussagen, wenn sie von einem stärkeren sekundären Herkunftseffekt im Vergleich zum primären sprechen, d.h. dass sich das Gewicht des sozial differenziellen Lernens im Vergleich zu den sozial differenziellen Bildungsentscheidungen an fortgeschrittenen Übergängen im Bildungssystem abschwächt.

8. Kapitel: Pierre Bourdieu: Reproduktion der Klassengesellschaft durch Bildung

Die Relationensysteme zwischen Bildungswesen und dem System von Klassenbeziehungen

Um diese komplexen Systeme und ihre Zusammenhänge zu erläutern, erkläre ich zunächst, die beiden Systeme, um die es hier geht und anschließend ihre systematischen Verknüpfungen.

Für die Aussage, dass das Bildungssystem das Klassensystem reproduziere, sind folgende Aspekte des Bildungswesens ausschlaggebend: die Hierarchie der Institutionen, Schulzweige, Fächer, Grade und Übungen mit ihren jeweils implizierten Wertvorstellungen. Es geht Bourdieu und Passeron also um diese Aspekte des Bildungswesens, wenn sie es in Relation zum System der Klassenbeziehungen analysieren.

Mit dem System von Klassenbeziehungen meinen sie die Charakteristika der Klassenzugehörigkeit wie die unterschiedlichen Einstellungen (Ethos) und Fähigkeiten (kulturelles Kapital) der Studierenden höherer und niedriger sozialer Herkunft.

Es wird deutlich, dass es sich bei beiden Bereichen um jeweils in sich komplexe Zusammenhänge handelt, d.h. die Stellung oder der Status einer Bildungsinstitution existiert nur im Zusammenhang zu anderen Bildungseinrichtungen, deren Verhältnis daher Bestandteil der Analyse sein muss. Der hohe Status des Gymnasiums in Deutschland ist nur im Hinblick auf die Existenz der Real-, Haupt- und Gesamtschule verständlich. (Und in Bezug auf die Anzahl der GymniasastInnen im Verhältnis der SchülerInnen an den anderen Schulen, womit eine weitere Dimension ins Spiel kommt, die Bourdieu und Passeron nicht erfasst haben.) Auch die Einstellungen zur Bildung, wie beispielsweise der Wunsch zu studieren sowie dazugehörige Fähigkeiten wie Vertrautheit mit eigenständiger Literatursuche oder wissenschaftlichem Schreibstil sind nach sozialer Herkunft unterschiedlich verteilt.

Diese beiden Bereiche oder Systeme, also das Bildungswesen und das System der Klassenbeziehungen werden nun ihrerseits von Bourdieu und Passeron mittels relationaler Begriffe wie Bildungschancen, Bildungsnähe oder -ferne, Auslesegrad usw. in ein Relationensystem gefasst:

„Diese theoretische Konstruktion beschränkt sich auf die wesentlichen Züge der Klassenzugehörigkeit in ihren synchronen und diachronen Beziehungen zum Bildungssystem, das *ausschließlich* als Kommunikationssystem aufgefasst wird, und behandelt die Beziehungen zwischen dem Bildungssystem und den sozialen Klassen als einfache Kommunikationsbeziehungen. (...) Das Bildungssystem leistet seinen Beitrag zur Reproduktion der Struktur der Klassenbeziehungen, indem es seine technische Kommunikationsfunktion in der Weise erfüllt, dass die Art der Vermittlung eine sozial konservative Funktion erfüllt" (Bourdieu/Passeron 1971: 160-161).

Die Ausgestaltung dieser Kommunikationsbeziehungen erläutere ich später konkret am Beispiel der Studierenden unterschiedlicher sozialer Herkunft und Geschlechts an Universitäten.

Davor komme ich jedoch zunächst auf den eingangs angekündigten dritten Teil der theoretischen Konzeption zur Erklärung der Reproduktion des Klassensystems durch das Bildungssystem.

Die Bedeutung der relativen Autonomie des Bildungssystems

Bourdieu und Passeron vertreten die These, dass die relative Autonomie des Bildungswesens zur Reproduktion des Klassensystems beiträgt. Sie argumentieren, dass man eine doppelte Analyseperspektive auf das Bildungssystem einnehmen muss, um diese Bedeutung der relativen Autonomie des Bildungssystems zu begreifen. Die doppelte Analyseperspektive ermöglicht, die *„doppelte Wahrheit* eines Systems [zu] begreifen, das der ihm *äußerlichen Funktion*, die ‚Sozialordnung' zu erhalten, die *innere Logik* seines Funktionierens nutzbar zu machen versteht" (Bourdieu/Passeron 1971: 191). Das bedeutet, dass der eigentliche Sinn und Zweck sowie die Ausgestaltung des Bildungssystems die Verteilung von Menschen auf unterschiedliche soziale Positionen unterstützt. Mit anderen Worten: Das Bildungssystem bedarf gar nicht unbedingt eines Einflusses von Außen in Form von Wirtschaft oder Politik, sondern allein indem es das tut, wofür es existiert, nämlich Menschen auszubilden, selektiert es diese Menschen und verteilt somit unterschiedliche Lebenschancen. Der entscheidende Punkt dabei ist der, „dass es gerade aufgrund seiner *relativen Autonomie* unter dem Anschein von Neutralität und Unabhängigkeit ihm äußerliche Funktionen erfüllen kann, das heißt, dass es seine sozialen Funktionen tarnt, um sie desto besser zu erfüllen" (Bourdieu/Passeron 1971: 191). Also, indem das Bildungssystem vorgibt, allein auszubilden und sonst nichts anderes zu tun und dadurch, dass ihm weitgehend Glauben geschenkt wird, ist es kaum wahrnehmbar, dass das Bildungssystem in Wirklichkeit das soziale Klassensystem reproduziert. Als prominentestes Beispiel kann hier das Examen angeführt werden. Das Examen ist eines der typischsten Elemente des Bildungssystems, wie wir bereits mit Foucault gesehen haben. Es verdeckt jedoch, dass der Ausschluss der Angehörigen unterer sozialer Herkunft vor und unabhängig vom Examen stattfindet, da das Examen den Blick so stark auf die Benotung und diejenigen, die bestehen und diejenigen, die durchfallen, lenkt.

> „Daß die Funktion des Examens nicht auf schulmäßige Benotung beschränkt ist, wird schon aus der Tatsache deutlich, dass der größte Teil derer, die auf den verschiedenen Stufen des Bildungsgangs vom Weiterstudium ausgeschlossen werden, sich selbst eliminiert, und daß der Prozentsatz der Eliminierten nicht zufällig nach

sozialen Klassen variiert. Durch die sichtbare Auslese, die das Examen fällt, wird diese Eliminierung verdeckt" (Bourdieu/Passeron 1971: 175).

Während bei Foucault die Disziplinierung durch das Examen im Vordergrund seiner Analyse stand, zeigen Bourdieu und Passeron, wie das Examen zur sozialen Selektion durch Verdeckung dieser Funktion beiträgt.

Damit ist der Teil der Erläuterung des theoretischen Konzepts abgeschlossen, und ich komme zu seiner Veranschaulichung am Gegenstand der Hochschulen.

Der Beitrag der Hochschulen zur Reproduktion des Klassensystems

Bourdieu und Passeron haben nicht zufällig die Hochschulen und die Studierenden als Untersuchungsgegenstand ihrer sozialen Ungleichheitsanalyse gewählt, sondern weil „als Benutzer des Bildungswesens [..] die Studenten zugleich dessen Produkt [sind], und keine andere soziale Kategorie [..] so stark in ihren aktuellen Verhaltensweisen und Fähigkeiten durch das früher Erworbene geprägt [ist]" (Bourdieu/Passeron 1971: 30).

Zu den Facetten der sozialen Ungleichheit im Hochschulbereich gehören:

- die Unterrepräsentanz von Studierenden unterer sozialer Herkunft,
- die Einschränkung der Studienwahl bzw. die klassenspezifische Studienfachwahl,
- die Abdrängung, d.h. das Prestigegefälle zwischen den Bildungsinstitutionen,
- die Verlängerung und Unsicherheit des Studiengangs, d.h. dass Studierende unterer sozialer Herkunft schlicht länger brauchen, weil sie beispielsweise noch Latein nachlernen müssen,
- die geschlechtsspezifische Studienfachwahl sowie
- die Einstellung zum Studium bis hin zu intellektuellen Denkweisen.

Die Facetten spiegeln das Zusammenspiel der Charakteristika des Bildungswesens sowie des Systems an Klassenbeziehungen wider. So drückt sich beispielsweise in der klassenspezifischen Studienfachwahl die Hierarchie der Fächer aus, die wiederum durch die klassenspezifische Wahl bestätigt wird.

Ich möchte im Folgenden näher auf die letzten beiden Facetten eingehen, nämlich die der geschlechtsspezifischen Ungleichheit im akademischen Bereich und des Ausschlusses Nicht-Eingeweihter (zumeist Angehörige unterer sozialer Herkunft) in die Denk- und Artikulationsweisen, die an der Universität praktiziert werden.

Geschlechtsspezifische Ungleichheit an Hochschulen

Bourdieu und Passeron haben Studenten und Studentinnen nach ihren Einstellungen zum und ihren Verhaltensweisen im Studium befragt. Dabei stellten sie große Unterschiede zwischen Frauen und Männern fest:

> „Die Studentinnen müssen, da Berufstätigkeit für sie besonders unwahrscheinlich ist, eine Zukunft verdrängen, die ihre Gegenwart sinnlos machen könnte, oder aber ihr einen Reiz abtrotzen, der das genaue Gegenteil dessen ist, was sie sich eigentlich wünschen. Die objektive Zukunft der Studentinnen ist aber so klar, daß eine Mystifizierung nie ganz gelingen kann, so daß der Schlüssel für die meisten ihrer Verhaltensweisen nur in der objektiven Wahrheit ihrer Lage zu finden ist. Der Unterschied zwischen den Geschlechtern wird nirgends so deutlich wie in den Verhaltensweisen und den Äußerungen über sich selbst und über die eigene Zukunft" (Bourdieu/Passeron 1971: 75).

Dies bedeutet, dass Studentinnen in Antizipation bzw. Kenntnis ihrer geringen Chancen auf spätere Berufstätigkeit eben diese Chancen durch ihre Studienfachwahl verstärken, indem sie überwiegend geisteswissenschaftliche Fächer wählen, die nicht zu klar umgrenzten Berufen führen, sondern diffus bis gar nicht auf spätere Erwerbsarbeit ausbilden. Die Autoren erklären auch das geringere Engagement der Studentinnen im Vergleich zu den Studenten im (hochschul-)politischen Bereich mit der gleichen Logik. Die Ungleichheit der Berufsaussichten wirkt sich auch auf das Studienverhalten an sich aus:

> „Kurz, da die Gegenwart der Studentinnen vom Bild einer Zukunft überschattet ist, die sie widerlegt oder in Frage stellt, können sie sich nicht bedingungslos mit den Werten der Intelligenz identifizieren und die Irrealität der Gegenwart auch nicht so vollständig wie die Studenten durch Verleugnung der realen Zukunft verdrängen" (Bourdieu/Passeron 1971: 77).

Obwohl sich seit den gut vierzig Jahren dieser Analyse und der Gegenwart zwar die Frauenerwerbsquote enorm erhöht hat, stellen wir auch heute noch eine nach wie vor erhebliche geschlechtsspezifische Fächerwahl fest. Die Autoren würden dies wohl mit geschlechtsspezifischen Selbst- und Zukunftsbildern der Studierenden erklären:

> „Im allgemeinen treten die Unterschiede zwischen den Geschlechtern am deutlichsten in jenen Verhaltensweisen und Einstellungen zutage, die unbewussten Aspekten des Selbstbildes gehorchen. Studentinnen wählen häufiger als Studenten den Lehrberuf, worin sich der Wunsch ausdrückt – und zwar in der Provinz stärker als in Paris – den traditionellen Aufgaben der Frau treu zu bleiben. Sie haben bei gleichem

Studienniveau eine bescheidenere Einstellung zu den eigenen Leistungen und den Techniken der intellektuellen Arbeit" (Bourdieu/Passeron 1971: 76).

Charles und Bradley (2009) haben in einem internationalen Vergleich von 44 Ländern festgestellt, dass in postindustriellen Ländern im Vergleich zu weniger wirtschaftlich entwickelten Ländern, ein stärkeres geschlechtssegregiertes Studienfachwahlverhalten festgestellt werden kann, und dies mit der Dominanz von Vorstellungen geschlechtsspezifischer Essenzen und einem Wertesystem, in dem der Selbstausdruck eine große Rolle spielt, erklärt. Ich gehe auf ihre Studie im 15. Kapitel näher ein. Wichtig an dieser Stelle ist der Hinweis, dass sich die Selbstentwürfe der Studierenden auch vierzig Jahre nach Bourdieus und Passerons Untersuchung nicht grundlegend verändert haben.

Ausschluss Angehöriger unterer sozialer Herkunft durch klassenspezifische Denk- und Artikulationsweisen an der Hochschule

Bourdieu und Passeron führen aus, wie Angehörige unterer sozialer Herkunft durch die ober- und mittelschichtsspezifischen Denk- und Artikulationsweisen in der Universität ein Gefühl der Nicht-Dazugehörigkeit und daher einen Ausschluss erfahren. Dieser Ausschluss beinhaltet zwei Aspekte. Zum einen unterscheiden sich die sozialen Klassen in ihren Erwartungen an das Studium: Während die Angehörigen höherer und mittlerer sozialer Herkunft mit dem Studium eine Persönlichkeitsbildung verfolgen, erwarten Arbeiter- und Bauernkinder vom Studium eine Berufsausbildung. Da die Hochschulen in erster Linie auf die selbständige Auseinandersetzung mit abstrakten und theoretischen Inhalten gerichtet sind, so Bourdieu und Passeron, werden die Erwartungen der Ober- und Mittelschichtsangehörigen erfüllt und nicht die der Angehörigen unterer sozialer Herkunft. Seit den 1960er Jahren, aus der diese Beobachtung stammt, hat sich die Ausrichtung des Studiums enorm geändert, und es wird mittlerweile ausdrücklich auf Erwerbsqualifizierung Wert gelegt. So stellt sich die Frage, ob diese Veränderung in der Ausrichtung des Studiums einen größeren Einschluss Studierender unterer sozialer Herkunft nach sich ziehen wird. Erste Studien (Kupfer 2004; Heine et al. 2006; Kretschmann 2008) untersuchen soziale Auswirkungen der Einführung der Bachelor- und Masterstudiengänge.

Zum anderen bezieht sich der Ausschluss aus den Denk- und Artikulationsweisen, die an Hochschulen praktiziert werden, auf der Ebene der Art und Weise der Vermittlung von Studieninhalten. Dies hängt eng mit dem ersten Punkt zusammen, denn die Autoren argumentieren, dass die Ausrichtung des Studiums auf Persönlichkeitsbildung mit einer Lehre einhergeht, in der die Professoren ihre Inhalte auf diffuse, nicht die Techniken ihrer wissenschaftlichen Arbeit darlegenden Weise vermitteln. D.h. die *Produktion* von Erkenntnissen wird nicht dargelegt, geschweige denn systematisch gelehrt, sondern es findet lediglich eine Darlegung der fertigen Erkenntnisse statt, die die Studierenden entweder aufgrund eigener Vorbildung unmittelbar nachvollziehen können oder die ihnen als mystische Gebilde erscheinen, solange bis sie sich diese Erkenntnisse durch eigenständiges Arbeiten selbst aneignen. Dies ist jedoch ein sehr mühevoller Weg, weshalb, so Bourdieu und Passeron, viele Studierende eher in einer passiven Rezeptionshaltung verharren:

> „Nicht zufällig also gehören die im Studentenmilieu am häufigsten beobachteten beruflichen ‚Techniken' in den Bereich der Magie. Die Logik eines Systems, das zur Passivität und Abhängigkeit zwingt, bringt den Studenten in eine mit rationalen Mitteln nicht restlos zu meisternde Situation: Die charismatischen Meister vertiefen nur das Gefühl der Ohnmacht, der Willkür und des unaufhaltsamen Scheiterns, wenn sie vor den Studenten sämtliche Erfolgsrezepte abwerten und manchmal sogar die materiellen und intellektuellen Techniken verheimlichen, auf denen ihr Prestige (oft ausschließlich) beruht, und die Kriterien ihrer Urteile bewusst oder unbewusst verschleiern. Weil es schöner und leichter ist, an das Charisma zu glauben, als mühsam irgendwelche Techniken zu erwerben, verurteilen die Studenten sich selbst zu einer Vorstellung vom Studienerfolg, die, wo Begabung fehlt, nur auf Magie bauen kann" (Bourdieu/Passeron 1971: 79).

Bourdieu und Passeron schließen daraus eine normativ-politische Forderung nach Rationalisierung der Lehre, so dass auch Nicht-Eingeweihte über das Lehren und Lernen wissenschaftlicher Techniken vorhandene wissenschaftliche Erkenntnisse nachvollziehen und selbst produzieren können:

> „Selbst wenn man sich über die Zielsetzung einer Pädagogik, die den Bedürfnissen der unterprivilegierten Klassen am besten entspräche, streiten kann, steht doch in jedem Fall fest, dass im gegenwärtigen Zustand des Systems und seiner Ziele eine Rationalisierung der Mittel und pädagogischen Institutionen unmittelbar im Interesse der unterprivilegierten Studenten liegt" (Bourdieu/Passeron 1971: 81).

Bourdieu und Passeron haben in einem Abschnitt „Pädagogische Folgerungen: Plädoyer für eine rationale Hochschuldidaktik" Vorschläge für eine Hochschullehre entwickelt, die Angehörige unterer sozialer Herkunft einschließt und nicht abschreckt. Würden diese angewandt, so würden Studierende unterer sozialer Herkunft im Studium ein- und nicht ausgeschlossen und das Studium würde gleichzeitig „weit von der Beschränktheit einer reinen Berufsausbildung entfernt" (Bourdieu/Passeron 1971: 81) sein.

Ebenso wie im Bereich der veränderten Ausrichtung des Studiums auf Berufstätigkeit, hat sich auch im Bereich der Curricula, in die die explizite Vermittlung von Techniken wissenschaftlichen Arbeitens aufgenommen wurde, eine große Veränderung der Studieninhalte vollzogen. Hier würde sich eine Untersuchung dazu lohnen, ob diese Veränderung eine Demokratisierung des Studiums darstellt.

Abschließende Betrachtung

Mit Bourdieu, Passeron und anderen WissenschaftlerInnen der damaligen Gruppe am Centre de Sociologie de l'Éducation et de la Culture liegen grundlegende theoretische Erkenntnisse zum Beitrag des Bildungssystems zur gesellschaftlichen Stratifizierung vor. Auch wenn sich das Bildungs- und das soziale Klassen- und Geschlechtersystem seit den Forschungen der 1960er Jahre stark verändert hat, sind Bourdieus begriffliche Kategorien nach wie vor außerordentlich nützlich für die Analyse sozialer Ungleichheitsprozesse im Zusammenhang mit Bildung.

9. Kapitel:
Niklas Luhmann und Hans Eberhard Schorr:
Erziehung ist unmöglich

Mit Luhmann und Schorr kommen wir zum letzten Kapitel im Teil über die Theorien und theoretische Konzept zu Bildung und Erziehung in der Soziologie. Das bedeutet allerdings nicht, dass damit eine abschließende Darstellung erfolgt sei. Das ist nicht der Fall. Vielmehr stellen die in diesem Buch vorgestellten Theorien und Autoren nur eine Auswahl dar, die, wie ich in jedem Kapitel versucht habe deutlich zu machen, auf meiner subjektiven Präferenz beruhen. Wichtige theoretische Konzepte, wie die von Basil Bernstein oder Lev Semenovich Vygotsky oder John Dewey wurden hier ausgelassen um den Rahmen nicht zu sprengen.

Wenn man sich mit Luhmanns und Schorrs Texten zu Erziehung auseinandersetzt, so kann man drei Dinge erfahren: eine gewisse Gründlichkeit in der Behandlung von Grundsatzfragen, die Ästhetik ihrer Sprache sowie ihren Humor. Dafür muss man jedoch eine mühsame Auseinandersetzung mit ihren oftmals schwer verständlichen Texten in Kauf nehmen, die zeitaufwendig sein kann.

Ich werde nach einer kurzen Darstellung der Biografie Luhmanns die Autoren anhand der 1982 veröffentlichten Einleitung auf die erste ihrer Grundsatzfragen (als die grundsätzlichste) eingehen. Luhmann gilt als der Vertreter der Systemtheorie in Deutschland und ist mit seinen Arbeiten international bekannt. Daher beschränke ich mich im Folgenden auf seine Biografie und verzichte, wie bei Passeron, auf die Darstellung des Lebenswegs Schorrs.

Leben und Werk Luhmanns

Niklas Luhmann wurde 1927 in Lüneburg geboren. Sein Vater besaß eine Brauerei und Luhmann besuchte im Anschluss an die Grundschule das traditionelle Gymnasium Johanneum in Lüneburg. Er wurde als Jugendlicher als Luftwaffenhelfer eingezogen und geriet bis in den Herbst 1945 in amerikanische Kriegsgefangenschaft.

Von 1946-1949 studierte Luhmann Rechtswissenschaften in Freiburg und arbeitete anschließend in verschiedenen Funktionen der öffentlichen Verwaltung in Lüneburg. 1960/61 wurde er beurlaubt, um ein einjähriges Studium der Verwaltungswissenschaften als Fortbildung und Soziologiekurse an der Harvard University zu beginnen. Dort traf Luhmann auf Parsons, dessen Theorie ihn sehr beeinflusste. Zurück in Deutschland setzte Luhmann seine Studien in einem Aufbaustudiengang der Verwaltungswissenschaft in Speyer fort. 1962 wurde er Oberregierungsrat im Forschungsinstitut der Hochschule für Verwaltungswissenschaft in Speyer. 1965 wechselte Luhmann als Abteilungsleiter an die Sozialforschungsstelle Dortmund (deren Direktor, wie wir aus dem 5. Kapitel wissen, Schelsky war). Dort blieb er bis 1968. Luhmann promovierte im gleichen Jahr an der Universität Münster mit dem zwei Jahre zuvor erschienenen Buch „Funktionen und Folgen formaler Organisation". Er habilitierte sich bereits kurz darauf bei Dieter Claessens und Helmut Schelsky mit seiner Arbeit „Recht und Automation in der öffentlichen Verwaltung. Eine verwaltungswissenschaftliche Untersuchung" ebenfalls in Münster und wurde dort für kurze Zeit als Privatdozent tätig. Von 1968-1993 war Luhmann Professor für Soziologie an der Universität Bielefeld. Von 1977-1980 war er als Mitherausgeber der Zeitschrift für Soziologie tätig. Luhmann war verheiratet und hatte drei Kinder. Er starb 1998 mit 71 Jahren in Oerlinghausen.

Den Beginn der bildungssoziologischen Arbeiten Luhmanns und Schorrs stellt eine Monografie von 1979 mit dem Titel „Reflexionsprobleme im Erziehungssystem" dar, in der die Autonomie des Erziehungssystems, die Frage der Möglichkeit von Erziehung, die die Autoren mit der Frage nach der Technik und Reflexion von Pädagogik umschreiben, sowie das „Grundthema" der Bildungssoziologie, nämlich das der Gleichheit und sozialen Selektion entwickelt.

1982 folgt der von ihnen zusammengestellte Band „Zwischen Technologie und Selbstreferenz. Fragen an die Pädagogik" mit ihrer Einleitung „Das Technologiedefizit der Erziehung und Pädagogik", in der sie das Paradox der Unmöglichkeit von Erziehung bei gleichzeitiger Praxis von Erziehung herausarbeiten. Auf diesen Text werde ich später näher eingehen.

1996 bringen Luhmann und Schorr die Fortsetzung des 1982 veröffentlichten Sammelbandes heraus, der daher auch einen ähnlichen Titel trägt: „Zwischen System und Umwelt. Fragen an die Pädagogik". In diesem Band veröffentlichen sie einen Aufsatz mit dem Titel „Das Erziehungssystem und die Systeme seiner Umwelt", in dem sie an ihre zuvor veröffentlichten Überlegungen zur Autonomie des Erziehungssystems anknüpfen, und das Erziehungssystem nun stärker im Zusammenhang mit anderen gesellschaftlichen Systemen untersuchen. Luhmann legt als alleiniger Autor dieses Aufsatzes zusätzlich einen weiteren Beitrag mit dem Titel „Takt und Zensur im Erziehungssystem" im gleichen Band vor.

Schließlich wird 2002 posthum nach Luhmanns Tod die Monografie „Das Erziehungssystem der Gesellschaft" von Dieter Lenzen herausgegeben. Die hier zusammengestellten Texte stellen eine Erweiterung und teilweise Revision der zusammen mit Schorr 1979 verfassten Monografie dar. Insgesamt kann man also zusammenfassend festhalten, dass sich Luhmann und Schorr mit drei Grundfragen beschäftigt und Beiträge dazu geleistet haben: Erstens: Wie ist Erziehung möglich? Zweitens: In welchem Verhältnis befindet sich Erziehung zu anderen gesellschaftlichen Bereichen? Und drittens: Wie verhält es sich mit Gleichheit und sozialer Selektion im Erziehungs- und Bildungssystem?

Das Technologiedefizit der Erziehung

Zunächst ist es wichtig aufzuzeigen, woher die Frage, wie Erziehung möglich sei, kommt, wie also die Frage entstanden ist. Ihre Entstehung erklären Luhmann und Schorr als ein Paradox, das nicht gelöst wurde, sondern dem die Erziehungswissenschaft aus dem Weg gegangen sei, da sie es nicht auflösen könne. Das Paradox besteht darin, dass seit der Aufklärung Menschen als freie Wesen angesehen werden und daher Erziehen gar nicht mehr möglich sei: „Der Erzieher will ein freies Wesen für die Freiheit erziehen" (Luhmann/Schorr 1982: 7). Erziehung als Einwirkung auf Menschen zum Zweck ihrer Veränderung ist also unmoralisch und wird dennoch praktiziert, da Pädagogen ihren Beruf nicht aufgeben. „Man hat auf der Basis dieser Problemstellung nach einer Theorie der Erziehung gesucht – und dann resigniert" (Luhmann/Schorr 1982: 7). Die Erziehungswissenschaft hat sich, so die Autoren, ohne dieses Problem zu lösen, konsolidiert.

Um nun aber dieser Unmöglichkeit von Erziehung und dem Umgang mit dieser Unmöglichkeit auf die Spur zu kommen, beginnen Luhmann und Schorr, wie dies oft in der Soziologie gemacht wird, mit der Geschichte eines Begriffes – hier dem Begriff der Technologie. Die Begriffsgeschichte zeigt, dass Technologie ganz unterschiedlich gefasst wurde: „mit gegenläufigen, teils positiven, förderungswilligen, teils kritischen oder gar ablehnenden Intentionen" (Luhmann/Schorr 1982: 11).

Nach Luhmann und Schorr gibt es drei große Etappen der Begriffsgeschichte: Antike, moderne Bedeutung, die im 18. Jahrhundert entwickelt wurde, und dann das Ende des 18. Jahrhunderts, wo mit dem deutschen Idealismus eine neue Bedeutung ins Spiel kommt (s. u.a. Wilhelm von Humboldt). Auf die Antike gehen sie nicht weiter ein. Im 18. Jahrhundert wurde unter Technologie „die Wissenschaft von den Kausalverhältnissen, die praktischen Intentionen zugrunde liegen und nach denen das Handeln sich richten muß, wenn es Erfolg haben will" (Luhmann/Schorr 1982: 11) verstanden.

„Dabei hatte man zunächst an Kausalgesetze gedacht, die der Handelnde kennen müsse, um richtig handeln zu können. Die Zuordnung des Handelns zu diesen Gesetzen wurde als Subsumtion gesehen, die aber durchaus noch freiließ, für welche Zwecke man Handeln einsetzen wolle. So dachten die Philanthropisten in aller Unschuld Erziehungswissenschaft als eine Art zweckgesteuerte Subsumtionstechnologie" (Luhmann/Schorr 1982: 11).

Ende des 18. Jahrhunderts konnte nun mit der neuhumanistischen philosophischen Anthropologie des freien und vernunftbegabten Menschen, die sich auch in der Erziehungswissenschaft ausbreitete, nicht mehr ein Zweck-Mittel gesteuertes Erziehungskonzept vertreten werden.

„Man kann genau angeben, wo das Problem lag. Die Kombination von (1) kausalgesetzlich geordneten Kausalverhältnissen, (2) Zweck/Mittel-Schema als Interpretation der Rationalität des Handelns und (3) Selbstreferenz der Subjektheit als Interpretation des handelnden Menschen konnte nicht gelingen, sobald (4) in die Sozialdimension projiziert, das heißt auf ein Verhältnis von (mindestens) zwei Akteuren (Subjekten) übertragen wurde. Wenn nämlich Ego und Alter als jeweils notwendig selbstreferentiell operierende Subjekte ihre Beziehung zueinander kausaltechnologisch aufbereiten wollen, müssen sie die eigene Selbstreferenz *und die des anderen* in ein Kausalverhältnis überführen und für *jeden* Effekt, den sie bezwecken, die selbstreferentiellen Prozesse (das Selbstbewusstsein, das Denken, das Wollen) des anderen als Mittel einsetzen, weil ohne sie „nichts geht". Das aber verstieß *technisch* durch zirkuläre Strukturen gegen die Erfordernisse einer Subsumtionstechnologie und *moralisch* gegen den kategorischen Imperativ" (Luhmann/Schorr 1982: 11-12).

Mit anderen Worten: „es ging (...) zutiefst um ein Nichtkönnen *und* um ein Nichtwollenkönnen und in *beiden* Hinsichten um ein Gebot der Vernunft" (Luhmann/Schorr 1982: 12).
Laut Luhmann und Schorr ist die Erziehungswissenschaft mit diesem Problem folgendermaßen umgegangen: „Das Nichtkönnen wurde als ein sich idealistisch und normativ begründendes Nichtwollen tragbar gemacht" (Luhmann/Schorr 1982: 12-13).

Kausalität und Rationalität im pädagogischen Handeln

Die Autoren geben dann den Bereich der oben zitierten Kombination an, auf den sie sich konzentrieren: Sie wollen Ausgangspunkte für die Neuinterpretation des Kausalitäts- und des Rationalitätsproblems auf der Ebene pädagogischen Wirkens in Schulen zur Diskussion stellen, aber sie wollen nicht auf die Frage von Selbstreferenz und Sozialität eingehen, da sie sich normativ so positionieren, dass man am normativen Ziel der Freiheit und Selbstbestimmung der Menschen auf jeden Fall so lange festhalten soll, bis es gar nicht mehr anders geht (Luhmann/Schorr 1982: 18).[1]

Sie beginnen nun am „Dreieckspunkt" Kausalität. Hier schauen sie sich um, was es in der Forschung dazu gibt und stoßen auf Arbeiten in der Sozialpsychologie: „Ihr Grundgedanke ist, dass das allgemeine Relationierungsschema der Kausalität so hohe Unbestimmtheit und Komplexität erfasst, dass es nur verkürzt und vereinfacht angewandt werden kann" (Luhmann/Schorr 1982: 18). Also, es geht um Komplexitätsreduktion zur Alltagsbewältigung. Luhmann und Schorr nennen es Kausalplan. Der Kausalplan umfasst sowohl die eigene Absicht als auch eine Auswahl der Kausalfaktoren, die Menschen entweder als gegeben oder als herstellbar ansehen. Menschen machen in Interaktionen laufend Kausalpläne, um sich das Handeln des Gegenübers zu erklären. Da Kausalpläne immer mit Verkürzungen arbeiten, kann man überspitzt sagen: „Kausalpläne sind immer ‚falsch'" (Luhmann/Schorr 1982: 18). Die Verkürzungen laufen auf zwei Weisen und Ebenen ab:

1. die Anzahl der Faktoren als „Ursache" wird verkürzt, d.h. es werden nicht alle gesehen und
2. es finden Linearisierung statt, wo eigentlich Zirkel und Wechselwirkungen am Werk sind.

Nun wenden Luhmann und Schorr diese Gedanken auf den Unterricht an und stellen fest, dass sowohl SchülerInnen als auch LehrerInnen immer Kausalpläne haben, die sich aber natürlich durch ihre unterschiedlichen Rollen auf unterschiedliche Dinge konzentrieren: bei SchülerInnen, wie sie trotz Entmündigung ihre Ziele durchsetzen können und bei LehrerInnen, wie sie mit Problemsituationen (Stress) umgehen können. Auf beiden Seiten gibt es lediglich operativ eingesetzte Komplexitätsreduktionen, verkürzte, eigentlich „falsche" Kausalpläne, an denen die Beteiligten sich selbst in bezug auf sich selbst und in bezug auf andere Beteiligte orientieren. *„Das ist die einzige Basis jeder möglichen Technologie"* (Luhmann/Schorr 1982: 19).

---

[1] Es stellt sich die Frage, ob sich die Autoren an dieser Stelle in einen Widerspruch begeben, indem sie einerseits von der Unmöglichkeit von Erziehung sprechen und andererseits auf die Verbesserung von Erziehung abzielen. Moralisch mag dieser Widerspruch sympathisch sein, aber wissenschaftlich können sie die Frage nicht vermeiden, wie sie es ihrerseits der Erziehungswissenschaft selbst vorwerfen. D.h. solange sie das Dreieck als Einheit sehen, können sie nicht einen Teil aus ihrer Analyse aussparen.

Entscheidungsspielräume im pädagogischen Handeln

Auf dieser Forschungsgrundlage kann man dann zwei praktische Verbesserungswege gehen:

1. „Man kann einmal versuchen, die in Gebrauch befindlichen Kausalpläne und aktionsleitenden Technologien zu verbessern" (Luhmann/Schorr 1982: 20)
2. „es könnte einen Sinn haben festzustellen, mit welchen anderen Variablen solche Kausalannahmen korrelieren" (Luhmann/Schorr 1982: 20), um so festzustellen, wie sich die subjektiven Kausalpläne und Ersatztechnologien auswirken, wieweit sie person- oder situationstypisch fixiert sind, inwieweit sie durch Variation von Entscheidungsprämissen beeinflusst werden können usw.

Luhmann und Schorr gehen den zweiten Weg.

Sie werden jetzt theoretisch enger und greifen einen Einzelgesichtspunkt heraus, um die Entwicklungsfähigkeit des zweiten Weges anzudeuten. Konkret: sie schauen sich den Unterschied zwischen der Zurechnung (dem Haben von Kausalplänen) mit *konstanten* und im Vergleich zur Zurechnung von Kausalplänen mit *variablen* Faktoren an. Um es in einer vertrauteren Sprache oder Begrifflichkeit auszudrücken: es geht ihnen schlicht darum zu untersuchen, welchen Unterschied es im Hinblick auf das hierarchische Verhältnis zwischen LehrerInnen und SchülerInnen macht, wenn LehrerInnen von der Annahme ausgehen, dass die SchülerInnen unterschiedlich begabt sind (=konstante Faktoren) im Vergleich zur Annahme von LehrerInnen, dass die SchülerInnen durch Umweltfaktoren (=variable Faktoren) überwiegend in ihrer Leistungsmotivation beeinflusst sind bzw. sich eben Leistungsmotivation überwiegend durch Umweltfaktoren konstituiert.

Dann sagen sie, wie üblicherweise das Problem der Asymmetrie zwischen LehrerInnen und SchülerInnen in der Wissenschaft angegangen (theoretisiert) wurde: und zwar als Wechselwirkung. Aber die Autoren lehnen diese Perspektive als zu unpräzise ab und meinen, dass diese Perspektive die genauere Analyse blockiere. Sie sprechen stattdessen von *„zwei gegenläufigen Asymmetrien"* (Luhmann/Schorr 1982: 21). Dann stellen sie eine These auf:

„daß erst diese Asymmetrien auf die Rolle des Lehrers bzw. des Schülers unterschiedlich verteilt werden. Die Richtung, in der Asymmetrie unterstellt werden muß, hängt nämlich davon ab, ob Faktoren in einem angenommenen Zeithorizont als konstant unterstellt werden oder nicht. *Konstante* Faktoren *konditionieren* den Selekti-

9. Kapitel: Niklas Luhmann und Hans Eberhard Schorr: Erziehung ist unmöglich

onsrahmen. Der Lehrer ist also in der Wahl seiner didaktischen Strategie und seines konkreten Verhaltens abhängig von dem, was er (und sei es irrig) als gegeben unterstellt, etwa von festliegenden Begabungsgrenzen der Schüler, von Strukturen des Interaktionssystems Schulklasse oder auch von dem, was sich bei ihm als Eigenart einer bestimmten Klasse (es gibt erfreuliche und es gibt unerfreuliche Klassen!) festgesetzt hat" (Luhmann/Schorr 1982: 21-22).

Mit anderen Worten: hält die/der LehrerIn eine/n SchülerIn für begabt, dieser bringt jedoch schlechte Leistungen, so „erklärt" die/der LehrerIn diese/n SchülerIn für faul und sanktioniert – so die m.E. irrige Annahme von Luhmann und Schorr – diese/n SchülerIn stärker, als einen Schüler, der für unbegabt gehalten wird. Das ist die eine „Schlaufe" der zwei gegenläufigen Asymmetrien.

Ich komme zur zweiten „Schlaufe", was die Autoren als die Variante der Kausalpläne mit variablen Faktoren bezeichnen, d.h. jetzt schildern sie, was passiert, wenn LehrerInnen davon ausgehen, dass Umweltfaktoren die unterschiedlichen Leistungen von SchülerInnen beeinflussen.

Wenn LehrerInnen von der Umweltbedingtheit der unterschiedlichen Leistung ausgehen, dann können „Selektionen der Schüler einrasten" (Luhmann/ Schorr 1982: 22), was heißen soll, dass dann die SchülerInnen etwas mehr Handlungsspielraum haben. Das heißt dann wiederum bezogen auf die Asymmetrie zwischen Lehrer und Schüler, die Luhmann und Schorr ja untersuchen wollen, dass eben bei Kausalplänen mit variablen Faktoren, das asymmetrische Verhältnis zwischen LehrerInnen und SchülerInnen geringer ist, als bei konstanten Kausalplänen der Lehrer.[2]

Nun kommen Luhmann und Schorr zur SchülerInnenseite: SchülerInnen reagieren unterschiedlich bzw. haben unterschiedliche Handlungsspielräume je nachdem, ob ein Lehrer ihre Leistungen auf natürliche (Un-)Begabungen zurückführt oder als sie von Umweltfaktoren beeinflusst ansieht. Wenn ein Lehrer von der Begabungsthese ausgeht, so meinen die Autoren, dass dann der Schüler dominiere, was sie aber nicht weiter ausführen. Intuitiv ist klar, was sie mit „dominieren" hier meinen: nicht das Verhältnis zwischen sich und Lehrer im Sinne von Macht und Hierarchie, sondern dominieren im Sinne von „Wirkmächtigkeit" einer Seite in diesem Zweierverhältnis, also hier der Schülerseite, da ein Schüler eben entweder begabt oder unbegabt *ist* und das die Grundvoraussetzung oder Kondition für das Lehrerverhalten darstellt, weil der Lehrer sich ja darauf einstellt, auch wenn er das „So-Sein" des Schülers ja selbst konstruiert (so angenommen) hat.

---

[2] Was mit „gesundem Menschenverstand" sofort einleuchtet, weshalb die Autoren manchmal an der Schmerzgrenze zur Banalität formulieren.

Aber das muss nicht so sein, es kann auch bei konstanten Faktoren der Kausalpläne der/des Lehrerin/Lehrers umgekehrt sein, nämlich dass die/der SchülerIn „unterliegt" oder sich ganz abhängig macht und die Asymmetrie noch verstärkt. Das ist nämlich dann der Fall, wenn die/der SchülerIn die/den LehrerIn als hoffnungslos unveränderbar abschreibt und die Selektion des eigenen Verhaltens darauf einstellt. Konkret: Wenn ein/eine SchülerIn schlechte Leistungen bringt und auf eine Lehrerin trifft, die davon ausgeht, dass diese schlechten Leistungen durch mangelnde Begabung verursacht werden, dann gibt der/die SchülerIn auf, weil sie keine Chance hat.

Dann deuten Luhmann und Schorr zusätzlich die Variante an, dass LehrerInnen von Umweltfaktoren als Bedingungen für Leistungen ausgehen und meinen, in diesem „Falle dominieren die Lehrer, denen zugemutet wird, durch Selektion eigenen Verhaltens die Selektion des Schülerverhaltens zu steuern" (Luhmann/Schorr 1982: 22).

Nun wird es interessant: Luhmann und Schorr sagen jetzt etwas (für mich) völlig Unerwartetes: nämlich, dass LehrerInnen lieber davon ausgehen, dass SchülerInnenleistungen von Umweltfaktoren abhängen, weil sie so mehr „Macht" oder Spielraum, d.h. professionellen Handlungsspielraum haben. Die SchülerInnen dagegen, so die Autoren, gehen lieber – und das ist interessant, da es gegen ihre eigenen Interessen verstößt – davon aus, dass sie eben (überspitzt gesagt) klug oder dumm sind, weil sie sich nur so sicher einschätzen können und damit das Lehrerverhalten stärker beeinflussen können.[3]

Die Autoren ziehen daraus den Schluss, dass mit „strukturell erzeugten Missverständnissen gerechnet werden [muss], etwa dem, dass Schüler das Verhalten eines Lehrers, das als Stimulierung gemeint war, als Charakterisierung lesen und verarbeiten" (Luhmann/Schorr 1982: 23), was dann, laut Autoren, noch zur Verstärkung des Missverständnisses und des jeweiligen Verhaltens auf beiden Seiten führt.

Ist Rationalität im pädagogischen Handeln notwendig?

„Rationalität ist aus der Analyse von Kausalplänen nicht zu gewinnen" (25), schließen die Autoren. Daher verändern sie nun ihre Fragestellung. Die Basis der

---

[3] Dazu gibt es mindestens zweierlei zu sagen: 1. Warum sollten SchülerInnen nicht die Umweltbedingtheit ihrer Leistungen verstehen können? Sie erfahren sie ja täglich. Diese Erfahrung wäre nur ausgeschlossen, wenn entweder ein derart dominanter Diskurs (Ideologie) und/oder eine absolut hermetische Klassentrennung stattfände, so dass die SchülerInnen an der Wahrnehmung und Erfahrung von Umweltfaktoren als Einflussgrößen ihrer unterschiedlichen Leistungen gehindert würden. 2. Man müsste aus sozialpsychologischer Perspektive weiter darüber nachdenken, warum Menschen gegen ihre eigenen Interessen agieren.

neuen, wohlgemerkt normativen Frage, die sie nun entwickeln, ist die Feststellung eines unumgänglichen Technologiedefizits der Pädagogik. Was Luhmann und Schorr jetzt herausfinden möchten, ist, ob es denn überhaupt *notwendig* sei, am Rationalitätsprinzip beim Unterrichten festzuhalten:

> „Die Frage ist nun, und sie stellt sich angesichts des ohnehin unabweisbaren Technologiedefizits neu: Könnte man statt dessen auch das Rationalitätsprinzip korrigieren oder doch abschwächen? Könnte man, wenn es schon unsittlich ist, den Menschen als Mittel für vorweg feststehende Zwecke einzusetzen, und wenn man andererseits diesem Mittel die Setzung der Zwecke nicht überlassen kann, weil dadurch zirkuläre Kausalstrukturen entstünden – könnte man dann nicht überhaupt darauf verzichten, die Rationalität des Handelns nach Maßgabe von Zweck und Mittel zu artikulieren?" (Luhmann/Schorr 1982: 25-26).

Die Autoren machen einen Schlenker und diskutieren die Rationalitätsfrage am Beispiel von Curricula und fördern, aus heutiger Sicht, interessante Dinge zutage, nämlich die, dass die Diskussion um Schlüsselqualifikationen, um Bildungsstandards schon in den 1970er stattfand. Sie sagen, dass aus der Einsicht, dass es ein Technologie- und eben auch ein Rationalitätsdefizit im Unterrichten gibt, Curricula entwickelt wurden, die sich stark auf Lernziele beziehen und stark zu einer Instrumentierung von Lehr-/Lernprozessen führten bzw. auf diese zielten. Sie meinen, dass aber weite Teile der Lehrerschaft gegen eine solche Lernzielorientierung sei und sich gegen die Kontrolle (assessment) von Lernergebnissen sperre, was die Autoren als Zeichen dafür nehmen, „dass auch ein professionelles Establishment mit seinen Zumutungen an die Basis deren alltägliche Arbeitsbedingungen verkennen kann" (Luhmann/Schorr 1982: 26). D.h., dass Luhmann und Schorr sich hier normativ *für* eine lernzielorientierte Unterrichtsgestaltung aussprechen, weil sie meinen, dass Kinder damit im späteren Erwerbsarbeitsleben besser klar kommen.

Luhmann und Schorr entschärfen jedoch die Gegenüberstellung zwischen Unterrichtszielen, die der/dem SchülerIn die Freiheit zur Persönlichkeitsentwicklung lassen wollen und Unterrichtszielen, die strikt festgelegt und ausbuchstabiert sind, indem sie sagen, dass es bei der Zweck-Mittel-Rationalität sowieso immer nur um Nuancen und Relativierungen und keine Entweder-Oder-Gegensätze ginge.

Dann gehen sie einen Schritt weiter: Sie meinen, dass es eben auch unmöglich sei, einen richtigen Zweck zu ermitteln, also hier: richtige Unterrichtsziele, eben weil man nicht feststellen kann, was richtig sei. Menschen, die normativ argumentieren, also die beispielsweise inhaltliche Unterrichtsziele benennen, erkennen durchaus die Unmöglichkeit der Feststellung absoluter Richtigkeit von Unterrichtszielen an. Sie verteidigen jedoch die Möglichkeit von inhaltlich ausformulierten Unterrichtszielen, indem sie auf die Notwendigkeit von *Begründungen* für jegliche normative Argumentation hinweisen. Luhmann und Schorr meinen jedoch, dass das Weiterfragen nach Gründen für Begründungen schließlich zur Selbstapriorisierung führe und daher Fragen nach der Richtigkeit von beispielsweise Unterrichtsinhalten nicht beantwortet könnte, sondern höchstens die Frage nach unterschiedlichen *Funktionen* von Begründungen.

An dieser Stelle sei als ein Beispiel für den humorvollen Ton der Autoren eine Fußnote zitiert: „In der aktuellen Diskussion über Gründe und Begründungen [...] kommt die zeitbindende Funktion von Gründen in der Diskussion zu kurz, obwohl es nicht ganz abwegig wäre zu vermuten, dass das Fragen nach Gründen auch durch antihektische Bedürfnisse angetrieben wird" (Luhmann/ Schorr 1982: 39).

Kriterien guter LehrerInnen

Die Autoren setzen sich das Ziel, Kriterien zu finden, nach denen sie gute von schlechten LehrerInnen unterscheiden können. D.h. sie lassen sich erneut auf eine normative Argumentation ein, ohne dies allerdings klar als solche offen zu legen. Sie nehmen die These vom Technologiedefizit als Grundlage: „Angesichts der Komplexität des Interaktionssystems Unterricht kann der Lehrer die faktischen Voraussetzungen für zielsicheres Handeln kaum nennen, kaum ermitteln. Er muß *situationsrelative* Kausalpläne benutzen und sich primär an *variablen* Faktoren, ja an Ereignissen orientieren" (Luhmann/Schorr 1982: 27). Ein, der jeweiligen Situation angepasster guter Unterricht zeichnet sich laut Luhmann und Schorr durch fünf Punkte aus:

1. Inhaltlich wertvolle Beiträge von SchülerInnen sollten durch Generalisierungen von LehrerInnen „eine auch für andere Sinnzusammenhänge relevante und eine auch andere Personen interessierende Bedeutung erhalten." (Luhmann/Schorr 1982: 29) Es müssen also aus spontanen Bemerkungen von SchülerInnen Zusammenhänge her- und dargestellt werden, die wiederum zu Erkenntnissen bei den SchülerInnen führen.
2. Da allerdings LehrerInnen nicht mit klugen oder hilfreichen Bemerkungen von SchülerInnen *rechnen* können, müssen sie ihren Unterricht so vorbereiten, dass sie auch ohne derartige Situationen die Stunde herum bekommen, d.h. einfach Stoff durchnehmen.
3. Um aber doch möglichst kluge Beiträge im Unterricht zu bekommen, kann man als LehrerIn nur die „unberechenbare[n] Aktivität der Schüler stimulieren", d.h. den SchülerInnen möglichst viel Spiel- und Freiraum geben. Dann „wäre die eigentliche Technologie eher an die Form eines Konditionalpro-

grammes gebunden; sie müsste auf die Garantie der ‚Jederzeitigkeit' des Ablaufs verzichten und könnte nur dann zugreifen, wenn sich geeignete Konstellationen ergeben" (Luhmann/Schorr 1982: 29).
4. Da in Familien, besonders in großen, viel mehr derartige Situationen herrschen[4], sollte die Pädagogik also nicht informelle Erziehung ausschließen bzw. in formeller Erziehung für informelle Erziehung kompensieren (Stichwort mainstream-Begriff von Chancengleichheit), sondern im Gegenteil, an die informelle Erziehung anknüpfen. (Luhmann/Schorr 1982: 30)
5. Schließlich sehen gute LehrerInnen zu, dass sie den Kindern Zeit geben und Sequenzierungen vermeiden.

Luhmann und Schorr schlussfolgern, dass man Technologie daher auch persönlichkeits- und entwicklungsfördernd einsetzen könne und eben nicht nur unterdrückend. (Luhmann/Schorr 1982: 30).

Gute Unterrichtsaufgaben

Abschließend werden die Autoren ganz konkret und versuchen zu beschreiben, worin eine gute Unterrichts-*Aufgabe* an die SchülerInnen besteht. Sie nennen es: „die wesentlichen Prämissen einer gut strukturierten Arbeitsaufgabe vor Augen" (Luhmann/Schorr 1982: 31) führen.

Dafür führen sie zunächst eine andere Terminologie ein: Statt Zweck (Aufgabe) sprechen sie systemtheoretisch von

„Inputs, Outputs und Strategien, die den Prozeß der Transformation von Inputs in Outputs beeinflussen. Eine Aufgabe kann man als vollständig definiert bezeichnen, wenn sie:
1. alle Kategorien von Inputs vollständig bezeichnet;
2. diese Inputs wechselseitig exklusiv definiert;
3. für jede Input-Kategorie oder für jede bestimmte Kombination von Inputs eine, und nur eine, Strategie angibt; und
4. sämtliche dazu nötigen Sinnbestimmungen so objektiviert, dass sie für jeden Bearbeiter denselben Sinn ergeben" (Luhmann/Schorr 1982: 31).

Mit all dem ist über den Schwierigkeitsgrad der Aufgabe noch gar nichts gesagt.

„Je weniger diese Voraussetzungen erfüllt sind (und dann sprechen wir von Technologiedefizit), desto riskanter, desto unsinniger schließlich wird die Programmierung"

---

[4] Weshalb Kinder unterer sozialer Herkunft oftmals klüger und reicher an Erfahrungen sind, als eher wohlhabende Einzelkinder, die allerdings oftmals dieses Defizit durch den Erhalt einer umfassenden Einzelförderung ausgleichen.

(Luhmann/Schorr 1982: 31), also die Aufgabe und damit der Unterricht. Und weiter heißt es:

„Für ein Interaktionssystem Unterricht sind die Voraussetzungen für eine gut strukturierte Aufgabenstellung schon im Bereich der Inputs nicht erfüllbar. (...) So sieht es jedenfalls beim gegenwärtigen Stand unseres Wissens aus" (Luhmann/Schorr 1982: 31).

Angesichts dieses Ergebnisses liegt die Frage auf der Hand, was man denn überhaupt tun könne, wenn guter Unterricht gar nicht *möglich* sei. Die Autoren geben selbst folgende Antwort:

„Immerhin lässt sich von einem solchen Aufgabenmodell her das Technologieproblem etwas anders als üblich formulieren. Es geht nicht mehr einfach um die „Anwendung" eines Kausalgesetzes, sondern in erster Linie um die Ergänzung von Ursachen (Inputs) durch weitere Ursachen (Strategien), die es wahrscheinlicher macht, daß gewünschte Wirkungen eintreten" (Luhmann/Schorr 1982: 32).

Abschließende Betrachtung

Hier wird deutlich, dass Luhmann und Schorr *inhaltlich* nichts Neues sagen, was nicht bereits z.B. Bourdieu oder auch Foucault schon ausgeführt hätten. Luhmanns und Schorrs Beitrag zur Bildungssoziologie besteht in der Anknüpfung an und Ausformulierung einer *Perspektive*, die daran interessiert ist, zu untersuchen wie Professionen, wie beispielsweise die der LehrerInnen mit der Unmöglichkeit eines *garantiert* guten Unterrichts *umgehen*. Auf dieser Basis schlagen die Autoren Verbesserungen auf *technologischer Ebene* vor und legen keine neuen bildungsinhaltlichen Konzepte vor.

Teil II: Institutionen

10. Kapitel: Schule

Mit diesem Kapitel beginnt der zweite Teil des Buches, in dem es um soziologische Auseinandersetzungen mit verschiedenen Bildungsbereichen und -sektoren geht. Ich beginne mit einem Überblick über die soziologische Auseinandersetzung mit Schule und werde im nächsten Kapitel den Bereich der beruflichen Bildung darstellen, der in der Soziologie vergleichsweise randständig ist. Es folgen Grundlagen der bildungssoziologischen Auseinandersetzung mit dem tertiären Sektor der Hochschulen und dem quartären Sektor der Erwachsenen- und Weiterbildung. In diesem Teil des Buches kommt es mir darauf an, den LeserInnen eine jeweils soziologische Perspektive bei der Behandlung dieser Bereiche zu vermitteln, die sich von anderen Zugängen, wie dem der Pädagogik oder der Politikwissenschaft unterscheidet, wenn auch die Grenzen oft etwas diffus sein mögen. Darüber hinaus möchte ich einen Überblick über die soziologische Forschung zum jeweiligen Bildungsbereich oder -sektor geben, der zu eigenständigen weiteren Auseinandersetzung und Vertiefung anregen soll.

Wir alle sind viele Jahre zur Schule gegangen, ob wir wollten oder nicht. Schulen gibt es (fast) überall auf der Welt. Die Schule bestimmt zu einem großen Teil unser Leben als Kinder und Jugendliche, und auch als Eltern haben wir erneut mit Schulen zu tun. Es handelt sich also bei Schulen um eine gesellschaftliche Institution, die einen großen Raum im Leben fast aller Menschen einnimmt. Daher kommt der Schule eine zentrale gesellschaftliche Bedeutung zu. In der Soziologie der Schule kann man sechs Themenfelder unterscheiden:

- Schule in der Gesellschaft
- Schule und soziale Ungleichheit
- Schule und Sozialisation
- Schule als soziale Organisation
- Schulhaftung
- Curricula.

Ein weiteres Themenfeld, in dem es um die politische Steuerung von Schulen geht, gehört eher zur politikwissenschaftlichen Auseinandersetzung mit Schule und wird von mir in diesem Kapitel nur kurz im Zusammenhang mit dem ersten Themenfeld „Schule in der Gesellschaft" berührt. Selbstverständlich sind die genannten Themenbereiche untereinander verknüpft, so sind beispielsweise Fragen der Schulentwicklung oft auch organisatorische Fragen, oder die politische Steuerung von Schulen ist immer in die gesellschaftliche Ordnung eingebettet.

Das Themenfeld „Schule und soziale Ungleichheit" behandle ich im dritten Teil des Buches im 14. Kapitel „Bildung und soziale Ungleichheit".

Ich werde nun im Folgenden soziologische Fragen und Aspekte anhand ausgewählter Texte zu diesen Themenbereichen vorstellen und damit einen Überblick über die mir am wichtigsten erscheinenden Aussagen der Soziologie der Schule zusammenstellen. Anschließend greife ich ein aktuelles schulisches Thema auf, nämlich das des Wandels bzw. der Abschaffung der Hauptschule in Deutschland und zeige an diesem Beispiel exemplarisch soziologische Fragen und Perspektiven zum Thema Schule auf.

Schule in der Gesellschaft

Brint (1998) unterscheidet drei Analyseperspektiven in der Soziologie der Schule: die makro-historische Ebene, die meso-institutionelle Ebene und die mikro-interaktive Ebene (18 ff). Ich halte seine Unterscheidung für hilfreich, um die jeweilige Reichweite von Aussagen über den Zusammenhang von Schule und Gesellschaft genauer verorten zu können. In der makro-historischen Ebene wird die Schule hinsichtlich der Frage untersucht, wie sie Kultur von einer Generation an die nächste weiter gibt, wie sie politische Loyalitäten festigt und wie sie junge Menschen auf ihre späteren Tätigkeiten vorbereitet. Mit diesen drei Fragen sind gleichsam sehr „große" soziologische Themen angesprochen: Die Aufrechterhaltung von Kultur, Macht und Wirtschaft. Auf der Mesoebene werden, nach Brint, Schulen als gesellschaftliche Institutionen gefasst. Dabei wird von einem Begriff der Institution ausgegangen, nachdem Institutionen Willkür und Zufälle reduzieren. Damit wird die ordnende und lenkende Funktion von Schulen angesprochen. Schulen vermitteln ausgewähltes und systematisches Wissen, sie formen Persönlichkeiten und sortieren Menschen in Klassen- und Beschäftigungsstrukturen. Zu der grundsätzlichen Aufrechterhaltung von Kultur, Macht und Wirtschaft rücken auf dieser Ebene die Reproduktion der spezifischen Formen von Wissen, Subjektivität und Sozialstruktur in das Zentrum soziologischer Analysen von Schulen. Schließlich geht es in der mikro-interaktiven Ebene um die „kleine" Reichweite interaktiven Handelns, das jedoch immer in soziale Kontexte eingebettet und somit „große" Auswirkungen hat.

In der Soziologie der Schule, die sich in sehr grundlegender Weise mit der Frage des Zusammenhangs von Schule und Gesellschaft auseinandersetzt, geht es hauptsächlich um die Schulstrukturen, deren gesellschaftliche Einbettung zu erklären versucht wird. Dabei wird zumeist ein Zusammenhang zwischen Schul-

und Sozialstruktur hergestellt. Laut Brint ist es möglich, über einen Schulstrukturvergleich Länder, d.h. unterschiedliche Gesellschaften, miteinander zu vergleichen. In seinem Vergleich zwischen Deutschland als einem Land mit historisch ausgeprägten Eliten und den USA, als einem Land, in dem diese Eliten bei der historischen Konstitution des Landes fehlten, zeigt Brint, wie deutsche Eliten eine hierarchische Schulstruktur maßgeblich bestimmten, während in den USA sich eine eher einheitliche Schulstruktur herausbildete.

Collins (2000) greift diesen Gedanken des Schulstrukturvergleichs auf und zeigt in einem historischen Abriss unterschiedlicher Gesellschaften wie des konfuzianischen Chinas oder des klassischen Griechenlands, wie unterschiedlich die Schulstruktur jeweils war und inwiefern diese Unterschiedlichkeit mit dem Aufbau der Gesamtgesellschaft zusammenhing.

Fend (2008) hat sich über dreißig Jahre mit einer Theorie der Schule beschäftigt und bringt seine Erkenntnis in der Formel „Bildungssysteme als institutionelle Akteure der Menschenbildung" (Fend 2008: 11) zum Ausdruck. Ihm kam es darauf an, das Bildungswesen systematisch in einen funktionalen gesellschaftlichen Gesamtzusammenhang einzuordnen und die Schule als Sozialisationsinstanz zu fassen. Diesen Ansatz hat er im Lauf der Jahre erweitert und stärker verstehens-, akteurs- und institutionenorientierte Ansätze mit einbezogen. Während also seine erste Theorie der Schule diese als Topographie des Bildungswesens und seine Funktionsweise in einem umfassenden gesellschaftlichen Zusammenhang fasste, „so führt die Neue Theorie der Schule in die *Dynamik* der Gestaltung des Bildungswesens ein und macht damit auf die zwischen den Akteuren auf Makro-, Meso- und Mikroebene ablaufenden *Prozesse* aufmerksam" (Fend 2008: 17). Die Akteure folgen auf verschiedenen Ebenen jeweiligen Systemlogiken und schaffen gleichzeitig die Schule.

> „Die hier entwickelte dynamische Sicht auf das Bildungswesen sollte helfen zu sehen, wie Bildungssysteme zu gestalten sind. Die Bindung des schulischen Geschehens an Akteure, die Betonung der Herstellungsprozesse von institutionellen Ordnungen, die Beschreibung der Rekontextualisierung von Vorgaben und ihre Kopplung an das jeweilige Wissen im System eröffnen von sich aus Perspektiven der Gestaltbarkeit und Veränderbarkeit" (Fend 2008: 183).

Baumert et al. (2008) weisen darauf hin, dass das dreigliedrige Schulsystem der Bundesrepublik Deutschland kulturell, sozialstrukturell und ideologisch eingebettet ist:

> „Die Gliederung des Schulsystems wurde durch eine nativistische Begabungstypologie und eine diese Typologie entsprechende Klassifikation von Berufsgruppen gerechtfertigt. Die Hauptschule galt als Schule der ‚praktisch begabten unteren Volks-

schichten', für die ein ganzheitlicher, anschaulicher und erlebnisnaher Unterricht, der das Heimatprinzip betonte, angemessen erschien. Im Gymnasium dagegen sollten die ‚abstrakt Begabten' auf ein Hochschulstudium und gesellschaftliche Führungspositionen vorbereitet werden. Auf diesen Grundgedanken greifen – zumindest implizit – alle bildungstheoretischen Begründungen des gegliederten Schulwesens zurück" (Baumert et al. 2008: 57).

Die Realschule, so könnte man ergänzend anmerken, dient zur Vorbereitung auf technische und Dienstleistungsberufe, die sich außer- und oberhalb der traditionellen Handwerker- und Arbeiterberufe sowie unterhalb der akademischen Berufe befinden. In Baumerts Konzeption des Zusammenhangs von Schule und Gesellschaft wird die Schule gemäß gesellschaftlicher Strukturen wie der hierarchischen sozialen Klassen oder Schichten und dominanter Diskurse wie der unterschiedlichen Begabungen eingerichtet. Die Schulen sowie ihre Strukturen stellen also das Resultat gesellschaftlicher Kräfte(-verhältnisse) dar. Im Gegensatz zur Dreigliedrigkeit der bundesdeutschen Schulstruktur, war, laut Baumert et al., die Schulstruktur in der Deutschen Demokratischen Republik durch die Leitidee der Entwicklung einer organisatorischen und curricularen Einheitlichkeit geprägt. Diese drückte sich in der 1959 eingeführten zehnjährigen allgemeinbildenden Polytechnischen Oberschule aus, wobei parallel dazu die Erweiterte Oberstufe bestand, die zur allgemeinen Hochschulreife führte, sowie eine Reihe von Spezialschulen. Durch gezielte Benachteiligung von Kindern bürgerlicher Schichten und religiös gebundener Bevölkerungsteile wurden die bis dahin bestehenden sozialen Ungleichheiten in der Bildungspartizipation deutlich verringert. Allerdings bildete sich in der DDR eine neue bildungsprivilegierte Schicht heraus: die „sozialistische Intelligenz" (Baumert et al. 2008: 65). Auch in dieser Darstellung des Schulwesens der DDR wird die Schulstruktur als ein Produkt der spezifischen Sozialstruktur und politischen Kultur des Landes vorgestellt.

Einen anderen Zugang zum Verhältnis von Schule und Gesellschaft wählt Collins (2000). Er vertritt die These, dass die verschiedenen gesellschaftlichen Formen sozialer Stratifizierung durch die verschiedenen Formen ihrer Bildungs(systeme) hergestellt werden (vgl. Collins 2000: 214). Die Sozialstruktur einer Gesellschaft hängt nach Collins (wie auch allgemein üblich) von dem Verhältnis der unterschiedlichen Berufe ab, die in einer Gesellschaft ausgeübt werden. Dabei ist das Verhältnis der Berufe immer hierarchisch. Um den Zusammenhang von Bildung und Gesellschaft zu verstehen, ist nach Collins vor allem das Verhältnis von Bildung und Beruf entscheidend. Dabei versteht er aus soziologischer Sicht den Beruf als eine Beschäftigung, die eine starke korporative Identität hat und bei der Schließung über Lizenzierung und durch formale Bildung läuft, die den Zugang zur Praxis monopolisiert.

10. Kapitel: Schule

„It is its formal education that raises a ‚profession' above the status of a mere craft (...). The profession has high social prestige largely to the degree that it is not merely utilitarian but has an ostentacious symbolic training, not as a mere practical lore but in the ‚higher' realms of allegedly pure principles of knowledge and ideals of conduct (...). It is the history of educational systems that has determined where and how the prestigeous monopolistic professions have appeared in world history" (Collins 2000: 221-222).

Damit wendet sich Collins gegen die Sichtweise, dass sich Bildung in Abhängigkeit gesellschaftlicher Bedürfnisse, zur Erfüllung gesellschaftlicher Funktionen oder aufgrund technischer Nachfrage entwickelt habe. Im Verhältnis Schule und Gesellschaft ist es also nach Collins maßgeblich die Schule, die bestimmte gesellschaftliche Verhältnisse wie die Sozialstruktur herstellt.

Abschließend sei eine weitere Perspektive in der soziologischen Analyse von Schule und Gesellschaft vorgestellt, in der neben dem Schulsystem und der Gesellschaftsstruktur auch die pädagogischen Konzepte und damit die Bildungsinhalte eine zentrale Rolle spielen. Diese Perspektive klang bereits bei Baumert et al. (2008) an, da sie in ihrer Darstellung der Dreigliedrigkeit des bundesdeutschen Schulsystems auch die allgemeine Richtung der jeweiligen Unterrichtsinhalte mit praktisch für die Hauptschulen versus abstrakt für die Gymnasien angaben. Hammerich (1975) plädiert ausdrücklich für die Einbeziehung pädagogischer Konzepte in die Analyse des Verhältnisses von Schulen und Gesellschaft. Er untersucht pädagogische Autonomiebestrebungen, die Schule als einen pädagogischen Ort der Selbstverwirklichung und damit gewissermaßen autonom von der Gesellschaft als einen Ort der reinen Vermittlung von Bildungsinhalten etablieren möchten. Im Ergebnis stellt er fest: „Pädagogische Autonomie und die Funktion der sozialen Positionszuweisung sind folglich Resultate des gleichen Prozesses, nämlich der Durchsetzung des neuhumanistischen Bildungsverständnisses" (Hammerich 1975: 56). Hammerich geht es nicht darum, gegen ein neuhumanistisches Bildungsverständnis zu argumentieren, sondern er zeigt, dass beides, die pädagogische Autonomie und die Sortierung der Kinder und Jugendlichen nach sozialen Positionen in Schulsystemen in einem sozialen Prozess stattfinden, an dem unterschiedliche soziale Gruppen beteiligt sind und von denen sich einige durchgesetzt haben.

Es ist deutlich geworden, dass in diesem Themenbereich der Soziologie der Schule grundlegende soziologische Fragen behandelt werden wie: Welchen Einfluss übt die Gesellschaft auf die Gestaltung von Schulen aus? Und umgekehrt: Welchen Einfluss haben Schulen bei der Gestaltung von Gesellschaft?

Politische Steuerung von Schulen

Wie angekündigt möchte ich nun auf die politische Steuerung von Schulen eingehen und beziehe mich hier auf Deutschland. Im Verhältnis zu den angelsächsischen Ländern fällt die konsequente staatliche Zuständigkeit für die Schulen in Deutschland auf. „Die Generalzuständigkeit des Staates bezieht sich nicht nur auf die organisatorische und inhaltliche Gestaltung von Bildungsgängen, sondern auch auf die Regelung der Lehrerbildung und die Verwaltung des Lehrpersonals in Schulen und anderen Bildungseinrichtungen" (Füssel/Leschinsky 2008: 148). Dabei hat der Bund keine Kompetenzen, sondern allein die Länder und Kommunen. Dieses Charakteristikum ist mit der Föderalismusreform 2006 weiter verstärkt worden. Ebenfalls im Zuge der Grundgesetzänderung 2006 wurde der Artikel 91b Grundgesetz, in dem es um die Zusammenarbeit und gemeinsamen Zuständigkeiten von Bund und Ländern geht, verändert. In das Grundgesetz wurde eine weitere Aufgabe von Bund und Ländern aufgenommen, nämlich das Zusammenwirken bei internationalen Vergleichen der SchülerInnenleistungen wie PISA. Bund und Länder sind nunmehr verpflichtet, die aus diesen Studien abzuleitenden Empfehlungen gemeinsam zu erarbeiten.

Die Arbeitsteilung zwischen Ländern und Kommunen teilt sich derart auf, dass die Länder für die inneren Fragen des Unterrichts, seiner Ziele, Inhalte und Organisation zuständig sind, während die Kommunen für die äußeren Fragen der Finanzierung und Ausstattung der Schulen zuständig sind. In Flächenstaaten werden die Personalkosten vom Land und die Sachkosten sowie die Kosten für das Verwaltungspersonal von der Kommune aufgebracht. In der Praxis werden jedoch viele Zuständigkeiten durch Genehmigungsverfahren oder Fondslösungen kooperativ geteilt. In den letzten Jahren fand eine Entwicklung hin zur Dezentralisierung statt, in der die Schulkonferenz, also die einzelschulischen Gremien zusammengesetzt aus SchülerInnen, LehrerInnen und Eltern, in ihren Kompetenzen gestärkt wurden. Laut Füssel und Leschinsky wurde mit der Dezentralisierung die Steigerung der Effektivität der Schulen sowie eine Mobilisierung finanziellen Kapitals aus der unmittelbaren Umgebung beabsichtigt (vgl. Füssel/Leschinsky 2008: 175).

Die umfassende staatliche Zuständigkeit der Schulen erstreckt sich auch auf die Privatschulen, die unter staatlicher Aufsicht stehen und für deren finanzielle Subventionierung der Staat verantwortlich ist.

Deutschland ermöglicht im Rahmen von GATS (General Agreement on Trades and Services), privaten Unternehmen Schulen zu gründen und gewinnorientiert zu betreiben. Es gibt einen Zulauf an Schulen, die sich auf einen internationalen Bildungsmarkt ausrichten, d.h. Englisch als Unterrichtssprache und als Abschluss das International Baccalaureat Diploma anbieten.

Schule und Sozialisation

Im vorangegangenen Abschnitt klangen bereits mehrere Aspekte zum Thema Schule und Sozialisation an. So sind das Weitergeben von Kultur und Wissen, die Sicherung politischer Loyalität und Persönlichkeitsformung, die Vorbereitung auf zukünftige Tätigkeiten und das Einteilen in Klassen- und Beschäftigungsstrukturen allesamt Elemente der Sozialisation von Kindern und Jugendlichen an Schulen. Brint (1998) definiert Sozialisation als die Anstrengung und das Unterfangen von mächtigen Gesellschaftsmitgliedern, das Benehmen und Verhalten sowie die Werte weniger mächtiger Gesellschaftsmitglieder zu beeinflussen (vgl. Brint 1998: 136). Was ihm allerdings bei dieser Definition von Sozialisation verloren geht, sind all die unbewussten Sozialisationseffekte, die zustande kommen, wenn sich Menschen in bestimmten Umgebungen aufhalten, sich dort anpassen, mitmachen, Geschehnisse, Rituale und alles was dort üblich ist und abläuft oft unbewusst internalisieren.

In der Soziologie der Schule wird oftmals zwischen der Sozialisation im Klassenzimmer und der Sozialisation außerhalb des Klassenzimmers unterschieden. Die Sozialisation im Klassenzimmer unterliegt stärker als die Sozialisation außerhalb der Klassenzimmer formalisierten Gefügen und Regeln und kann daher eher als intentional im obigen Sinne bezeichnet werden, als dies für die Sozialisation außerhalb des Klassenzimmers, also etwa in Pausen oder auf dem Schulweg gilt. Die Sozialisation im Klassenzimmer hängt stark von der politischen Steuerung ab und ist in Deutschland, wie oben beschrieben, fest in staatlichen Händen, während beispielsweise in angelsächsischen Ländern *board of trustees*, also eine Art Aufsichtsräte, das Schulgeschehen und damit auch die Sozialisation der Kinder und Jugendlichen stärker beeinflussen. Hier ergibt sich Forschungsbedarf, um zu analysieren, inwieweit und wie unterschiedliche politische Steuerung zu einer unterschiedlichen Sozialisation von Kindern und Jugendlichen in Form unterschiedlichen Verhaltens, moralischer Einstellungen und kultureller Muster beitragen.

Schule als soziale Organisation

Ein weiteres Themenfeld der Soziologie der Schule ist die Perspektive auf Schulen als soziale Organisationen. In dieser Perspektive geht es weniger um eine inhaltliche Untersuchung wie beispielsweise im Themenfeld zur Sozialisation in der Schule, wo die kulturellen und moralischen Einflüsse sowie ihre Weitergabe an die nächste Generation analysiert werden, als vielmehr um Fragen des Ablaufs von Prozessen, die das Unterrichten und die Sozialisation der Kinder und

Jugendlichen ermöglichen. Im Folgenden werde ich mich auf einen Text von Corwin (1973) konzentrieren, der in komprimierter Weise die Elemente von Organisationen zusammengetragen hat, die für eine Theorie der Organisation der Schule zu berücksichtigen wären. Corwins Zusammenstellung ist anzumerken, dass sie in einem US-amerikanischen Kontext entstanden ist, in der für Schulen eine weit größere Autonomie als Organisation vorgesehen ist, als dies der Fall in Deutschland ist. Daher wird in diesem Abschnitt ein überwiegend in angelsächsischen Ländern ausgeprägter Zweig der Soziologie der Schule hier vorgestellt. Das Kennenlernen dieses Zweigs ist jedoch auch im Hinblick auf die Entwicklungen in Deutschland wichtig, wo Schulen (wie im Absatz zur politischen Steuerung angedeutet) zunehmend Autonomie eingeräumt wird und sich Schulreformen zu einem großen Teil auf die Verbesserung von Schulen als Organisationen beziehen.

Corwin geht grundsätzlich von einer Problemperspektive aus, d.h. weniger von dem Funktionieren von Schulen, als vielmehr von ihrem Nicht-Funktionieren bzw. den Problemen, die Schulen als Organisationen haben. Dabei spricht er im Wesentlichen vier große Probleme an: die Koordination, der Druck von außen in Form von Ansprüchen, interne Konflikte und Ungereimtheiten sowie die Frage der Grenzen der Organisation, also die Balance sich Hilfe von außen zu holen, ohne dass der Einfluss von außen zu groß wird. In Deutschland wird, allerdings abnehmend, die Koordination von Schulen gesetzlich vorgeschrieben und hängt eng mit gesetzlich festgelegten Zielen wie Lehrplänen etc. zusammen. Der Druck von außen wird also deutlich formuliert und als Anspruch an die Schulen herangetragen sowie in Form staatlicher Schulaufsicht auch kontrolliert. Interne Konflikte sind in einer stark arbeitsteiligen Organisation, wie es die Schule in Deutschland traditionell ist, in geringerem Maß vorhanden, als in Ländern, in denen es stärkere Überschneidungen von Aufgaben und Koordinierungsbedarf gibt. Der Einfluss von außen droht in Deutschland überwiegend in Form elterlicher Interventionen, die überwiegend in der Interaktion mit einzelnen (Klassen-)LehrerInnen stattfinden und vorwiegend individuell gelöst werden, während im Vergleich zu angelsächsischen Ländern weniger interessengruppenspezifische Forderungen an die Schule formuliert werden. Dies alles kann sich jedoch ändern, wenn zunehmend die Einzelschule mit der Festlegung von Zielen sowie der Maßnahmen zu ihrer Erreichung und Kontrolle der Ergebnisse einschließlich Sanktionierung beauftragt wird.

Ich komme nun in Anlehnung an Corwin zu den Elementen von Organisation, die auch für die soziologische Analyse der Schule als Organisation relevant sind. Koordination, als zentrales Charakteristikum von Organisationen, hängt ab von der Anzahl und Anordnung sowie der Kompetenzen der Untergliederungen einer Organisation. Dazu gehören auch Stand und Höhe der professionellen Expertise der Beteiligten. Die Administration spielt hier eine große Rolle und der Grad der Standardisierung von Abläufen. Ein weiteres Element von Organisationen, das auch für die Koordination von grundlegender Bedeutung ist, sind die Charakteristika der Macht und des Autoritätssystems. Dazu gehören die Anzahl der Ebenen von Autorität, die Abhängigkeit oder auch Autonomie von Untergliederungen sowie deren Professionalisierung. Für Organisationen sind drittens Rekrutierungsprozesse von großer Bedeutung, d.h. beispielsweise Fragen der Selektivität neuer Mitglieder. Ein viertes zentrales Element von Organisation sind die Ziele und damit die Art und Anzahl ihrer Verpflichtungen, die sich durchaus widersprechen können, die kontrovers sein können und zwischen denen und der Organisationsstruktur es Diskrepanzen geben kann. Schließlich beinhaltet die Erforschung von Organisationen auch das Untersuchen ihrer Grenzen. Dazu gehört vor allem die Frage der Finanzierungsquellen der Organisation, aber auch die Frage des Einflussmaßes von Nichtmitgliedern sowie die Organisationskontrolle über die offiziellen Mitglieder und schließlich Fragen nach der Kohärenz der Organisation. Für die Soziologie der Schule wäre eine systematische Analyse der Schule als Organisation unter Einbeziehung der genannten Elemente eine Bereicherung, da sie über Entscheidungs- und Implementierungsprozesse Auskunft gäbe, die bislang wenig untersucht wurden.

Dagegen gibt es mit der Absicht der Verbesserung der Leistungsfähigkeit von Schulen ein breit bearbeitetes Themenfeld der Soziologie der Schule, das ich Schulhaftung nenne und auf das ich im nächsten Abschnitt näher eingehe.

Schulhaftung

In den USA begann in den 1980ern Jahren eine Reformrichtung in der Bildungspolitik zu dominieren, die sich auf standardbasierte Verfahren konzentrierte. Grund dafür war der Bericht „A Nation at Risk" der National Commission on Educational Excellence, in dem die Leistungen von SchülerInnen in den USA mit SchülerInnenleistungen in Deutschland und Japan verglichen wurden und festgestellt wurde, dass die US-SchülerInnen im Lesen, in den Naturwissenschaften sowie in Mathematik unterlegen seien (vgl. O'Day 2007). In Deutschland begann die Debatte und die Ausrichtung auf standardbasierte Bildungsreformen erst Mitte der 1990er Jahre (vgl. Baumert et al. 2008). Diese wurden mit Fragen der Qualitätsentwicklung und Modernisierung der Verwaltung unter den Gesichtspunkten von Effektivität und Effizienz, Fragen der Transparenz und Rechenschaftslegung sowie der Neujustierung der Bundes- und Länderkompetenzen in Bildungsangelegenheiten verbunden (vgl. Baumert et al. 2008: 122). Diese Debatte hat einen klar bildungsökonomischen Akzent. Sie wurde vielerorts mit der Debatte um Schulentwicklung verbunden, einer Debatte, in der Reformpädagoglnnen und ErziehungswissenschaftlerInnen teilnahmen und die Entwicklung von Schulen in erster Linie in reformpädagogischer Absicht als Einzelschule, als Lebenswelt verstanden wurde (vgl. Baumert et al 2008: 122-123). „Die Einführung der sog. Schulinspektion in den meisten Ländern als einer von der Schulaufsicht getrennten Evaluations- und Beratungsagentur verbindet Schulentwicklung und neue Steuerung" (Baumert et al. 2008: 123).

Unter soziologischen Gesichtspunkten ist die Debatte um Schulhaftung und Schulentwicklung hauptsächlich interessant, wenn man den oftmals impliziten Prämissen nachspürt und diese sowie die Praktiken kritisch hinterfragt. Dafür ist wiederum O'Day hilfreich, da sie auf den Punkt bringt, wovon die Beteiligten der Schulhaftung unreflektiert ausgehen: Dass Schulhaftung zur Verbesserung von SchülerInnenleistungen beitrage und zwar durch die Verbesserung des Funktionierens der Schulorganisation (vgl. O'Day 2007: 437). Schulhaftung funktioniert dabei grundsätzlich durch gesetzte Ziele und Konsequenzen, die mit der Erreichung oder Nicht-Erreichung der Ziele verbunden sind (positive oder negative Sanktionen). In diesem Denkmuster oder bei diesem Ansatz gibt es jedoch eine Reihe inhärenter Probleme:

1. Die Schule ist zwar die Einheit für die Intervention oder die Einflussnahme, aber das Individuum ist die Einheit der Handlung. So ist es immer die Schule, um die es bei der Schulhaftung und bei allen politischen Maßnahmen geht, doch letztlich kommt es auf das Verhalten der einzelnen LehrerInnen, Schulverwaltungsangestellten und Eltern an, das sich ändern soll und dessen Änderung wiederum zur Verbesserung der SchülerInnenleistungen führen soll. D.h. dass also die politischen Akteure bzw. diejenigen, die die Rechenschaftspflicht der Schulen einführen, eigentlich davon ausgehen, dass ihre Maßnahmen, die auf die Schule als Einheit zielen, das erwünschte Verhalten und die Veränderungen in den Individuen hervorrufen. (vgl. O'Day 2007: 437) Doch hier stellen sich zwei Fragen: Wie können Maßnahmen, die auf die Rechenschaftslegung von Schulen zielen, Veränderungen in Individuen mobilisieren? Welche Art von Bedingungen muss gegeben sein, damit diese Verbindung zustande kommt?

2. Das zweite Problem besteht darin, dass externe Kontrolle versucht, interne Prozesse zu beeinflussen. Aber eine große Anzahl von Forschungen hat gezeigt, dass dies nicht so ohne weiteres funktioniert (vgl. O'Day 2007: 437). Einer der Gründe besteht darin, dass externe Regeln oft den organisationsinternen Regeln oder Normen widersprechen oder entgegenlaufen. Es stellen sich daher Fragen wie: Was ist die angemessene und effektivste Balance zwischen externer und interner Kontrolle? Worin bestehen die Mechanis-

men, diese Balance zu erreichen? Können externe Maßnahmen die Entwicklung interner Normen, die sich positiv auf SchülerInnenleistungen auswirken, hervorrufen?
3. Das dritte Problem bezieht sich auf die Rolle von Informationen, die einerseits problematisch innerhalb von Schulen und andererseits aber essentiell für die Verbesserung von Schulen sind (vgl. O'Day 2007: 438). In der Diskussion um Schulrechenschaftspflicht wird davon ausgegangen, dass die Veröffentlichung von Informationen wie SchülerInnenleistungen, von den jeweils Beteiligten zur Kenntnis genommen wird und zu Handlungen führt, die dann wiederum zur Verbesserung von SchülerInnenleistungen führen. Aber auch hier tauchen wiederum eine Reihe von Fragen auf: Was sind die effektivsten Formen und der effektivste Gebrauch von Informationen in Schulverbesserungsprozessen? Wo liegen die Verbindungen zwischen den Informationen einerseits und den Motivationen für individuelles und kollektives Handeln andererseits? (vgl. O'Day 2007: 438)

Es wird deutlich, dass im Themenfeld „Schulhaftung" noch ein großer soziologischer Forschungsbedarf besteht.

Thrupp (1999) setzt sich mit der Frage auseinander, ob Schuleffektivität und -verbesserung unabhängig von der sozialen Klassenzusammensetzung der SchülerInnen stattfindet oder nicht. Er meint, dass die Autoren der E&I Forschung, wie er sie nennt, also der „effectiveness and improvement"-Richtung davon ausgehen, dass die Maßnahmen, die sie vorschlagen, unabhängig von der sozialen Zusammensetzung der Schülerschaft funktionieren. Thrupp dagegen bezweifelt das und zeigt mit seiner empirischen Forschung (einer ethnographischen Beobachtung in unterschiedlichen Schulen Neuseelands), dass die soziale Zusammensetzung der SchülerInnen durchaus einen Einfluss nimmt und Effektivitäts- und Verbesserungsmaßnahmen nicht unabhängig davon funktionieren. So sind die Leistungen von SchülerInnen in Mittelklasse-Schulen höher, als die Leistungen von SchülerInnen in Schulen mit einem hohen Anteil Angehöriger unterer sozialer Herkunft (vgl. Thrupp 1999: 5). Die Botschaft der Schulhaftungs-VertreterInnen, so Thrupp, lautet: LehrerInnen und Schulen können einen Unterschied herstellen! Diese Botschaft sei nach den 1970ern, wo Basil Bernstein behauptete, dass Schulen nicht für die Gesellschaft kompensieren könnten, willkommen geheißen. Doch mit seiner soziologischen Analyse fordert Thrupp gängige Annahmen und Behauptungen der Schulhaftungsdebatte heraus, ähnlich wie dies O'Day tat:

1. Thrupp meint, dass viel von dem sogenannten „Schuleffekt", der angeführt wird, gar nicht die Effektivität der Schule widerspiegelt, sondern indirekt

mit der Zusammensetzung der SchülerInnenschaft zusammenhängt und mit den Schulprozessen, die davon beeinflusst werden.
2. Viele Effektivitäts-Faktoren, die als Einflussfaktoren für SchülerInnenleistungen identifiziert wurden, sind schwer wiederholbar. Denn diese Faktoren können zwar schulbasiert sein, aber sie sind nicht durch die Schule verursacht. Stattdessen sind sie durch den sozialen Hintergrund der SchülerInnen zustande gekommen und dieser kann nicht so einfach verändert werden.
3. Thrupp hat in seiner Forschung herausgefunden, dass das, was häufig als Schulprofil oder als Schulklima bezeichnet wird und in der E&I Literatur meistens dem Schuldirektor oder dem Personal zugesprochen wird, oft eben von der sozialen Zusammensetzung der SchülerInnen abhängt.
4. Schließlich wehrt sich Thrupp gegen die E&I Annahme, dass Unterrichten als etwas gesehen wird, das LehrerInnen auf passive SchülerInnen anwenden und nicht, wie er es sieht, als ein zwei-Wege-Prozess von Unterrichten und Lernen von zwei aktiven Seiten.

Die soziale Zusammensetzung der SchülerInnen bewirkt in einem kumulativen Prozess, dass höhere Anteile hoher sozialer Herkunft zu höheren Leistungen führen. Ausschlaggebend sind bekannte Faktoren wie ein höheres Niveau an sozialem Kapital und Curriculum-relevanten Erfahrungen, höhere Zielen usw. Thrupp kommt zum Einfluss der sozialen Zusammensetzung auf den Unterrichtsprozess und meint, dass sich hier Schulen mit einem hohen Anteil an SchülerInnen aus hoher sozialer Herkunft eher auf akademische Programme ausrichten, dass sie eine größere Variation an extracurricularen Aktivitäten und mehr motivierte SchülerInnen haben. Schließlich kommt Thrupp zu den organisatorischen und Managementprozessen und spricht von folgenden Einflüssen einer hohen Anzahl von SchülerInnen mit hohem sozio-ökonomischem Hintergrund:

- mehr effiziente tägliche Routinen,
- weniger Druck und Überwachung und Disziplin-System, mit höher Befolgung durch die SchülerInnen und weniger Schwierigkeiten mit Beaufsichtigungs- und Disziplinschwierigkeiten sowie
- weniger Druck auf das Schul-Management durch weniger SchülerInnenprobleme, weniger MitarbeiterInnenprobleme, weniger moralischen Problemen, weniger Vermarktungs- und Werbungsproblemen, weniger Fundraising-Problemen, mehr Zeit, sich dem Monitoring zu widmen, und mehr Zeit für Planung, weniger gestresste Boards of Trustees und größere finanzielle Ressourcen (vgl. Thrupp 1999: 124).

Die zuletzt genannten Vorteile gelten in erster Linie für den angelsächsischen Kontext, aber auch in Deutschland wird mit der zunehmenden Zuständigkeit der Schulkonferenz die einzelne Schule mit ihren Beteiligten für die Gestaltung des Schulalltags verantwortlich, so dass auch hier eine zunehmende Orientierung und Engagement bildungsnaher Eltern der Mittel- und Oberschicht für „gute" Schulen zu beobachten ist und somit die Schulwahl und mit ihr die soziale Polarisierung eine wachsende Bedeutung erhält.

Curricula

In der Soziologie der Schule komme ich mit dem Themenfeld „Curricula" abschließend zu einem zentralen Bereich von Schulen, der hauptsächlich aus pädagogischer und politikwissenschaftlicher Perspektive untersucht wird. Die Frage, welche Unterrichtsinhalte überhaupt gelehrt und gelernt werden sollen, ist zum einen eine Machtfrage, an der in Deutschland parlamentarische EntscheidungsträgerInnen beteiligt sind. Zum anderen beschäftigen sich PädagogInnen mit der Aufarbeitung disziplinärer Inhalte für den Unterricht für Kinder und Jugendliche. In der soziologischen Debatte um Schulen möchte Young (2009) mit seiner normativen Grundsatzfrage „What are schools for?" wieder zum Kern von Schulen in der soziologischen Debatte zurückkehren. Der Kern von Schulen sind, laut Young, die Curricula bzw. die Tatsache, dass Schulen jungen Menschen ermöglichen, ein Wissen zu erwerben, das die meisten von ihnen zu Hause oder in der Gemeinschaft oder am Arbeitsplatz nicht erwerben können (vgl. Young 2009: 13).

Wenn also der Kern von Schulen ist, dass sie Wissen ermöglichen, dann stellt sich die Frage, welches Wissen. Hier unterscheidet Young zwischen „Wissen der Mächtigen" und „mächtigem Wissen". Wissen der Mächtigen bezieht sich auf Fragen, wer definiert, was als Wissen gezählt wird und wer Zugang dazu hat. Beides sagt aber nichts über das Wissen an sich aus.

Dagegen fasst Young mit „mächtigem Wissen" Wissen, das etwas ermöglichen kann. In modernen Gesellschaften ist das zunehmend spezialisiertes Wissen (vgl. Young 2009: 14).

Aus dieser Unterscheidung ergeben sich, nach Young, vier Schlüsselfragen für die Erstellung von Curricula:

- Welche Unterschiede gibt es zwischen verschiedenen Formen spezialisierten Wissens und welche Verbindungen gibt es zwischen ihnen?
- Wie unterscheidet sich das spezialisierte Wissen von dem Wissen, das Menschen im täglichen Leben erwerben?

- Wie hängen das spezialisierte Wissen und das alltägliche Wissen miteinander zusammen?
- Wie wird spezialisiertes Wissen pädagogisiert?

Mit diesen Fragen bewegt sich Young im Gebiet der Wissenssoziologie, die demnach ebenfalls einen wertvollen Beitrag zur soziologischen Analyse von Schulen leisten kann, insbesondere, wenn sie untersucht, welche Art von Wissen in Schulen gelehrt und gelernt wird und wie dieses zustande kommt. Young bewegt sich mit seiner Argumentation für eine bestimmte Art schulischen Wissens auf einer normativen Ebene, wobei zu bedenken ist, dass sich das Wissen, das in Schulen oftmals faktisch gelehrt und gelernt wird, davon unterscheidet.

Entstehung und Untergang der Hauptschule als Ausdruck einer Gesellschaft im Wandel

Wie angekündigt, komme ich nun mit dem Thema Hauptschule zu einer aktuellen schulischen Entwicklung in Deutschland, die sich hervorragend eignet, den soziologischen Blick auf das Thema Schule exemplarisch aufzuzeigen.

Man kann die Hauptschule sowohl als ein Produkt als auch als eine Art „Abfall" der Bildungsexpansion in der Bundesrepublik Deutschland sehen. Sie wurde in den 1960er Jahren als Ersatz für die Volksschuloberstufe eingerichtet. In dieser Zeit besuchte nicht „das Volk", also die gesamte Bevölkerung die Volksschuloberstufe, sondern „die Masse der unteren Volksschichten" (Leschinsky 2008: 383). Die mittleren und oberen Schichten schickten ihre Kinder und Jugendlichen auf die mittleren Schulen und Gymnasien. Die Hauptschule wurde als weiterführende Schule in Konkurrenz zur später so genannten Realschule und zum Gymnasium gegründet. Diese Zielsetzung drückte sich, so Leschinsky, im Lehrplan der Hauptschule aus, der sich deutlich von den Lehrplänen der Volksschuloberschule unterschied und sich den Lehrplänen der Realschulen und der Gymnasien mit dem Angebot einer Fremdsprache und Fächerorientierung anglich. „Hinter diesem Programm standen das Bemühen um die Beseitigung althergebrachter Benachteiligungen wie auch die Erkenntnis, dass den gesteigerten Anforderungen von Leben und Beruf ganz allgemein durch eine verbesserte, wissenschaftsnähere Qualifikation der Bevölkerung Rechnung getragen werden müsse" (Leschinsky 2008: 383). Auf diese Weise stellt die Hauptschule einen Bestandteil der Bildungsexpansion dar, denn mit Bildungsexpansion ist die Entwicklung gemeint, in der immer mehr Menschen einen immer höheren Ausbildungsabschluss erwerben.

Gleichzeitig bzw. im Laufe der Zeit, wurde jedoch die Bildungsexpansion zum Verhängnis für die Hauptschule und führte zu ihrer Abwertung. Die gesteigerten Erwartungen an den Umfang und das Niveau des Wissens von BürgerInnen machte den Realschulabschluss in der gesellschaftlichen Anerkennung zur Norm allgemeiner Grundbildung. Damit befindet sich die Hauptschule in der absurden Situation, eine staatliche Bildungseinrichtung zu sein, die eine Ausbildung und einen Abschluss anbietet, der gesellschaftlich weitgehend nicht anerkannt wird. Diese Abwertung der Hauptschulen ist wesentlich dadurch begründet, dass ein Hauptschulabschluss so gut wie keinen Arbeitsmarktzugang mehr vermittelt. Schließlich liegt die Abwertung der Hauptschule darin, dass sie oftmals nicht einmal mehr einen Zugang zum dualen Ausbildungssystem eröffnet. Ein Hauptschulabschluss ist somit wertlos geworden in dem Sinn, dass er keine weiteren Zugänge eröffnet. Solga (2005) begründet diese Entwicklung mit dem Verdrängungsmechanismus, demzufolge ein Überangebot an qualifizierten Arbeitskräften einem unzureichenden Arbeitsplatzangebot gegenüber steht, so dass sich Ausbildungsplatz- und Arbeitgeber aus dem großen Angebot die am höchsten Qualifizierten aussuchen und die Menschen mit niedrigeren Schulabschlüssen keine Chance erhalten. In ihrer Untersuchung der Einstellungspraktiken von Personalverantwortlichen hat Solga darüber hinaus herausgefunden, dass aufgrund erhöhter Bildungsnormen Menschen mit niedrigen Bildungsabschlüssen diskreditiert werden.

„Die *quantitative* Schrumpfung der Gruppe gering qualifizierter Personen wurde insofern von einer *normativen* Veränderung der Perzeption geringer Bildung begleitet, die den Ausschluss gering qualifizierter Personen von Bewerberschlangen zur Folge hatte. Diese *Annahme* einer gesunkenen Leistungsfähigkeit gering qualifizierter Personen sowie eines höheren Risikos ihrer Beschäftigung ist jedoch in der Tat vor allem einer Veränderung der *Bewertung* fehlender Bildungsleistungen geschuldet, durch die dem *probabilistischen* Charakter statistischer Diskriminierung nun *gesicherte* und *notwendige* Züge zugesprochen wurden. Dieser Annahme einer als ‚gesichert' geltenden Leistungsunfähigkeit widerspricht jedoch zum einen, dass gering Qualifizierte heute über ein höheres Bildungsniveau verfügen als frühere Generationen, und zum anderen, dass es diesen – scheinbar logisch aus einer ‚Abwanderung' der leistungsstärkeren Personen in die höheren Bildungsgruppen folgenden – Zusammenhang zwischen abnehmender Gruppengröße und sinkender Intragruppenvarianz im Leistungsniveau *nicht* gibt. Das Leistungsniveau ist vielmehr von den institutionellen und curricularen Rahmenbedingungen des Bildungssystems abhängig" (Solga 2005a: 296-297).

Solgas Untersuchung verdeutlicht, dass die Wertigkeit von Bildungsabschlüssen immer relational zu andern Bildungsabschlüssen ist, so dass die Entwicklung der

Hauptschule (wie aller anderen Schulen) immer im Zusammenhang mit anderen Schulen bzw. dem gesamten Bildungssystem zu analysieren ist.

In diesem Sinn ist die Entwicklung der letzten Jahre, derzufolge die Hauptschulen abgeschafft werden, in dem sie mit den Realschulen zusammengelegt werden, differenziert zu beurteilen: Für alle diejenigen, die dadurch einen Realschulabschluss erwerben, steigen ihre Chancen auf weitere Zugänge zu beruflicher Ausbildung und zum Arbeitsmarkt. Denjenigen jedoch, die keinen Realschulabschluss erwerben, nimmt die Abschaffung der Hauptschule die einzige Möglichkeit zum Erwerb eines Schulabschlusses. In gesamtgesellschaftlicher Hinsicht führt die Abschaffung der Hauptschulen nicht zur Abschaffung des Problems, wie Menschen, die nicht über Bildungsinstitutionen eingebunden werden, dennoch erwerbstätig und damit sozial integriert werden können.

11. Kapitel: Berufliche Bildung

Die berufliche Bildung fügt sich nicht ohne weiteres in die Gliederungslogik des zweiten Teils des Buches, in dem Bildungsabschnitte in lebenszeitlicher Perspektive oder Bildungssektoren in systematischer Perspektive voneinander unterschieden werden. So liegt die berufliche Bildung einerseits zeitlich parallel zur Sekundarstufe II und damit nicht im Anschluss an die Schule, wie es für die Hochschulbildung, um die es im nächsten Kapitel geht, gilt. Die berufliche Bildung kann aus inhaltlicher Perspektive andererseits auch nicht systematisch von der Hochschulbildung unterschieden werden, da schließlich auch im tertiären Bildungssektor beruflich ausgebildet wird. Damit sind gleich zwei Besonderheiten der beruflichen Bildung in Deutschland angesprochen, die sie von der Stellung der beruflichen Bildung in lebenszeitlicher und systematischer Hinsicht in anderen Ländern unterscheidet. Auf den Ländervergleich komme ich später zu sprechen. Mein Grund, trotzdem an dieser Gliederung festzuhalten ist neben der Schwierigkeit, eine adäquatere zu finden, die Möglichkeit, damit gleich auf zwei soziologische Analyseperspektiven der beruflichen Bildung aufmerksam machen zu können: ihre Bedeutung für den Lebensverlauf von Menschen sowie ihren Status im Gesamtbildungssystem.

Wenn man sich nicht mit Detailfragen oder einzelnen Bereichen der beruflichen Bildung soziologisch auseinandersetzt, sondern eine Art Gesamtblick auf diesen gesellschaftlichen Bereich wirft, so bieten sich zwei Zugänge an: die Auseinandersetzung mit dem Phänomen Beruf und die Betrachtung der Schnittstelle zwischen Bildung und Wirtschaft bzw. Bildung und Erwerbsarbeit. Buttler (1995) unterscheidet drei Dimensionen von Beruf: die Funktion, womit er das Aufgabenfeld im Rahmen sich verändernder gesellschaftlicher Arbeitsteilung bezeichnet, die Qualifikationsdimension, die sich wiederum in Fach-, Methoden- und Sozialkompetenz unterteilen lässt, und die Dimension des sozialen Status, in der Berufe als Orte unterschiedlichen Ansehens und als Stationen der Verteilung von sozialen Chancen konstruiert werden. Eine soziologische Beschäftigung mit beruflicher Bildung hat demnach diese Dimensionen zum Gegenstand.

Kurtz (2001) bezieht sich in seinem Überblick über die Soziologie des Berufs vor allem auf die dritte Dimension des sozialen Status und erläutert, wie sich diese Dimension historisch veränderte: „In den mittelalterlichen und frühmodernen Korporationen symbolisierte der Beruf wesentlich die Stellung des Menschen in der Gesellschaft. Über das Erlernen eines ehrbaren Berufes wurde man

Mitglied einer Korporation, verstanden als einer beruflichen Assoziation der Ehrbaren, und gehörte damit zugleich zur städtischen Bürgerschaft" (Kurtz 2001: 8). Diese mittelalterliche Bedeutung des Berufs hat sich jedoch, so Kurtz in Anlehnung an Münch und Beck, stark relativiert. So ist der Beruf heutzutage moralisch nicht mehr so aufgeladen und auch seine Bedeutung hinsichtlich der Lebensführung der Menschen hat sich reduziert. Auch Betriebe funktionieren heute immer weniger entlang der Differenzierung nach Berufen, als vielmehr nach Geschäftsprozessen (Baethge 2001). Wichtig für die soziologische Untersuchung der Berufe war jedoch die Frage „in welcher Art und Weise die Ausdifferenzierung von Berufen die Sozialstruktur einer Gesellschaft als auch das Leben und Handeln von Personen prägen" (Kurtz 2001: 14). Damit wurde der Beruf als Vermittlungsinstanz zwischen Individuum und Gesellschaft gefasst und versucht, seine gesamtgesellschaftliche Integrationsfunktion herauszuarbeiten. Die soziologische Analyse beruflicher Bildung geht unter dieser Perspektive den Fragen nach, wie unterschiedliche berufliche Sozialisation zu unterschiedlicher Identifikation mit Tätigkeiten und zu unterschiedlicher gesellschaftlicher Stellung beiträgt.

Die zweite, in der Bildungssoziologie übliche Analyseperspektive auf berufliche Bildung versucht, diese an der Schnittstelle zwischen dem Bildungs- und dem Wirtschaftssystem bzw. unter der Frage, wie Bildung und Erwerbsarbeit miteinander zusammenhängen, zu fassen. Ich werde später im 15. Kapitel auf diese Perspektive näher eingehen. Hier seien nur grob die drei Dimensionen angesprochen, auf die sich soziologische Analysen beruflicher Bildung typischerweise beziehen, wenn sie an dieser Schnittstelle operieren: die Dimension der unterschiedlichen länderspezifischen Ausprägungen der beruflichen Bildung und der Übergänge vom Bildungs- in das Beschäftigungssystem, die Dimension des Wandels der Wirtschaft sowie drittens die Dimension Geschlecht, die im Übrigen auch in der Berufssoziologie eine zentrale Rolle spielt, da die geschlechtliche Konstruktion von Berufen eine wichtige Rolle hinsichtlich der Bewertung und des gesellschaftlichen Status von Berufen spielt. Auf den Wandel der Wirtschaft und dessen Konsequenzen für die berufliche Ausbildung in Deutschland gehe ich später näher ein. Zuvor beginne ich mit einer Einführung in das System beruflicher Ausbildung in Deutschland. Als Beispiel für eine aktuelle soziologische Auseinandersetzung mit beruflicher Bildung stelle ich abschließend eigene Forschungsergebnisse im Bereich Wandel beruflicher Bildung und Konsequenzen für soziale Ungleichheit vor.

Das System der beruflichen Bildung in Deutschland

Wie bereits im Zitat über die geschichtliche Entwicklung der Berufe anklang, liegen die historischen Wurzeln der Berufsausbildung im Mittelalter. Die Meisterlehre wurde von den Handwerksgemeinschaften organisiert. Daneben gab es nur für wenige Jugendliche eine allgemeine und religiöse Ausbildung in Klöstern (Thelen 2004). Baethge (2008) weist darauf hin, dass der handwerklich-vorindustrielle Ursprung durch einen Kompromiss zwischen ökonomischer Mittelstandsförderung und obrigkeitsstaatlicher Integrationspolitik zur Adaption des spezifisch deutschen Ausbildungsmodells im Zuge der Industrialisierung führte. Die Lehrlingsausbildung stand daher im 19. Jahrhundert im Dienst berufsständischer Interessen und war nicht bildungstheoretisch motiviert. Dieses Modell wurde dann durch die Industrie übernommen und am Beginn des 20. Jahrhunderts in eine duale Ausbildung überführt.

„Die Übernahme dieses Ausbildungsmodells durch die Industrie und ihre spätere Transformation in eine duale Ausbildung am Beginn des 20. Jahrhunderts waren ebenfalls weniger einem ökonomisch-technisch bestimmten Qualifikationsbedarf geschuldet als vielmehr der herrschaftsstabilisierenden Sozialisationsleistung, die man sich von ihr versprach" (Baethge 2008: 548).

Baethge spricht hier also in erster Linie die sozialstrukturelle Dimension der beruflichen Bildung an und gibt ihr ein größeres Gewicht in der Entstehung eines Teils der beruflichen Bildung, nämlich des dualen Systems, als der wirtschaftlichen Dimension beruflicher Bildung. Diese Fortführung eines handwerklichen Modells beruflicher Ausbildung im Zuge der Industrialisierung hatte, so Baethge, neben der herrschaftsstabilisierenden Dimension, auch mit dem hohen Anteil handwerklicher Arbeit in der deutschen Industrie, beispielsweise im Maschinenbau, zu tun. Nun stellt sich die Frage, wie ein derartiges Berufsbildungsmodell, das stark auf die Meisterlehre ausgerichtet ist, auch in modernen Zeiten tayloristischer und postfordistischer Produktion überleben konnte? Laut Baethge hängt dies wiederum mit der typisch deutschen diversifizierten Qualitätsproduktionsweise zusammen, die eben auf hohe Qualität, vermittelt durch hohe Fertigkeiten, in unterschiedlichen Bereichen wie der elektronischen und chemischen Industrie und im Maschinenbau setzte und gerade nicht, wie in England oder den USA, auf tayloristische Massenproduktion, sondern auf Wertschöpfung durch den Export hochwertiger Produkte (vgl. auch Brown et al. 2001). Zum anderen wird die Kontinuität durch das korporative Modell, also die geteilte Ausgestaltung und Mitbestimmung durch Arbeitgeber und ArbeitnehmerInnen aufrechterhalten, denn: „jede strukturelle Änderung dieser Verfassung würde beide Akteursgruppen Einfluss kosten und wäre zudem mit Unsicherheiten in Bezug auf die ökonomische Qualifikationsversorgung verbunden" (Baethge 2008: 550). Das deutsche Modell der beruflichen Bildung im so genannten dualen System beruht also auf zwei spezifisch deutschen Säulen: der wirtschaftlichen Produktionsweise und der beteiligten Akteure.

Nun besteht jedoch das berufliche Bildungssystem in Deutschland nicht nur aus dem dualen System, also der betrieblichen beruflichen Ausbildung, die mit dem Besuch an ein bis zwei Tagen pro Woche einer beruflichen Schule kombiniert wird, sondern es werden drei Bereiche zum System berufliche Bildung in Deutschland gezählt: das genannte duale System, die zeitschulische Berufsausbildung sowie das so genannte Übergangssystem, das Jugendliche, die keinen Ausbildungsplatz haben und in keiner schulischen Berufsausbildung partizipieren, vorbereitende, zu einer beruflichen Bildung hinführende Lernangebote, jedoch keine anerkannten beruflichen Abschlüsse, anbieten soll. Gemeinhin wird mit dem deutschen System beruflicher Bildung das duale System gemeint und oft wird die schulische Berufsbildung vergessen.

Die schulische Berufsausbildung gliedert sich in die Teilzeitberufsschule, die üblicherweise von Lehrlingen der dualen Ausbildung besucht werden, und in die voll qualifizierenden Berufsfachschulen. Die meisten davon bewegen sich außerhalb des Berufsbildungsgesetzes, das 1969 für die Regelung der dualen Ausbildungsgänge eingerichtet wurde und zuletzt 2005 weitergehend novelliert wurde, sowie außerhalb der Handwerksordnung. Unter ihnen nehmen die Schulen für Berufe im Gesundheitswesen einen großen Raum ein. Ein Teil dieser beruflichen Bildung wurde von Frauen der Mittelschicht entwickelt, die von der betrieblichen beruflichen Bildung ausgeschlossen wurden. Die Qualifizierung richtete sich auf das Konzept der „sozialen Mutterschaft" und führte zur Gründung von vollzeitlichen Berufsschulen (Kraus 2006). Während die berufliche Bildung im dualen System auf eine Berufstätigkeit mit einem Lohn zur Ernährung einer Familie ausgerichtet war, bildeten die beruflichen Schulen die Mädchen für ihre spätere Rolle als Familienversorgerin aus (Brehmer 1983).

Während die berufliche Bildung im dualen System gesetzlich durch das Berufsbildungsgesetz geregelt wird, in dem der Bund, insbesondere das Bundesministerium für Wirtschaft (Erlassministerium) für die Ausbildungsordnungen zuständig ist und die Arbeitgeberverbände (einschließlich der Kammern) sowie die Gewerkschaften einen hohen Einfluss auf die inhaltliche Normierung der Ausbildung haben, unterliegen die Berufsfachschulen generell der Aufsicht der Länderkultusministerien, unabhängig davon, ob sie öffentliche oder private Einrichtungen sind. Nur die Schulen des Gesundheitswesens in der Krankenschwestern und -pfleger ausgebildet werden, sind zumeist Krankenhäusern angegliedert und in Trägerschaft von Kommunen, Kirchen oder karitativen Verbänden. Die Auszubildenden an diesen Berufsfachschulen haben den Status von SchülerInnen und können im Rahmen von Bafög (Bundesausbildungsförderungsgesetz) finanziell unterstützt werden, während die Lehrlinge im dualen System Ausbildungsverträge als spezifische Arbeitsverhältnisse abschließen und einen monatlichen Lohn erhalten, der pro Lehrjahr steigt und nach Branchen sehr unterschiedlich ausfällt.

Zur Einschätzung der wissenschaftlichen Auseinandersetzung mit dem schulischen Wesen der Berufsbildung sagt Baethge: „Dass insgesamt die wissenschaftliche Beobachtung der Berufsfachschulen weniger intensiv ist als die der betrieblichen Ausbildung, wird man als Ausdruck ihrer Nachrangigkeit in der politischen und öffentlichen Aufmerksamkeit werten müssen" (Baethge 2008: 580).

Auch die berufliche Bildung, wie andere Bereiche des Bildungswesens, wird zunehmend Gegenstand europäischer Politik. 2002 haben die europäischen BildungsministerInnen und die Europäische Kommission eine Erklärung zur Verstärkung der Zusammenarbeit in der beruflichen Bildung in Kopenhagen abgegeben (Europäische Kommission 2002). Ziele sind eine verstärkte Mobilität sowie ein internationales Profil, in dem die Europäische Union weltweit als Qualitätsreferenz für Lernende anerkannt wird. Darüber hinaus soll die Transparenz in der beruflichen Bildung vor allem durch einen Europäischen Qualifizierungsrahmen (European Qualification Framework, EQF) erhöht werden (Europäische Kommission 2008). Länder, die über keinen nationalen Qualifikationsrahmen verfügen, stehen nunmehr vor der Aufgabe, einen derartigen zu schaffen. Insgesamt sollen die formalen Bildungs- und Berufsbildungssysteme reformiert werden, um Barrieren zwischen unterschiedlichen Lernformen zu beseitigen. Der EQF unterscheidet insgesamt acht Stufen nach Lernergebnissen, wobei die Stufen 5-8 auf den tertiären Sektor verweisen.

Die deutsche duale Berufsausbildung im Ländervergleich

Nach Greinert (1994) gibt es das deutsche Ausbildungssystem mit seiner traditional-korporatistischen Organisationsform, das englische und US-amerikanische Marktmodell und ein etatistisch-bürokratisches Schulmodell (in Frankreich).

Die Kennzeichen des Marktmodells sind:

- Qualifikationssignale des Arbeitsmarktes, insbesondere Qualifikationsnachfragen der Betriebe
- Aushandlungsprozesse zwischen individuellen Anbietern von und betrieblichen Nachfragern nach Arbeitskraft
- Vermittlung von Fertigkeiten und Inhalten in kurzer Zeit

Die Kennzeichen des Schulmodells sind:

- maximale Standardisierung durch Curricula
- eher langsame Anpassung an Veränderungen in der Arbeitswelt

Die sozial integrative Wirkung des deutschen dualen Systems besteht im internationalen Vergleich darin, dass in kaum einem anderen Land so viele Menschen eines Altersjahrgangs beruflich ausgebildet werden und dass die Ausbildung auf mittlere und untere Tätigkeitsniveaus ausgerichtet ist. Ein weiteres Merkmal besteht darin, dass das Qualifikationsniveau in Deutschland vergleichsweise hoch ist. Außerdem können die Betriebe die Azubis lange beobachten und so verlässliche Entscheidungen für Fortanstellung treffen.

Allerdings besteht in Deutschland eine strikte Trennung zwischen beruflicher Ausbildung im sekundären Sektor und dem Hochschulsektor. Frommberger kritisiert: „Der hohe berufsqualifizierende Wert dieser Form der Berufsbildung ist mit einem vergleichsweise geringen Tauschwert im Bildungssystem verbunden" (Frommberger 2007: 147). Im Ländervergleich bedeutet dies:

„In den meisten Ländern innerhalb und außerhalb Europas ist die Situation genau umgekehrt. Der berufsqualifizierende Wert der schulischen Abschlüsse der Berufsbildung ist gering. Der Tauschwert der Abschlüsse im weiterführenden Bildungs- und Hochschulsystem ist hingegen hoch. So werden in allen europäischen Ländern in der Berufsbildung systematisch ‚Doppelqualifikationen' angeboten, das heißt Abschlüsse, die integrativ zu einem berufsqualifizierenden Abschluss einschließlich der Hochschulzugangsberechtigung führen" (Frommberger 2007: 147).

Auch Rothe (2008) kritisiert die strikte Trennung der beruflichen von der allgemeinen Bildung und merkt vor dem Hintergrund der EU-Politik an:

„Berufsbildung gilt – allen Initiativen der Politik und allen Beschwörungen zum Trotz – in Deutschland nicht als der Allgemeinbildung gleichwertig (...) Die Abseitsposition der dualen Berufsausbildung, die noch immer allein im Erwerbssystem verankert bleibt, führt dazu, dass das Gros eines Jahrgangs zeitlebens auf dem Niveau der Allgemeinbildung Sekundarstufe I verbleibt, was den EU-Reformplänen entgegensteht" (Rothe 2008: 349).

Baethge (2007) spricht in diesem Zusammenhang von einem „Schisma" zwischen beruflicher und allgemeiner Bildung als einem gravierenden Modernisierungsrückstand der deutschen beruflichen Bildung.

11. Kapitel: Berufliche Bildung

Die betriebliche berufliche Bildung im Wandel der Erwerbsarbeit

Spätestens seit Mitte der 1990er Jahre findet ein spürbarer Wandel in der Erwerbsarbeit in Betrieben statt, der sich auch auf die betriebliche Ausbildung auswirkt. Faktoren dieses Wandels sind in erster Linie veränderte Produktionsprozesse, die durch die neuen Informationstechnologien zustande kommen und zu einer weltweiten Arbeitsteilung führen. Dabei geraten die Betriebe immer stärker unter Druck möglichst kostengünstig zu produzieren, was ihnen im weltweiten Wettbewerb zunehmend schwer fällt. Eine lange Ausbildung wird dabei zu einem Kostenfaktor, der von vielen Betrieben nicht mehr getragen wird, was zu einer Verknappung von Ausbildungsplätzen führt. Aber auch die Arbeitsprozesse haben sich verändert und damit die Qualifikationen, die Menschen in Betrieben benötigen. Baethge (2001) fasst den Wandel folgendermaßen zusammen: „Im Zentrum der Ursachen steht aber fraglos der *Wandel von einer berufs- und funktionsbezogenen zu einer an Geschäftsprozessen orientierten Arbeitsorganisation,* da diese unmittelbar auf die Tätigkeits- und Anforderungsprofile der Beschäftigten durchschlägt und den neuen qualitativen Bedarf bestimmt" (Baethge 2001: 51). Die neuen Arbeitsbedingungen sind durch die Erledigung „offener" Aufgabenstellungen, die teilweise selbst aufgespürt werden müssen, gekennzeichnet. Der räumliche Aktionsradius der Fachkräfte ist deutlich erweitert und schließt zunehmend Kundenkontakte mit ein. Der zeitliche Aufwand und die zeitliche Abfolge in der Bewältigung von Aufgaben wird immer weniger kalkulierbar und von den Erwerbstätigen wird eine weitgehende zeitliche Disposition erwartet. Voß und Pongratz (1998) haben in diesem Zusammenhang vom „Arbeitskraftunternehmer" gesprochen, als der neuen Idealfigur eines Arbeitnehmers. Sie beobachten einen Strukturwandel der Arbeitskraft. In diesem Wandel wird der „verberuflichte Arbeitnehmer" vom neuen strukturellen Typus des Arbeitskraftunternehmers abgelöst, dessen Kennzeichen die Selbstkontrolle, die Ökonomisierung der eigenen Arbeitsfähigkeiten und -leistungen und eine Verbetrieblichung der alltäglichen Lebensführung sind. Es ist nunmehr nicht allein das Erlernen und die Sozialisation eines spezifischen und klar umrissenen Tätigkeitsbereiches notwendig, um erwerbstätig zu sein, sondern hinzukommen gesteigerte Anforderungen an Zusammenarbeit mit auch fremden und wechselnden KollegInnen sowie das verstärkte Eingehen auf Kundenwünsche sowie Problemlösungskompetenzen. Dafür notwendig sind, so Baethge, ausgeprägte Reflexionsqualifikationen. In seiner Gesamteinschätzung der betrieblichen beruflichen Bildung unter veränderten Erwerbsarbeitsbedingungen kommt Bachthge zu dem Schluss, dass es großer Reformanstrengungen für die betriebliche Berufsausbildung bedarf, um den neuen Anforderungen gerecht zu werden. Zu den größten

Hindernissen zählt er die berufsbezogene Arbeitsorganisation und rigide Verhaltensweisen in den Betrieben, in denen jeder seine eigenen Kompetenzbereiche gegen andere abstecke, was eine schnelle Weitergabe von Wissen erschwere. Durch inflexible Ausbildungsordnungen würden individuelle Förderung und kreatives Potenzial vergeudet und die enge Bindung an den Betrieb schränke Mobilität ein, die in einer zunehmend internationalisierten Wirtschaft wichtiger würde. Für die Zukunft schlägt Baethge (2008) eine Reorganisation des Übergangs von der Schule in die Berufsausbildung vor, in der eine neu gestaltete Sekundarstufe I Aspekte der Berufsvorbereitung systematisch vermittelt. Eine Neugestaltung der Schnittstelle Sekundarstufe II Berufsbildung und Hochschulbildung durch die Einführung des Berufsabiturs soll die Attraktivität der beruflichen Bildung und die in Deutschland strukturell bedingt niedrige Studierquote erhöhen. Im Kern steht also nicht die betriebliche Bildung zur Disposition, sondern ihre Integration in das Gesamtbildungssystem Deutschlands und damit die Aufhebung der strikten Trennung zwischen beruflicher und allgemeiner Bildung. Baethges Forderung zielt auf eine Vergrößerung der weiteren Karriere- und damit Lebenschancen von beruflich gebildeten Menschen, die durch die Integration beruflicher Bildung in das Gesamtbildungssystem ermöglicht würde.

Der Wandel in der sozialen Partizipation in der betrieblichen Berufsausbildung

Als ein Beispiel für die soziologische Analyse beruflicher Bildung möchte ich eigene Forschungsergebnisse zur Frage des Wandels in der sozialen Zusammensetzung der Lehrlinge betrieblicher Berufsbildung vorstellen. Wie oben deutlich wurde, hängt die Ausgestaltung beruflicher Bildung immer auch mit Fragen der Inklusion und Exklusion zusammen. Über berufliche Bildung werden soziale Plätze in einer Gesellschaftsstruktur verteilt. Die betriebliche Berufsausbildung zeichnet sich traditionell durch ihren Ausschluss zunächst von Frauen und später durch die Bevorzugung von Männern aus. Ein zweites traditionelles Merkmal besteht darin, dass sie nicht Angehörige der obersten sozialen Herkunftsgruppe angesprochen hat, sondern für Menschen der mittleren und unteren Schichten offen stand. Diese soziale Affinität hängt mit der strikten Trennung zwischen beruflicher und allgemeiner Bildung zusammen, die bereits als Charakteristikum der deutschen betrieblichen Ausbildung angesprochen wurde. Diese Trennung geht mit einer Wertung und Hierarchisierung der beiden Bildungsbereiche einher, indem die berufliche Bildung als weniger wertvoll angesehen wird und eine geringere Reputation erhält, als die allgemeine Bildung. Eine hierarchische Sozialstruktur reproduziert sich über hierarchisierte Bildungsinstitutionen.

11. Kapitel: Berufliche Bildung

Es stellt sich die Frage, ob diese traditionellen Ungleichheiten der betrieblichen Berufsausbildung nach wie vor ausgeprägt sind oder ob hier Veränderungen stattgefunden haben? Es lassen sich zwei Veränderungen beobachten: Zum einen hat der curriculare Wandel in den Ausbildungsgängen, der auf die oben geschilderten veränderten Qualifikationsanforderungen im Zuge des Wandels der Erwerbsarbeit antwortet, eine erhöhte Partizipation von AbiturientInnen in der betrieblichen Berufsausbildung hervorgerufen (Kupfer 2010). Zugleich finden Verdrängungsmechanismen statt, die HauptschulabsolventInnen, die die traditionelle Klientel für die betriebliche Berufsausbildung stellten, den Zugang zu Lehrstellen erschwert (Solga 2005a). Green bezeichnet diese Entwicklung als „academic drift" der beruflichen Bildung (Green with Sakamoto 2001, Green et al. 1999). Die soziale Zusammensetzung der AbiturientInnen zeichnet sich durch soziale Ungleichheiten aus. So ist der Anteil von Jugendlichen aus oberen und mittleren Herkunftsgruppen unter den AbiturientInnen höher als ihr Bevölkerungsanteil. Angehörige unterer sozialer Herkunft besuchen überproportional die Hauptschule. Eine Verschiebung in der Rekrutierung für die betriebliche Berufsausbildung bedeutet daher auch eine Verschiebung in der sozialen Zusammensetzung der Lehrlinge, die auf eine Verdrängung von Angehörigen unterer sozialer Herkunft hinausläuft, für die früher das duale System der beruflichen Ausbildung oftmals als eine Chance zur gesellschaftlichen Integration angesehen wurde.

Zum anderen bedeuten die veränderten Qualifikationsanforderungen und die Rekrutierung von AbiturientInnen, dass junge Frauen an Chancen gewinnen, da sie mittlerweile die jungen Männer in ihren schulischen Leistungen überholt haben und das Gymnasium in größerer Anzahl und mit durchschnittlich besseren Noten abschließen. Auch der Rückgang der handwerklichen Ausbildungsplätze zugunsten von Ausbildungsplätzen im Dienstleistungssektor vergrößern die Chancen junger Frauen im Ausbildungsbereich (Kupfer 2010). Nach wie vor können Frauen jedoch ihre verbesserte Ausbildungssituation nicht auf dem Arbeitsmarkt umsetzen. Das 15. Kapitel über die Beziehungen zwischen Bildung und Beschäftigung gibt Hinweise, warum das möglicherweise so ist. Eine soziologische Analyse beruflicher Bildung und ihres Wandels leistet einen wichtigen Beitrag zur Gesellschaftsanalyse.

12. Kapitel: Hochschulen

Mit den Hochschulen kommen wir zu den höchsten Bildungsinstitutionen in Deutschland, die zusammen mit Berufsakademien (auf die ich hier nicht eingehen werde) den tertiären Bildungssektor bilden. Die soziologische Analyse von Hochschulen kann grob in zwei Perspektiven unterschieden werden: Zum einen kann man Hochschulen als Teil des Bildungssystems untersuchen. Hier gibt es wiederum drei Bereiche: Zunächst den Bereich des Zugangs zu Hochschulen von anderen Bildungsinstitutionen. Da der quartäre Sektor, also der Bereich der Erwachsenen- und vor allem Weiterbildung (auf den ich im nächsten Kapitel eingehe) an Bedeutung gewinnt und die Hochschulen zunehmend mit der Aufgabe der Weiterbildung betraut werden, wird das Verhältnis zwischen Hochschulen und Weiterbildung, und damit die Frage, welche Wege von der Hochschule in andere Bildungsinstitutionen führen, ebenfalls virulent. Zweitens ist soziologische Analyse von Hochschulen an der gesellschaftlichen Bedeutung dieser Bildungsinstitutionen interessiert, die sich an ihrer Stellung im System der Bildung ausdrückt. Drittens beschäftigt sich soziologische Analyse von Hochschulen mit der sich wandelnden Hochschullandschaft, also Fragen, die das Verhältnis der verschiedenen Hochschulen und ihrer -arten untereinander betreffen. Während bislang vorwiegend das Verhältnis von Hochschulen innerhalb eines Landes im Vordergrund stand, verändert sich auch hier die Perspektive, und das Verhältnis von Hochschulen wird aufgrund internationaler Bildungspolitik sowie im Hinblick auf das Verhältnis von Hochschulen und Arbeitsmärkten zunehmend in internationalem Rahmen untersucht.

Die zweite große Perspektive auf Hochschulen, die in der soziologischen Forschung zu finden ist, ist der Fokus auf die einzelne Hochschule. Hier interessieren sich SoziologInnen hauptsächlich für die innere Organisation von Hochschulen, für das Verhältnis der Mitglieder untereinander, für Studien- und Arbeitsbedingungen sowie für Reformen, die Hochschulen verändern. Die Reformen stehen im Verhältnis zur jeweiligen gesellschaftlichen Stellung von Hochschulen, womit sich gewissermaßen der Kreis schließt.

In diesem Kapitel werde ich versuchen, die beiden genannten großen Perspektiven, also die Frage der gesellschaftlichen Bedeutung von Hochschulen und die Frage nach dem Wandel von Hochschulen anhand eines Überblicks über drei Epochen der Hochschule in Deutschland zu verbinden. Ich beginne mit einer Skizze der Hochschule bzw. Universität, wie sie sich Humboldt vorgestellt hat, und bette diese Darstellung ein in die Skizzierung der damaligen gesellschaftlichen Situation. Ich beginne mit der Zeit der Universität Humboldtscher Prägung, da auf dieses Modell nach wie vor in aktuellen Hochschuldebatten Bezug genommen wird. Außerdem ist der aktuelle Wandel von Hochschulen ohne Kenntnis des Humboldtschen Universitätsmodells schwerer verständlich, da die aktuellen Hochschulreformen in gewisser Hinsicht als eine Abkehr und Beendigung der Universität Humboldtscher Prägung verstanden werden können. Die zweite Epoche, die ich anschließend skizzieren werde, ist die der Hochschulexpansion und Demokratisierung, die hauptsächlich in den 1960-1970er Jahren in Deutschland stattfand. Drittens gehe ich auf die Zeit der Hochschulreformen seit Ende der 1990er Jahre ein und zeige auf, inwiefern diese Reformen von einem neuen gesellschaftlichen Bild von Hochschulen geprägt sind und welche Rolle ihr in unserer aktuellen Gesellschaft zugedacht wird.

Die Universität Humboldtscher Prägung

Wilhelm von Humboldt begann im Februar 1809 seine 16 Monate dauernde Arbeit als Leiter der Sektion für öffentlichen Unterricht im Innenministerium, nachdem er im Januar den König von Preußen Friedrich Wilhelm III darum gebeten hatte, ihm doch die Ablehnung dieses Amtes zu erlauben. Am 24. Juli 1809 reichte Humboldt seinen überarbeiteten Antrag an den König zur Gründung der Universität Berlin ein, der die Stiftungsurkunde am 16. August anfertigte (vgl. König 1970: 151, 163).

Wir erinnern uns, dass der Bildungsbegriff, der in der Bildungssoziologie eine große Rolle spielt, wesentlich durch Humboldt geprägt wurde. Nach ihm entsteht Erkenntnis aus einer inneren Unruhe, die den Menschen auf die Suche nach der Wahrheit treibt und zu seiner inneren Verbesserung und Veredlung führt. Das Ziel von Erkenntnis besteht darin, eine individuelle Freiheit und Sittlichkeit zu erreichen.

Wissenschaft ist für Humboldt keine bloße Ansammlung von Stoff, nichts, was man rein über das Auswendiglernen aufnehmen könnte. Wissenschaft ist stattdessen beständige Tätigkeit. „Die Wissenschaft (ist) als etwas noch nicht ganz Gefundenes und nie ganz Aufzufindendes zu betrachten, und unablässig als solche zu suchen" (Humboldt zitiert nach König 1970: 155).

Mir scheint, hier wird Wissenschaft fast synonym mit Wahrheit verwendet. Die Suche nach Wahrheit geht aber über das Forschen, das auf Richtigkeit zielt, hinaus (vgl. Guardini 1954: 13). Guardini bezeichnet die Wahrheitssuche durchaus als eine Funktion der Universität. Sie ist etwas, das in allen Fächern oder Disziplinen stattfindet, das hinter dem methodischen Aufdecken und Analysieren in den unterschiedlichsten Bereichen steht. Ein derartiger Wissenschaftsbegriff zielt auf etwas Absolutes, das alle Fächer betrifft. Wissenschaft wird als Universität organisiert, also als gemeinsames Dach für ganz unterschiedliche Fächer. Wie war es nun möglich, eine derartige Institution staatlich zu gründen? Und wie sah das Verhältnis der Universität zum Staat aus?

Hier muss man eigentlich auf den deutschen Idealismus zu sprechen kommen, doch ich kann dies hier nur streifen. Schelling (1775-1854, Vertreter des deutschen Idealismus) vertrat den Gedanken, dass das Absolute in der Selbstwertsetzung besteht. Damit ist alle äußerliche Zweck-Mittel-Beziehung aufgehoben. Dieser Vorgang wurde auch auf den Staat angewandt. Der Staat wurde nicht als Mittel, sondern als Zweck an sich konstruiert. „So stehen Staat und Erkenntnis einander gleichberechtigt gegenüber als die objektive und subjektive Seite der geistigen Welt. Der Staat selber ist „nur ein objektiv gewordenes Wissen', im Staate gewinnt das Wissen seinen plastischen Körper, (...) das praktisch gewordene Wissen ist notwendigerweise staatlich" (König 1970: 145).

Damit sind Universität und Staat aufeinander angewiesen: „ohne den Staat ermangelt die in der Universität geschaffene Wissenschaftsvereinigung der realen Macht, und ohne die Universität gewinnt der Staat kein höheres – geistiges – Leben" (König 1970: 147).

Bevor ich auf die Bestandteile und innere Ausgestaltung der Universität im Zusammenhang mit ihrer Funktionen eingehe, möchte ich kurz die gesellschaftliche Situation umreißen, die eine derartige Universität ermöglichte.

Schelsky, von dem wir ja wissen, dass er die zweite Phase der Institutionalisierung der Bildungssoziologie entscheidend mitprägte und den wir bisher aus seiner Beschäftigung mit Schule kennen, hat es so formuliert:

„Die Aufhebung der Beschränkung des Wohnsitzes, der Standes- und Berufsmobilität, die Überwindung der politischen Gebundenheit in die landesfürstliche Partikularität usw. fallen zusammen mit der Öffnung neuer geistiger Räume durch eine neue wissenschaftliche und literarische Kommunikation, die die lokale Gruppenbindung oder allenfalls Stammesgebundenheit der deutschen Kultur zerreißt. Es entstehen gleichzeitig sozial und geistig neue Bezugspunkte der Lebensorientierung; wir wissen, dass diese neue, übergeordnete Bezugsgruppe, dieser neue Horizont der Orientierung, sozial, politisch und geistig *das Volk* oder *die Nation* wurde" (Schelsky 1971: 96).

Träger dieser neuen Orientierung waren im Wesentlichen die Bürgerlichen. Viele von ihnen wiederum hatten eine pragmatische Einstellung gegenüber Bildung als Berufsausbildung und setzten sich damit von der idealistischen Idee ab. In der Gründung der Universität in Berlin siegten jedoch die idealistischen Vertreter. „Damit ist, soziologisch gesehen, die deutsche Universität von vornherein den

Ansprüchen der Gesellschaft, nicht primär denen des Staates als Herrschaftsmacht abgerungen worden" (Schelsky, 1971: 103).[1] Genau an diesem Punkt setzt Michael Daxner (1993, 1996) ein, wenn er in der aktuellen Debatte um Hochschulreform eine republikanische (kommunitaristische) Ausrichtung der Universitäten fordert, in der zivilgesellschaftliche Ansprüche und Einbettung der Universtitäten erhoben werden. Daxner fordert eine republikanische Universität, weil die heutigen Universitäten nicht (mehr) den gesellschaftlichen Bedürfnissen entsprechen, die früher, nach Ansicht der idealistischen Gründer der deutschen Universität, mit den Bedürfnissen des Staates übereinstimmten.

Ich komme nun zur Ausgestaltung (Organisationsform) der Humboldtschen Universität. Die Humboldt'sche Bildungsidee führt zur Idee der Lernfreiheit und zur organisatorischen und sozial gleichrangigen Behandlung sowie zur institutionell gleichen Lebensform der Professoren und Studenten.[2]

Humboldt erläutert seine These von der „Einsamkeit und Freiheit" im Organisationsplan so:

„Da aber auch das geistige Wirken in der Menschheit nur als Zusammenwirken gedeiht, und zwar nicht bloß, damit einer ersetze, was dem anderen mangelt, sondern damit die gelingende Tätigkeit des einen den anderen begeistere und allen die allgemeine, ursprüngliche, in den einzelnen nur einzeln oder abgeleitet hervorstrahlende Kraft sichtbar werde, so muß die innere Organisation dieser Anstalten ein ununterbrochenes, sich immer selbst wieder belebendes, aber ungezwungenes und absichtsloses Zusammenwirken hervorbringen und unterhalten" (Humboldt nach Schelsky 1971: 73)

Da die Universität der ganzen Nation dienen sollte, sollte sie auch nicht aus der Kasse des Königs gezahlt werden, sondern schrittweise aus den Steuern der Nation.

Durch das enge Verhältnis der Universität mit dem Staat gelang es Humboldt selbst die Professoren zu berufen. Bis vor ein paar Jahren wurden in Deutschland die ProfessorInnen von den WissenschaftsministerInnen der Länder berufen. Erst im Zuge der Hochschulreformen wurde dieses Privileg den Hochschulleitungen übergeben.

Wir kommen zur gesellschaftlichen Bedeutung der Universität Humboldtscher Prägung. Schauen wir uns die Sozialstruktur dieser Universität an und kommen damit zu Fragen sozialer Ungleichheit, so ist offensichtlich, dass es sich bei den Mitgliedern um eine kleine elitäre Gruppe wohlhabender und gebildeter

---

[1] Hier befindet sich ein wesentlicher Unterschied zu den US-amerikanischen Universitäten, die explizit als gesellschaftliche und nicht staatliche Institutionen gegründet wurden.
[2] Ich benutze hier absichtlich ausschließlich die männliche Form, da Frauen zu dieser Zeit der Zutritt zur Universität verboten war.

Männer handelte. Es wird deutlich, dass sich an der Universität nicht die Gesellschaft als Ganzes wiederfand, sondern nur ein kleiner Ausschnitt, an der Universität repräsentiert war. Dieses (Miß-)Verhältnis ist ausschlaggebend, für die zunehmende Diskrepanz zwischen dem Staat, der sich nach und nach öffnete und demokratisierte und der Universität als staatlicher Institution, die das zunächst lange Zeit nicht tat. Der Humboldt'sche Bildungsbegriff enthebt, so König, die Menschen ihren gesellschaftlichen Kontexten, Zwängen und Verpflichtungen und verhindert dadurch eine „soziale Sittlichkeit", die man vielleicht auch als Solidarität bezeichnen könnte. Der humanistische Bildungsbegriff verharrt in einer Humanität, in der der Mensch nicht über sich selbst hinaus geht, „sondern in sich hineinbildet" (König 1970: 176) Eine Universität, die sich mit diesem Bildungsbegriff zufrieden gibt, kann in ihrer gesellschaftlichen Bedeutung und Funktion nur klein sein.

Expansion und Demokratisierung von Hochschulen

In den 1960ern/1970ern beginnen wichtige Veränderungen für die Universitäten, die ich mit den Begriffen Expansion und Demokratisierung beschreiben möchte. Es ist die Zeit der von Picht ausgerufenen „Deutschen Bildungskatastrophe". Die Expansion fand im Wesentlichen in zweierlei Hinsicht statt: Durch die höhere Anzahl Studierender, und durch die Neugründung von Institutionen, ab 1969 vorwiegend von Fachhochschulen und von wenigen Gesamthochschulen (z.B. Kassel) sowie Universitäten (z.B. Bielefeld, Konstanz). Während 1960 4,3% der zwischen 19 und 26 Jahre alten Bevölkerung studierte (bmb+f 1997:141), waren es 1970 mehr als doppelt so viele, nämlich 9,5%. Mittlerweile studieren knapp 40% eines Altersjahrgangs.

Ich werde zunächst anhand eines Buches, das von vier Aktivisten des Sozialistischen Deutschen Studentenbundes verfasst wurde, auf die damaligen Forderungen nach Demokratisierung der Universitäten eingehen. Nitsch, Gerhardt, Offe und Preuß, die im Sozialistischen Deutschen Studentenbund engagiert waren und aus diesem Engagement heraus gemeinsam das Buch schrieben und 1965 veröffentlichten und fassten einige gesellschaftliche Faktoren zusammen, die bislang eine demokratische Hochschulreform verhindert hatten. Sie tun das unter Einbeziehung einer gesamtgesellschaftlichen Verortung der Universitäten. Die folgenden Kritikpunkte stellen eine Auswahl dar.

- „Die formale Eingliederung der Institute und der Wirtschaftsverwaltung der Hochschulen in die Staatsverwaltung sowie die Beamtenstellung der Hochschullehrer und Assistenten hat zu einer zusätzlichen Verankerung der ob-

rigkeitsstaatlichen Hochschul- und Institutsorganisation (...) geführt" (Nitsch et al. 1965: 113)
- „In den Gremien und Planungsinstanzen der westdeutschen Wissenschafts- und Hochschulpolitik treten als Repräsentanten ‚der Wirtschaft' ausschließlich Repräsentanten der Kapitals auf" (Nitsch et al. 1965: 114)
- „Die feste Verankerung einer abstrakten ‚Hochschulautonomie' im restaurierten Hochschulrecht lief faktisch auf eine ‚*Autonomie*' der Ordinarien und Institutsleitungen gegenüber den übrigen Hochschulangehörigen und der Kultusverwaltung (...) hinaus. Sie hat die Entstehung einer sachverständigen und zielbewussten hochschul- und wissenschafts*politischen* Instanz des Staates verhindert, die zur Durchleuchtung und demokratisch-rechtsstaatlichen Neuordnung der Hochschulorganisation erforderlich wäre" (Nitsch et al. 115)

Anhand der Frage der Hochschulautonomie lassen sich die gesellschaftliche Bedeutung höherer Bildung und die gesellschaftliche Stellung der Hochschulen gut aufzeigen. Habermas (2008) [1969] schildert, wie sich die Autonomie der Hochschulen in Abhängigkeit gesellschaftlicher Bedingungen wandelt, und zeigt zugleich ein Dilemma auf, das mit der Hochschulautonomie verbunden ist: die Privilegien, die aus der Autonomie für einige Hochschulangehörige erwachsen.

„In der Zeit des Frühliberalismus, des selbständigen Unternehmertums fügte sich die Hochschule mit ihrem Anspruch auf Autonomie und mit der institutionellen Form der Selbstverwaltungskörperschaft den Gesetzen ihrer Zeit. Heute aber, da sich die freie Warenproduktion in eine von zentralen Verfügungsstellen geplante verwandelt hat, sperrt sie sich mit dem gleichen Anspruch und der gleichen institutionellen Form gegen das Gesetz unserer Zeit. Ihr Insistieren auf verwaltungsfreien Reservaten, auf institutionell ausgesparten Spielräumen für unabhängige Forschung und Lehre hat etwas Illusionäres, da doch längst auch die methodisch vorgehende Wissenschaft genauso wie der berufsorientierte akademische Unterricht von dem Gesetz erfasst ist, dem sie eigensinnig sich entziehen möchte; andererseits bekundet sich freilich darin so etwas wie ein archaisches Moment, das auf eigentümliche Weise mit der Humanität verflochten ist. Freiheit ist etwas Altmodisches, und wenn sich akademische Freiheit im liberalen Wortlaut auf ihre verbürgten Rechte beruft und sich sperrt gegen die Verwaltung dessen, was im Kern nicht verwaltet werden kann, dann bieten sich als wirksame institutionelle Instrumente kaum andere als die unzeitgemäßen Reste korporativer Privilegien" (Habermas 2008: 58-59).

Habermas spricht sich also für die Autonomie von Hochschulen aus:

„Die Einsicht, dass Wissenschaft einer gewissen Unzeitgemäßheit institutionell sich versichern muß, bedarf strenger Nüchternheit. Sie hat sich auf das karge, jeden ro-

12. Kapitel: Hochschulen

mantischen Schleiers bare und dabei einigermaßen abstrakte Argument zu beschränken, dass gegenwärtig die auf den Universitäten etablierten Wissenschaften zur Gesellschaft sich in Spannung halten müssen, sollen nicht deren Verhältnisse die kritischen Kräfte ganz in Fesseln schlagen. So mag der progressive Geist auch in den Universitäten ein Bündnis eingehen mit gewissen archaischen Elementen ihrer inneren und äußeren Verfassung (Vorlesungsstil, Senatsverfassung, Selbstverwaltungsprivilegien usw.), um für die Freiheit – die nur auf Umwegen ihren kürzesten Weg findet – verwaltungsfreie Reservate herauszuschinden. Aber auch dann wird Wissenschaft den objektiven Tendenzen der Zeit nicht ganz und nicht einmal ausreichend sich entziehen können, zumal sie bereits unwiderruflich als die zentrale Vermittlungskategorie einer verwissenschaftlichten Gesellschaft selbst funktioniert. Wenn die Hochschulreform in der Dimension, in der sie nach 1945 ansetzte, gescheitert ist, so darum, weil sie sich selbst als eine exklusive Reform missverstand und übersah, dass die hochgradige Interdependenz der Prozesse innerhalb einer vergesellschafteten Gesellschaft scheinbar exterritoriale Gebiete ebenso wenig anerkennt, wie deren isolierte Umgestaltung duldet" (Habermas 2008: 61-62).

Als ein Beispiel für die Forderungen, die damals zur Demokratisierung der Hochschulen vorgeschlagen wurden, sollen kurz die zentralen Ideen einer Gruppe von etablierten Wissenschaftlern zum Hessischen Hochschulgesetz[3] vorgestellt werden (vgl. Habermas 2008: 202-203 sowie 223 ff):

- Die Aufsicht über die zentralisierte Verwaltung mit korporativer Selbstkontrolle hat das Kuratorium, in dem die Organe des Staates vertreten sind. Im Rahmen der Präsidialverfassung verteilen zentrale Ausschüsse die Mittel des Globalhaushaltes.
- Alle in der Forschung und Lehre beteiligten Gruppen sollen auch in den Organen der Selbstverwaltung mitwirken (im Konzil paritätisch und in allen übrigen Gremien im Verhältnis: 5:3:2/ProfessorInnen, AssistentInnen, Studierende).
- Statt Lehrstühle und Fakultäten sollen Institute (Seminare) bzw. Kliniken und Abteilungen als fachbezogene Organisationseinheiten eingerichtet werden.
- „Das Prinzip der Freiheit von Lehre, Studium und Forschung kann nicht mehr nur negativ als Abschirmung individueller Gelehrsamkeit gegen interessierte Einwirkung von außen gesichert werden. In der Hochschule und gegenüber dem Staat muß dieses Prinzip auch im Sinne von Teilhaberechten Anwendung finden" (Habermas 2008: 203). Teilhaberecht wird hier in dem Sinne gebraucht, dass es ein Recht aller Beteiligten ist, also auch der Studierenden und Wissenschaftlichen MitarbeiterInnen.

---

[3] Denninger, v. Friedeburg, Habermas, Wiethölter 1968 in der Frankfurter Allgemeinen Zeitung veröffentlicht.

Im Rückblick ist es interessant zu erkennen, wie alt die Reformvorschläge sind, die die Veränderung der Hochschulen seit Ende der 1990er Jahre ausmachen, beispielsweise die Einrichtung von Hochschulräten und Globalhaushalten.
Zusammenfassend kann man die Zeit der 1960er und 1970er Jahre als eine Zeit der Expansion und der – allerdings begrenzten – Demokratisierung von Hochschulen beschreiben, da die Einrichtung der Gruppenuniversität „Standesrechte" an Gruppenangehörige vergab, die nicht paritätisch waren.

Die Reformen der Hochschulen seit Ende der 1990er Jahre und ihre gegenwärtige Verfasstheit

Mayer (2008) beschreibt fünf gesellschaftliche Entwicklungen, die die erneute Veränderung der Hochschulen seit den 1990er Jahren auslösten: der unverminderte Andrang von Studierenden, die Reduzierung der öffentlichen Finanzierung und damit die Unterausstattung der Hochschulen, veränderte Qualifikationsansprüche des Staates und der Wirtschaft an die HochschulabsolventInnen, Veränderungen in den Ansprüchen der Studierenden sowie die Internationalisierung der Hochschulpolitik. Im Gegensatz zu den Hochschulreformen der 1960er und 1970er Jahre (die in erster Linie von Studierenden und nur teilweise von ProfessorInnen getragen wurden) gingen nun die Forderungen nach Veränderung der Hochschulen von „oben" und von „außen", d.h. von Hochschulleitungen sowie von Politik und Wirtschaft und Wissenschaftsrat aus. Dabei wurde immer wieder auf die angebliche Schwäche der Hochschulen als Legitimation für ihre Veränderungen Bezug genommen. Kritisiert wurde, dass die Studiengänge und Forschungsfelder „verkrustet" seien, dass der mangelnde Wettbewerb zwischen den Hochschulen diese in ihrer Leistung beeinträchtigen würde, dass ihre Organisation ineffizient sei und es keine Qualitätskontrolle der Lehre gäbe. Außerdem seien die Studienzeiten zu lang und die AbbrecherInnenquote zu hoch. Schließlich wurden der geringe Frauenanteil unter den ProfessorInnen und die zu langen und unsicheren Karrierewege des so genannten wissenschaftlichen Nachwuchses kritisiert (vgl. Mayer 2008: 601). Es wird deutlich, dass sich hier kritische Stimmen aus unterschiedlichen Interessengruppen versammelten, die in ihrer Zielrichtung nicht unbedingt miteinander übereinstimmten.
Bei den Reformen lassen sich insbesondere vier Bereiche ausmachen: Studienreform mit der Einführung neuer Studiengänge Bachelor und Master und der Abschaffung von Diplom- und Magisterstudiengängen, der Personalbereich mit der Einführung der Juniorprofessur und der W-Besoldung von ProfessorInnen, die Veränderung der Organisations- und Leitungsstrukturen der Hochschulen

sowie der Bereich der Finanzierung von Hochschulen mit der Einführung von Studiengebühren (vgl. Kupfer 2004; Daxner 1996).

Mit der Einführung des Bachelor im Rahmen der Schaffung eines europäischen Hochschulraums (Bologna-Prozess), sollen Studierende innerhalb Europas leichter die Hochschulen wechseln können (Conference of European Ministers Responsible for Higher Education 2005, 2003, Europäische Bildungsminister 1999). Der Bachelor dauert nur drei Jahre und die Regelstudienzeit daher im Vergleich zu früheren Diplom- und Magisterstudiengängen um ein Jahr kürzer. Diese Verkürzung soll zum einen die hohe AbbrecherInnenquote senken helfen, da Studierende die Hochschulen in kürzerer Zeit und mit Hilfe eines stärker strukturierten Studiums mit einem Abschluss verlassen können. Zum anderen soll mit der Verkürzung der Regelstudienzeit und der Absicht, den Bachelor zum Studium für die Massen zu machen, während der Master nur einer kleineren Gruppe Studierender offen stehen soll, eine Senkung der Hochschulausgaben erfolgen. Nicht zuletzt gab es Stimmen, die mit dieser Studienstruktur auch eine soziale Öffnung der Hochschulen für Angehörige unterer sozialer Herkunft erhofft haben (vgl. Kupfer 2004), die sich jedoch, wie erste Studien zeigen, kaum erfüllt hat (vgl. Kretschmann 2008).

Bei der Juniorprofessur (W1) handelt es sich um eine zeitlich begrenzte Qualifizierungsphase mit Aufstiegsperspektive im Anschluss an die Promotion. Jungen WissenschafterInnen soll durch die gleichberechtigte personalrechtliche Stellung mit ProfessorInnen eigenständige wissenschaftliche Forschung ermöglicht werden. Bei positiver Evaluierung sollen sie im Anschluss eine feste Professur erhalten. Erste Bestandsaufnahmen dieser neuen Stellenkategorie zeigen jedoch, dass nur sehr wenige Juniorprofessuren tatsächlich langfristige Karriereperspektiven (tenure-track) erhalten haben – nur 8% – und dass die Habilitation nach wie vor in vielen Fällen für die Berufung von HochschullehrerInnen informell vorausgesetzt wird (CHE 2007, Hausen 2002).

Die neuen Leitungs- und Organisationsstrukturen zeichnen sich vor allem durch eine Stärkung der PräsidentInnen und RektorInnen aus, die mit einer Abnahme der Entscheidungsspielräume vor allem der Senate und anderer akademischer Gremien wie Berufungskommissionen einhergehen. Vor allem mit der Einführung von Globalhaushalten sollen die Hochschulleitungen auch stärker in die Verteilung der inneruniversitären Mittel eingreifen und somit auch inhaltliche Schwerpunktsetzungen vornehmen können.

Mit der Einführung von Studiengebühren hat ein Paradigmenwechsel in der Hochschulpolitik stattgefunden. Obwohl die Gebühren, deren Höhe von den Ländern festgesetzt wird und die sich im internationalen Vergleich auf niedrigem Niveau bewegen, nicht wesentlich die öffentliche Finanzierung der Hochschulen entlastet, ist doch die Tatsache, nunmehr für Bildung privat zahlen zu müssen, eine fundamentale Veränderung. Zur Zeit ihrer Einführung fand eine Gerechtigkeitsdebatte über Gründe für und gegen Studiengebühren statt (vgl. Kupfer 2004). Nicht alle Bundesländer erheben Studiengebühren. Mayer charakterisiert die Reformen zusammenfassend: „Zum gemeinsamen Kern der Reformvorschläge zählen Empfehlungen, in denen vor allem ökonomische Kategorien, Denkweisen und Kriterien vorherrschen" (Mayer 2008: 602). Kritische Stimmen verurteilen die aktuelle Entwicklung der Universitäten als neoliberale Ausgestaltung (vgl. Canaan/Shumar 2008; Hartmann 2006; Slaughter/Rhoades 2004).

Die grundlegendste Veränderung der aktuellen Hochschulreform besteht in der Einführung neuer Studiengänge. Dabei geht es nicht nur um die Einführung neuer Bezeichnungen für Abschlüsse, sondern um eine neue Philosophie des Studierens. Stölting hat es so beschrieben:

„Während sich das veraltete Universitätsmodell in seiner Lehre an einer dynamischen Spezialisierung durch Forschung orientierte, in der auch Irrtümer und Umwege Wissenszuwachs bringen konnten, geht das Modulmodell von einer Kombinatorik gesicherter Inhalte aus. In diesem Sinne entsprechen die Module strukturell den Schulfächern. Die Differenz ist damit eine ums Ganze. Der Wissenschaftsbegriff der Module zielt nicht mehr – wie im veralteten Modell – auf riskante Praktiken, für die Wissen benötigt wird und in denen das forschende Suchen und Problemlösen erlernt wird, sondern auf das Aneignen sicherer Resultate, die ihren Preis haben. Die Sollbruchstelle zwischen wissenschaftlicher Forschung und akademischem Unterricht wird an dieser Stelle deutlich: Denn die Wissenschaften entwickeln sich ja – möglicherweise – jenseits des modularisierten Unterrichts weiter. Sie sollen unter anderem für die Fortentwicklung alter und den Aufbau neuer Module neues gesichertes Wissen bereitstellen" (Stölting 2005: 118).

Ein weiterer Paradigmenwechsel fand mit der Einführung der Exzellenzinitiative statt, die auf eine Differenzierung der Hochschulen zielt (vgl. Hartmann 2006). So soll es auch in Deutschland so genannte Eliteuniversitäten geben. Die Hochschulen konkurrieren mit ihren Forschungsleistungen um zusätzliche finanzielle Mittel in einem gestuften Verfahren. Als Sieger gingen bisher hauptsächlich die Biologie und Medizin hervor (vgl. Wissenschaftsrat 2008). In der Folge wird eine Hierarchisierung der Hochschulen und längerfristig ihrer AbsolventInnen auf dem Arbeitsmarkt befürchtet (vgl. Kupfer 2011).

Der Überblick über gut 200 Jahre Hochschulen in Deutschland hat ihre gesellschaftliche Umkämpftheit und damit ihre jeweilige sich wandelnde gesellschaftliche Bedeutung gezeigt. In jeder Phase wirken verschiedene Interessen: vor allem bildungspolitische und wirtschaftliche Ausgestaltungswünsche spielen eine zentrale Rolle. In Abhängigkeit bildungspolitischer Vorstellungen wird das Studium, die wissenschaftliche Arbeit sowie die Organisation der Hochschulen verändert. Die Frage der gesellschaftlichen und privaten Finanzierung von Hochschulen ist daher immer eine Frage nach der gesellschaftlichen Bedeutung, die ihnen zugemessen wird.

13. Kapitel: Erwachsenen- und Weiterbildung

Der Bereich der Erwachsenen- und Weiterbildung (EWB) nimmt in der Bildungssoziologie einen vergleichsweise kleinen Raum ein. Das hat unterschiedliche Gründe. Zum einen ist dieser Bereich schwer ab- und eingrenzbar bzw. unübersichtlich groß. Auch gibt es keine grundlegend eigenständigen theoretischen Konzeptionen der EWB. Soziologische Arbeiten über EWB bewegen sich oft auf einer empirisch-praktischen Ebene mit dem Anliegen, bestimmte Programme zu verbessern. Daher gehe ich in diesem Kapitel zunächst auf das Problem der wissenschaftlichen Auseinandersetzung mit EWB näher ein. Der anschließende Teil besteht aus einem Überblick über die EWB, der mit einem kurzen historischen Abriss beginnt, um sodann auf die rechtlichen Grundlagen, die Institutionen, Finanzierung und Partizipation einzugehen. Hier stelle ich eine Studie zur sozialen Selektivität in der Weiterbildung vor. Den Abschluss bildet ein Überblick über die EU-Politik der EWB, der eng mit Konzeptionen des lebenslangen Lernens verknüpft ist.

Im Wörterbuch der Soziologie von Hillmann und Hartfiel (1994) wird Erwachsenenbildung folgendermaßen definiert:

> „(Andragogik), E. ist im tertiären und quartären Bereich des Bildungswesens angesiedelt, d.h. sowohl Hochschulstudium als auch jede Form der Weiterbildung, Fortbildung, Umschulung etc. zählen dazu. E. meint lebenslanges Lernen auf der Grundlage einer vom Erwachsenen selbst angestrebten u. verantworteten Bildung in eigens dafür errichteten Institutionen" (Hillmann/Hartfiel 1994: 194).

Wichtig an dieser Definition ist, dass nicht allein das Alter zählt, sondern dass es darauf ankommt, dass es sich nicht um Bildung im sekundären Sektor handelt, womit eine sektoriale Abgrenzung vorgenommen wird. Allerdings belegt nach dieser Definition die Erwachsenenbildung nicht nur den quartären, sondern eben auch den tertiären Bildungssektor. Das Stichwort lebenslanges Lernen (auf das ich später eingehen werde) ist zentral, womit die Erwachsenenbildung zeitlich offen ist. Im Gegensatz zur primären und sekundären Bildung hat die Erwachsenenbildung einen freiwilligen Charakter.

Weiterbildung ist begrifflich schwerer zu fassen. Der Deutsche Bildungsrat setzte 1970 den Beginn von Weiterbildung als Anschluss an einen allgemeinbildenden und beruflichen Ausbildungsgang, womit SchulabbrecherInnen ohne

Ausbildungsabschluss theoretisch keine Weiterbildung machen könnten. In anderen Definitionen wird Weiterbildung an das Lebensalter geknüpft und beginnt nach der Schulpflichtzeit. Interessanterweise bildet Weiterbildung die längste Bildungsphase des individuellen Lebens. Da sich die Begrifflichkeit der EU immer stärker durchsetzt, wird seit Ende der 1990er Jahre Weiterbildung im nationalen und europäischen Raum „als Bestandteil des „lebenslangen Lernens" definiert" (Nuissl 2005: 334).

Die Anlehnung des Verständnisses von Weiterbildung an das Konzept des lebenslangen Lernens ist ein Beleg für Faulstichs (2008) Beobachtung, dass sich anhand der historischen Verschiebung der Begriffe auch ein Verständniswandel von Weiterbildung ablesen ließe. So stand früher mit dem Begriff der „Arbeiterbildung" und „Volksbildung" der Addressatenbezug im Vordergrund.

In Abgrenzung zu anderen Bildungsbereichen betont Nuissl die soziale Stellung der TeilnehmerInnen von Weiterbildung: „Im Unterschied zu anderen Bildungsbereichen sind die Lernenden in der Weiterbildung vollwertige Mitglieder der Gesellschaft mit eigenen Familien, Berufstätigkeiten und lebenserhaltenden sowie steuernden Deutungsmustern. Lehre und Lernen in der Weiterbildung kann nur gelingen, wenn dies bekannt und in Rechnung gestellt ist" (Nuissl 2005: 335).

Es wird deutlich, dass es keine einheitliche Definition gibt und dass sich die Begriffe Erwachsenen- und Weiterbildung nicht klar voneinander unterscheiden. Ich denke aber, dass die Erwachsenenbildung den umfassenderen Begriff darstellt. Weiterbildung ist dagegen stärker zielgerichtet und auf etwas aufbauend und/oder zu etwas hinführend, insbesondere mit beruflichen Interessen verknüpft. Erwachsenenbildung zielt eher auf persönlich definierte Erkenntnisinteressen oder Allgemeinbildung (vgl. auch Lenz 2005: 21).

Erwachsenen- und Weiterbildung als Forschungsgegenstand

Die EWB hat kein eigenes theoretisches Paradigma (vgl. Wittpoth 2006: 39). Grund dafür ist der Praxisbezug, der seit Beginn besonders ausgeprägt war. Damit entstand ein breites, heterogenes Spektrum von Forschungsansätzen und Forschungsmethoden:

„Wissenschaft der Erwachsenenbildung lässt sich als eine interdisziplinäre Querschnittswissenschaft beschreiben, die auf die Beiträge zahlreicher Nachbarwissenschaften angewiesen ist. Um sich als eigenständige Wissenschaftsdisziplin legitimieren und behaupten zu können, benötigt sie zwar nicht unbedingt ein neues und eigenes Forschungsinstrumentarium, aber doch spezifische Problemstellungen (…) Forschungsgegenstand unserer Disziplin sind nicht der gesellschaftliche Wandel, nicht die Arbeitslosigkeit und nicht die Ursachen von Identitätskrisen und Depressionen (...), sondern die Unterstützung von Bildungsprozessen bei Erwachsenen" (Siebert 1998 nach Nuissl 2005: 334).

Als gegenstandsadäquate Prinzipien gelten nach Nuissl (vgl. 2005: 334):

1. Prinzip der Praxisorientierung: Seit Beginn der wissenschaftlichen Bearbeitung der Weiterbildung gibt es eine enge personelle, bildungstheoretische und bildungspolitische Verbindung.
2. Prinzip der Handlungsorientierung: Forschung findet im Kontext einer Entwicklung des Gegenstands statt; typische Ausprägungen sind wissenschaftliche Begleitung und Evaluation.
3. Prinzip der Partizipation: Praxis- und Handlungsorientierung bedingen auch die Beteiligung der Forschungsobjekte in Definition von Zielen, Verfahren und Ergebnissen der Forschung.

Eine andere Perspektive schlägt Weymann (1980) vor: Nach ihm ist die soziologische Beschäftigung mit Weiterbildung oft dadurch gekennzeichnet, dass sie gesellschaftliche Probleme am Gegenstand der Weiterbildung bearbeitet:

„Als das eigentliche, das Erkenntnisinteresse fesselnde Problem, tritt deshalb oft nicht die Erwachsenenbildung in den Vordergrund, sondern betriebliche Strategien der Produktion und Reproduktion, staatliche Arbeitsmarkt- und Sozialpolitiken, Fragen der zunehmenden Verfestigung gesellschaftlicher Strukturen als Organisationen, Fragen der Analyse von Interaktion und verbaler Kommunikation oder der ideologiekritischen Analyse gesellschaftlichen Bewusstseins. Erwachsenenbildung hat in solchen Kontexten den Stellenwert einer interessanten Variante eines allgemeineren gesellschaftlichen Phänomens, an dem sich die Erklärungskraft des in anderen Objektbereichen bereits entwickelten theoretischen Analysekonzepts zu bewähren hat" (Weymann 1980: 12).

Die von Weymann beschriebene Auseinandersetzungsweise mit EWB ließe sich als eine sehr fruchtbare soziologische Auseinandersetzung auch für aktuelle Analysen gesellschaftlicher Verhältnisse nutzen. Als Beispiel dafür stelle ich später Brehmer (2007) mit seiner aktuellen Studie zur sozialen Selektivität des Bildungswesens am Beispiel der Weiterbildung vor.

Historische Entwicklung

Faulstich (2008) bezieht sich in seinem historischen Abriss der EWB auf Wolgast, der die Geschichte der EWB in einen Kontext aus der Entwicklung des Kapitalismus und der bürgerlichen Demokratie stellt. Damit werden die zwei zentralen Bezugspunkte für die EWB genannt: Zum einen liegen die Wurzeln der Erwachsenenbildung in der Aufklärung mit ihrem Anspruch auf Horizonterweiterung und Emanzipation. So wurden die bürgerlichen Lesegesellschaften, die sich seit Mitte des 18. Jahrhunderts verbreiteten, als frühe Form der Erwachsenenbildung bezeichnet (vgl. Faulstich 2008: 649). Zum anderen wird die Arbeiterbildung seit dem Vormärz[1] angeführt, die sich aus der Arbeiterbewegung heraus bildete und im Spannungsfeld zwischen Integration und Kritik kapitalistischer Wirtschaftsordnung stand. Nach dem ersten Weltkrieg wurden zahlreiche Volkshochschulen gegründet. Es dominierte jedoch während der Weimarer Republik „eine eher zivilisationskritische Haltung, die unter der Formel ‚Volksbildung durch Volksbildung' neoromantische mit nationalen Ideen verband. Entsprechend gering war in der Erwachsenenbildung der Widerstand gegen die nationalsozialistisch-repressive Gleichschaltung im Bildungswesen" (Faulstich 2008: 650). Nach dem zweiten Weltkrieg gab es in der Bundesrepublik keine systematische EWB, da dieser Sektor politisch nicht prioritär behandelt wurde. Die EWB der Nachkriegszeit lässt sich daher als zufällig, gelegentlich und willkürlich charakterisieren. Das änderte sich 1970 mit dem Strukturplan des Deutschen Bildungsrates, in dem die Weiterbildung zur „vierten Säule des Bildungswesens" neben dem Schulbereich, der Berufsbildung und dem Hochschulwesen etabliert wurde. Faulstich schätzt allerdings die Lage der EWB dahingehend ein, dass die vierte Säule oder der quartäre Sektor zwar deutlich expandierte, aber nach wie vor nicht in das Gesamtbildungssystem integriert wurde. So zeichnet sich der EWB durch heterogene gesetzliche Grundlagen und Finanzierungskonzepte aus, was zu einer Unübersichtlichkeit der Institutionen und ihrer Angebote führt. Die mangelnde Integration in das Bildungssystem hat Auswirkungen auf die weiteren Chancen der TeilnehmerInnen an EWB, worauf ich später näher eingehen werde.

---

[1] Gemeint sind die Jahre vor den Revolutionen von 1848/49, die sich gegen die Restaurationspolitik der mächtigen mitteleuropäischen Fürstentümer und ihre Monarchien richteten.

Rechtliche Grundlagen

Es gibt eine Fülle unterschiedlicher Gesetze, die den Weiterbildungsbereich regeln bzw. Teilbereiche regeln. Auf der Bundesebene werden Fragen der Weiterbildung vor allem im Arbeits- und Sozialrecht behandelt, während auf der Länderebene stärker das Recht des Bildungswesens und der Kulturhoheit der Länder im Vordergrund stehen. Es werden sehr unterschiedliche Ziele in den Gesetzen verfolgt:
Auf der Bundesebene gelten das Arbeitsförderungsgesetz und später das Sozialgesetzbuch III. Sie verfolgen seit 1969 Fortbildung und Umschulung als Instrumente präventiver Arbeitsmarktpolitik. Ob die Weiterbildungsmaßnahmen für Arbeitslose tatsächlich ihre Chancen auf dem Arbeitsmarkt erhöhten oder ob diese Maßnahmen eher als „Wärmestube" dienen, ist umstritten. 2003 gab es mit der so genannten „Neuausrichtung der beruflichen Weiterbildung" drastische Kürzungen in der öffentlichen Förderung der EWB.
Auf Landesebene werden (bis auf Bayern und Baden-Württemberg) Freistellungen für Teilnahme an Weiterbildungen geregelt sowie die Fortzahlung von Bezügen bei Teilnahme an Weiterbildungsveranstaltungen festgelegt. „Im Unterschied zu den Weiterbildungsmaßnahmen im Rahmen des SGB III sind dabei ausdrücklich auch solche Bildungsveranstaltungen einbezogen, die sich mit allgemeinen und politischen Themen auseinandersetzen" (Faulstich 2008: 652). Als einzige Auflage gilt, dass die EWB von einem staatlich anerkannten Träger durchgeführt werden muss. Der Arbeitgeber hat keinen Einfluss auf die inhaltliche Auswahl der Weiterbildung, die die ArbeitnehmerInnen selbst frei wählen können. 1995 haben fast 99 von 100 Beschäftigten ihren Anspruch auf Weiterbildung verfallen lassen (vgl. Faulstich 2008: 669).

Finanzierung

In Anlehnung an Lenz (2005) und Schlögl und Schneeberger (2003) lässt sich Deutschland im Rahmen einer internationalen Typologie als ein gemischtes Regime der Finanzierung der EWB beschreiben. So besteht das Charakteristikum gemischter Regime darin, dass in ihnen EWB einerseits privat finanziert wird, wie es in Marktregimen üblich ist, und andererseits aber ein Teil der Finanzierung gesetzlich geregelt wird, was die so genannten bürokratischen Regime auszeichnet.
Weiterbildung hat im finanziellen Sinn eine volkswirtschaftliche Bedeutung. Die Finanzierungsströme sind sehr heterogen und lassen sich nur sehr grob bestimmen. Nach Schätzungen von 1998/99 haben die Unternehmen etwas mehr

als die Hälfte sämtlicher Ausgaben für Weiterbildung übernommen; die Bundesanstalt für Arbeit und Privatpersonen mit jeweils ca. 20% ungefähr gleich viel und die öffentliche Hand mit ca. 6,5% den kleinsten Teil (vgl. Faulstich 2008: 661). Seit 1992 stagnieren die öffentlichen (staatlichen) Aufwendungen für Weiterbildung. Hier ist kein Ende absehbar, solange die Haushalte konsolidiert werden. Das betrifft z. B. die Volkshochschulen. Diese wandeln sich unter dem Finanzierungsdruck. Damit eine Flexibilität in der Angebotsstruktur und damit in der Finanzierung erreicht werden kann, sind die Weiterbildungsinstitutionen mitunter zu tiefgreifenden Umstrukturierungen gezwungen. Dies lässt sich am Beispiel der Volkshochschulen gut belegen:

> „Zunächst ändert sich die Rechtsform, um von der öffentlichen Verwaltung unabhängiger zu werden. Dies reicht über Vereinslösungen bis hin zur Gründung von Gesellschaften mit beschränkter Haftung (GmbH). In der Folge veränderten sich zwangsläufig die Arbeitsweise wie auch das Selbstverständnis – vom Anbieter vielfältiger Bildungsmöglichkeiten hin zur nachfrageorientierten Dienstleistungsfirma. Volkshochschulen werden dann zunehmend nach betriebswirtschaftlichen Kriterien geführt und ihr Leistungsspektrum von der Bedarfsermittlung über Personal- und Medienbereitstellung bis zur Evaluation und verstärkten Informations- und Beratungsaktivitäten erweitert" (Faulstich 2008: 661).

Institutionen

Da es sich um eine ungeordnete Vielfalt von Institutionen im EWB-Bereich handelt, die hier auch gar nicht aufgezählt werden können, ist es sinnvoll, sich einige Dimensionen zu vergegenwärtigen, nach denen eine Einteilung von Institutionen erfolgen könnte:

- nach Funktionsbereichen: allgemeine, berufliche und politische Weiterbildung,
- nach inhaltlichen Programmschwerpunkten: sprachliche, technische oder kulturelle Weiterbildung,
- nach Adressaten, z.B. Gewerkschafter, Ingenieure, Manager, etc.,
- nach Angebotsform: offene, prinzipiell allen externen Interessenten offen stehende versus geschlossene, nur für eine definierte Klientel zugängliche Weiterbildung und
- nach Rechtsform: z.B. Verein, Anstalt öffentlichen Rechts oder GmbH (vgl. Faulstich 2008: 653).

13. Kapitel: Erwachsenen- und Weiterbildung

Schaut man nach Quantitäten, so lässt sich feststellen, dass mit Abstand der größte Bereich sowohl nach TeilnehmerInnenzahlen als auch nach Weiterbildungsvolumen und Finanzierungsaufkommen, der Bereich der betrieblichen Weiterbildung ist. An zweiter Stelle folgen die Volkshochschulen mit hohen TeilnehmerInnenzahlen und an dritter Stelle private Institutionen mit einem hohen Weiterbildungsvolumen (vgl. Faulstich 2008: 654).

Auf den Bereich der betrieblichen Weiterbildung soll nun etwas näher eingegangen werden, insbesondere da dieser Bereich besonders dynamisch ist. So stiegen im Zeitraum zwischen Anfang der 1970er bis in die 1990er Jahre die Ausgaben der Betriebe für Weiterbildung um rund ein 10faches (Faulstich 2008: 661-662). Je größer die Betriebe, desto mehr gaben sie für Weiterbildung aus. Nach Lenz (2005) hat die berufliche Weiterbildung insbesondere vier Funktionen:

1. Verbesserung individueller Chancen,
2. Erhöhung und Absicherung der Konkurrenzfähigkeit von Betrieben,
3. Verringerung der Arbeitslosigkeit durch verbesserte Vermittlungschancen der ArbeitnehmerInnen sowie
4. Attraktivität des Wirtschaftsstandortes wegen des Qualifikationsniveaus.

Hier haben sich in den letzten Jahren erhebliche Veränderungen ergeben, die teilweise in „gegenläufigen Prozessen der Deinstitutionalisierung und Reinstitutionalisierung" (Faulstich 2008: 655) abliefen. Hintergrund für diese Prozesse bildet hauptsächlich die gestiegene Relevanz für Personalentwicklung, die nun systematisch entwickelt wird. Dabei werden betriebliche Bildungsabteilungen neu organisiert: entweder, um Kosten zu sparen, „outgesourct", also als eigenständige externe Anbieter ausgegliedert, oder reorganisiert in Form von „Profit-Centern", die nunmehr als eigenständige finanzielle Einheiten innerhalb der Betriebe wirken. Um weitere Mittel einzusparen, werden oftmals auch interne Weiterbildungen für projektbezogenen Qualifizierungsbedarf angeboten sowie Routineprogramme, die standardisiert sind, externalisiert. Es gibt eine enge Zusammenarbeit zwischen Unternehmen und Weiterbildungsinstituionen, wobei am häufigsten so genannte „Firmenseminare" durchgeführt werden, also Programme, die speziell auf ein Unternehmen zugeschnitten sind. Inhaltlich standen Ende der 1980er Jahre der Umgang mit den neuen Informationstechnologien im Vordergrund, während mittlerweile Weiterbildung in erster Linie für „organisatorische Innovationen, d.h. Veränderungen im Arbeitsablauf und des Managements" (Faulstich 2008: 664) angeboten werden. Auch in didaktischer Hinsicht gab es Veränderungen: während früher die klassische Form der Seminare und Vorträge überwog, „stehen nunmehr Prozessbezug und Eigenaktivität im Vordergrund, die durch Methodenvielfalt angeregt werden sollen" (Faulstich 2008: 664). Dass die

Veränderungen in der Vermittlung auch Auswirkungen auf die soziale Zusammensetzung der TeilnehmerInnen haben, wird im nächsten Abschnitt erläutert.

Teilnahmestrukturen und soziale Selektivität

Seit Ende der 1970er Jahre hat sich die Teilnahmequote an EWB fast verdoppelt (vgl. Faulstich 2008: 670). Es gibt zwar immer wieder Einbrüche, z.b. durch Rückgang der Förderung, aber der Trend zur steigenden Teilnahme hält an. Was die TeilnehmerInnenzahlen betrifft, so ist der Weiterbildungsbereich der größte Bildungsbereich, aber nicht, wenn man sich die Zeit anschaut, die die Menschen mit Weiterbildung verbringen.

Zur sozialen Komposition lässt sich festhalten, dass jüngere Menschen häufiger als ältere Menschen an EWB teilnehmen, obwohl sich die Beteiligungsquote der älteren ArbeitnehmerInnen überproportional erhöht hat. Menschen mit höherer Schul- oder Ausbildung nehmen häufiger an EWB teil als Menschen mit niedriger schulischer oder beruflicher Bildung. Die Geschlechterdifferenz hat sich verringert, aber nach wie vor nehmen mehr Männer als Frauen an Weiterbildungen teil. An der Spitze der Teilnehmenden stehen Beamte. Generell unterscheidet sich die Weiterbildungsbeteiligung in den alten und neuen Bundesländern nicht mehr. Es gibt erhebliche Unterschiede in den Branchen bezogen auf die Betriebsgröße. Auch regionale Unterschiede sind oft eklatant (vgl. Faulstich 2008: 673).

Brehmer (2007) bezeichnet die Selektivität im EWB als doppelt bzw. erläutert die Weiterbildungsschere als einen Prozess, in dem diejenigen, die unterprivilegiert sind, durch Weiterbildung zusätzlich diskriminiert werden, so dass sich insgesamt die soziale Selektivität bzw. die soziale Ungleichheit in der Gesellschaft durch Weiterbildung noch verstärkt. Auch Faulstich (2008) weist auf die Bedeutung der Weiterbildung für soziale Ungleichheit hin:

„Es ist wichtig festzuhalten, dass die soziale Selektivität, die im allgemeinen Bildungssystem nach wie vor besteht, durch das System der Weiterbildung faktisch nicht kompensiert oder gar beseitigt wird, sondern sich im Gegenteil eher verstärkt. Die Bildungskumulation privilegierter sozialer Milieus setzt sich ungebrochen fort. Die Organisation der Weiterbildung ist weiter gekennzeichnet durch eine doppelte Selektivität: Sie erreicht weniger als die Hälfte der erwachsenen Bevölkerung und zudem nur ein eingeengtes soziales Spektrum" (Faulstich 2008: 673).

13. Kapitel: Erwachsenen- und Weiterbildung 153

Gründe für das soziale Gefälle sind:

- negative schulische Erfahrungen und entsprechende Distanz,
- keine Motivation, wenn die Sinnhaftigkeit nicht erkennbar ist,
- mangelnde Durchlässigkeit zwischen Bildungsgängen, fehlende Anrechenbarkeit der Abschlüsse, wodurch Motivation sinkt,
- Mangel an Ressourcen (Zeit und Geld) und
- zu geringe Verwertbarkeit oder Honorierung am Arbeitsplatz.

Diese Gründe sind eng mit unterer sozialer Herkunft verknüpft. Die mangelnde Durchlässigkeit kommt durch die eingangs erwähnte fehlende Integration der EWB in das gesamte Bildungssystem zustande. Damit löst sich eines der Versprechen der EWB, nämlich Chancen zu eröffnen, nicht ein.

Ein Umgang damit ist das aktive Aufgreifen dieser Ungleichheit in der EWB selbst, so dass TeilnehmerInnen über ihre eigenen Erfahrungen mit dem sozialen Gefälle innerhalb von EWB reflektieren und sich auseinandersetzen können.

Es lassen sich laut Brehmer (2007) zwei Dynamiken im Weiterbildungsbereich feststellen:

1. Die Erhöhung der Notwendigkeit des Bildungserwerbs durch die so genannte Wissensgesellschaft und
2. Die Erosion des Erwerbslebens und sich daraus ergebene Unsicherheiten, die mit Hilfe in der Weiterbildung erworbener Bewältigungskompetenzen gemeistert werden sollen, die so genannte Identitätsarbeit.

Brehmer beschreibt eine Entwicklung in der EWB, die sich durch eine Gleichzeitigkeit von sozialer Selektivität und dem Anspruch des Selbst-Lernens von autonomen Subjekten ausdrückt. Er meint damit die Entwicklung, dass die Menschen zunehmend dazu aufgerufen werden und in der Weiterbildung zunehmend Konzepte des Selbstlernens vertreten werden. Gleichzeitig treffen diese Konzepte auf die eben nach wie vor bestehende soziale Selektivität. Das wiederum heißt, dass diese Selbstlernkonzepte sich unterschiedlich, d.h. sozial ungleich auf die verschiedenen Menschen auswirken, da Konstruktionsleistungen und Aneignungsprozesse für die Selbstlernkonzepte erforderlich sind, über die nicht alle Menschen gleichermaßen verfügen.

Selbstbestimmung als Teil von Bildung, insbesondere für Erwachsene im Bereich höherer Bildung, ist nicht neu. Neu ist, dass diese Selbst-Lernkonzepte in neoliberale soziale Kontexte eingebettet sind. Nuissl spricht, so Brehmer

(2007), in diesem Zusammenhang von einer „Koalition" zwischen betrieblichen und emanzipatorischen Ansätzen.

Brehmer kritisiert, dass in der gegenwärtigen Diskussion um die Selbstkonzepte die Menschen als herausgelöst aus sozialen Kontexten gesehen werden und daher die soziale Selektivität dieser Konzepte aus dem Blick gerät. „Die impliziten Vorannahmen über die Bedeutung der sozialen Einbindung der Subjekte erweisen sich für die Lernenden eher als *Nötigung zur Akulturation*, die zur Verschärfung der Selektivität beitragen, während differenzierte pädagogische Konzepte gefragt wären" (Brehmer 2007: 26).

Erwachsenen- und Weiterbildungskonzepte der Europäischen Union

Der EU-Rat bezieht sich in seinen Schlussfolgerungen maßgeblich auf die Lissabon-Strategie aus dem Jahr 2000, nach der sich Europa als eine wirtschaftliche Macht in Konkurrenz zu anderen Mächten bewähren soll, wobei daran gedacht wird, dass die wirtschaftliche Macht sich über Erhöhung des Bildungsniveaus der BürgerInnen herstellen lässt. D.h. dass eine zentrale Legitimation für Erwachsenenbildung ökonomisch hergeleitet wird. Dieser Eindruck wird durch den vierten Satz unterstützt, in dem die Anpassungs- und Beschäftigungsfähigkeit der Erwachsenen, auch älterer ArbeitnehmerInnen, im Vordergrund steht:

„[Der Europarat] ERKENNT AN, dass die Erwachsenenbildung bei der Verwirklichung der Ziele der Lissabonner Strategie eine Schlüsselrolle spielen kann, indem sie den sozialen Zusammenhalt fördert, den Bürgern die für eine neue Beschäftigung erforderlichen Fähigkeiten vermittelt und einen Beitrag dazu leistet, dass Europa besser auf die Herausforderungen der Globalisierung reagieren kann" (EU-Rat 2008: 2).

Es werden weitere Aufforderungen aufgestellt, wie die, den SchulabbrecherInnen eine zweite Chance zu bieten und v.a. ältere ArbeitnehmerInnen und MigrantInnen einzubeziehen.

Es ist auffällig, dass Erwachsenenbildung als zweischneidige Funktion angesehen wird: einerseits soll sie zu größerem wirtschaftlichem Wohlstand beitragen und andererseits hat sie eine sozialpolitische Bedeutung, indem sie besonders benachteiligte Menschen auffangen soll.

Der EU-Rat schreibt der Erwachsenenbildung folgende Funktionen zu:

„[Der Europarat] IST DER AUFFASSUNG, dass Erwachsenenbildung einen wichtigen Beitrag zur Deckung eines solchen Bedarfs leisten kann, da sie nicht nur wirtschaftliche und soziale Vorteile wie bessere Beschäftigungsfähigkeit, Zugang zu hö-

13. Kapitel: Erwachsenen- und Weiterbildung

her qualifizierten Arbeitsplätzen, ein größeres Verantwortungsbewusstsein der Bürger und eine größere Bürgerbeteiligung, sondern auch individuelle Vorteile wie mehr Selbstverwirklichung, bessere Gesundheit, größeres Wohlbefinden sowie stärkeres Selbstbewusstsein mit sich bringt" (EU-Rat 2008: 2).

Der EU-Rat sieht Erwachsenenbildung als Teil allgemeiner Bemühungen um die Entwicklung einer Kultur des lebenslangen Lernens (vgl. Dewe/Weber 2007). Die EU möchte, wie auch in anderen Bildungsbereichen, die Erwachsenenbildung überwachen und hat daher Indikatoren und Benchmarks entwickelt (diese wurden im Mai 2007 vom EU-Rat angenommen).

Schließlich werden die spezifischen Maßnahmen für den Zeitraum 2008-2010 genannt. Dazu gehören:

- den Zugang Erwachsener zu Qualifikationssystemen zu verbessern, und zwar indem man die nationalen Qualifikationssysteme in bezug auf den EU-Qualifikationsrahmen analysiert und wohl auch anpasst und auch informelle Lernprozesse anerkannt werden,
- den Status des Berufstandes derjenigen, die in dem Bereich der Erwachsenenbildung tätig sind, verbessern.

Didaktisch wird ein Schwerpunkt gesetzt auf Informations- und Kommunikations- und Technologie (IKT)-Lernkonzepte und inhaltlich auf den Erwerb von IKT-Kenntnissen.

Die EU (2011) hat ein „Lifelong Learning Programe 2007-2013" mit einem Budget von 6,97 Milliarden Euro aufgestellt. Das Programm setzt sich aus vier Unterprogrammen zusammen, die sich auf verschiedene Bildungssektoren und Zielgruppen beziehen und unterschiedlich gewichtet sind:

- Comenius für Schulen mit 13% am Gesamtbudget
- Erasmus für Hochschulen mit 40%
- Leonardo da Vinci für berufliche Ausbildung mit 25%
- Grundtvig für Erwachsenenbildung mit 4%.

Hier wird die Gewichtung, die die EU bei den verschiedenen Bildungssektoren vornimmt, deutlich.

Grundtvig wurde 2000 gestartet und zielt darauf:

- die Partizipation zu erhöhen,
- die Bedingungen für Mobilität derjenigen, die im Erwachsenenbildungsbereich arbeiten, zu verbessern, so dass mindestens 7.000 Menschen pro Jahr an Austauschprogrammen teilnehmen,

- die Qualität und die Häufigkeit der Kooperation zwischen Erwachsenenbildungs-Organisationen zu verbessern,
- innovative Ewachsenenbildungs- und Managementpraktiken zu entwickeln,
- den Zugang von marginalisierten Menschen, insbesondere älteren Menschen, zur Erwachsenenbildung zu verbessern,
- innovative IKT-gestützten Unterricht und Unterrichtsinhalte zu unterstützen.

Abschließende Einschätzung

Das lebenslange Lernen, als Kern der europäischen bildungspolitischen Leitvorstellung für die EWB, wird unterschiedlich eingeschätzt: Löw (2003) stellt zwei gegensätzliche Positionen vor. Zum einen Marotzki, der exemplarisch für die positive Einschätzung des lebenslange Lernens steht: Wenn Bildungsprozesse nicht auf unmittelbar verwertbare Qualifikationen zielen, sondern die Lebensgeschichte selbst zum Gegenstand haben, so können biographische Sinnzusammenhänge erzeugt werden. Damit können gewohnte Handlungsmuster und Habiti zugunsten von Neugestaltungen abgelegt werden.

Andere, hier führt Löw exemplarisch Bolder und Hendrich an, sehen im lebenslangen Lernen eine Zumutung und einen Zwang für die Menschen: So müssten sich die Erwerbtätigen ständig neuen Entwicklungen anpassen, die nur im Interesse weniger lägen, die daraus Renditen erwarten könnten. Nun würden die Renditen aber nicht mit der Erhöhung von Löhnen auch den ArbeitnehmerInnen teilweise zugänglich gemacht, sondern, umgekehrt, die Weiterqualifizierung und damit oft private Investition in die eigenen Qualifikationen würden als Voraussetzung für den Arbeitsplatzerhalt gelten.

Zur Einschätzung der individuellen Bedeutung von EWB ist also die Berücksichtigung des jeweiligen sozialen Kontextes notwendig. Allerdings, so scheint es, kann auch die EWB – wie andere Bildungsbereiche – gleichzeitig zwei konträre Bedeutungen für Individuen haben: Erkenntnisgewinn und Selbstentfremdung.

Teil III: Debatten

14. Kapitel: Bildung und soziale Ungleichheit

Mit diesem Kapitel über Bildung und soziale Ungleichheit beginne ich den dritten und letzten Teil des Lehrbuchs Bildungssoziologie. In diesem Teil stehen Auseinandersetzungen mit zentralen Themen der Bildungssoziologie im Mittelpunkt. Es handelt sich um Themen, die sich durch große Breite und durch kontinuierlich weite Bearbeitung auszeichnen. Da das Feld der Auseinandersetzung um Bildung und soziale Ungleichheit fast unüberschaubar groß ist, werde ich ausführlicher als auf die darauf folgenden Themen eingehen und vor allem zur Orientierung einen Überblick über die Forschungsliteratur und Debatten geben.

Unter sozialer Ungleichheit verstehe ich von Menschen hergestellte und veränderbare soziale Verhältnisse

> „wo die Möglichkeiten des Zugangs zu allgemein verfügbaren und erstrebenswerten sozialen Gütern und/oder sozialen Positionen, die mit ungleichen Macht- und/oder Interaktionsmöglichkeiten ausgestattet sind, dauerhafte Einschränkungen erfahren und dadurch die Lebenschancen der betroffenen Individuen, Gruppen oder Gesellschaften beeinträchtigt bzw. begünstigt werden" (Kreckel 1992, S. 17).

Da es sich bei Bildung und sozialer Ungleichheit jeweils um zwei Phänomene von großer Komplexität und großer Reichweite handelt, und darüber hinaus ihre vielfältigen wechselseitigen Verknüpfungen das Forschungsgebiet weiter anwachsen lassen, ist ein Überblick in Zeiten zunehmender Spezialisierung hilfreich. Daher möchte ich mit einem Abriss der Entwicklung der soziologischen Auseinandersetzung mit der Frage, was Bildung und soziale Ungleichheit miteinander zu tun haben, beginnen. Zur Orientierung und zum besseren Verständnis der Entwicklung der soziologischen Beschäftigung mit Fragen nach dem Verhältnis und von Zusammenhängen zwischen sozialer Ungleichheit und Bildung habe ich diese Entwicklung in drei Phasen eingeteilt: die erste Phase der grundlegenden theoretischen Perspektiven, die sich anschließende Phase der Sozialanalysen und schließlich der aktuell wachsende Bereich der politischen Soziologie zu Bildungsreformen und Bildungspolitik, der, so scheint mir, mit der zunehmenden Bedeutung von Bildung für die Aufrechterhaltung sozialer Ungleichheit in postindustriellen Gesellschaften zusammenhängt. Ich spreche von Phasen, weil diese Einteilung gleichwohl eine grobe zeitliche Orientierung dieser drei Bereiche beinhaltet: Die theoretische Auseinandersetzung stand zu Beginn und hatte ihre Hochzeit in den 1970er Jahren. Die Sozialanalysen begannen bereits in den 1970er Jahren, dauerten aber in den folgenden Jahrzehnten fort und die politische Soziologie der Bildungsreformen bzw. der Bildungspolitik ist ein relativ neues Forschungsgebiet, das sich in größerem Ausmaß erst seit Ende der 1990er Jahre entwickelt hat. Selbstverständlich lassen sich diese drei Phasen nicht haarscharf voneinander unterscheiden, und es gibt jeweils eine Vielzahl von Überschneidungen zwischen ihnen. Gleichwohl sollen sie als grobe Kategorien der bisherigen soziologischen Forschung zu Bildung und sozialer Ungleichheit dienen.

Theoretische Perspektiven

Als Durkheim[1] 1896 seinen Lehrstuhl an der Universität Bordeaux antrat, hatte dieser Lehrstuhl – wie ich bereits im zweiten Kapitel erwähnte – eine Doppel-Denomination: Pädagogik und Sozialwissenschaft. Das war kein Zufall, sondern Abbild der damals engen Verbindung zwischen der entstehenden Soziologie und der Pädagogik. Bezogen auf das Thema Bildung und soziale Ungleichheit bedeutete dies, dass zur Zeit Durkheims die Vorstellung der Herstellung und Reproduktion von Gesellschaft ganz eng mit dem Heranziehen der nachwachsenden Generation und damit mit Erziehung und Bildung zusammenhing. Diesen Zusammenhang hat Durkheim als einen Funktionszusammenhang gedacht und theoretisch konzipiert. Die Gesellschaft zeichnete sich ihm zufolge als eine in sich hierarchisch geschichtete Einheit aus, deren Mitglieder an unterschiedlichen Stellen gemäß ihrer Fähigkeiten tätig sind und so ihren Beitrag zum Gesamtgelingen der Gesellschaft leisten. Darüber hinaus trägt der individuelle Beitrag zur Gesamtgesellschaft zur sozialen Integration der Menschen bei. Durch die Unterschiedlichkeit der Tätigkeiten und der dafür benötigten Fähigkeiten handelt es sich jedoch um eine geschichtete, hierarchische Gesellschaft. Bildung ist bei Durkheim zentral für die Ausbildung der unterschiedlichen benötigten Fähigkeiten und trägt daher zur legitimen Schaffung sozialer Ungleichheit bei, indem sie Menschen für unterschiedliche Tätigkeiten, verbunden mit ungleicher Gratifikation, ausbildet.

„Even though the career of each child would, in large part, no longer be predetermined by a blind heredity, occupational specialization would not fail to result in a great pedagogical diversity. Each occupation, indeed, constitutes a milieu *sui generis* which requires particular aptitudes and specialized knowledge, in which certain

---

[1] Ich gehe hier erneut auf Durkheim ein, da die Kapitel auch unabhängig voneinander gelesen werden können.

14. Kapitel: Bildung und soziale Ungleichheit

ideas, certain practices, certain modes of viewing things, prevail; and as the child must be prepared for the function that he will be called upon to fulfill, education, beyond a certain age, can no longer remain the same for all those to whom it applies (...) The heterogeneity which is thus created does not rest, as does that which we were just discussing, on unjust inequalities; but it is no less. To find an absolutely homogenous and egalitarian education, it would be necessary to go back to prehistoric societies, in the structure of which there is no differentiation" (Durkheim 1968 [1911]: 68-69).

Insgesamt handelt es sich bei Durkheim also um ein relativ geschlossenes und statisches System der sozialen Strukturierung, indem sich unterschiedliche Schichten reproduzieren und wenig soziale Mobilität vorgesehen ist.

Im Unterschied zu Durkheims funktionalistischer Theorieperspektive setzte mit dem Gedanken der Meritokratie eine neue funktionalistische Legitimation für die zur sozialen Ungleichheit beitragenden Rolle von Bildung ein. Der Gedanke der Meritokratie ist eng mit dem Heraufkommen des Bürgertums und der Vorstellung verbunden, dass nicht mehr hauptsächlich die Geburt ausschlaggebend sein solle für das weitere Leben der Menschen, sondern diese die Möglichkeit haben sollten, durch eigene Anstrengungen und Leistungen ihre Lebenschancen zu verbessern und zu gestalten (vgl. Hopf 1995). Gleichwohl spielt Geburt bzw. sogenannte natürliche Gaben und Talente auch im meritokratischen Verständnis eine Rolle, da ein Teil der menschlichen Fähigkeiten den Menschen qua Geburt „mitgegeben" sind (vgl. Solga 2005a). Darüber hinaus sollen die Menschen sich aber anstrengen und gewisse Leistungen erbringen, die zum Wohl der gesamten Gesellschaft beitragen. Damit sich die Menschen anstrengen, muss es hierarchische Unterschiede und ungleiche Gratifikationen für unterschiedlich wichtige Tätigkeiten und Positionen geben. „The social inequality that results can then claim legitimacy – as ascriptive inequality cannot – in that it contributes to the efficient functioning of the society as a whole and in that superior rewards, because they reflect superior achievement, are *deserved*" (Goldthorpe 1997: 664).

Doch auch an der meritokratischen Legitimierung sozialer Ungleichheit wurden Zweifel laut und Kritik geübt. So ist unklar, wer eigentlich in einer Gesellschaft festlegen kann, was als Begabung und Leistung anerkannt werden soll, und es besteht die Gefahr, dass in einer Meritokratie die „Verdienten" selbst diese Art von Definitionen vornehmen, um ihre Privilegien zu sichern (vgl. Young 1958). Bezogen auf die Rolle der Bildung und des Bildungswesens zeigt Solga, „wie die meritokratische Leitfigur sozialer Ungleichheit über einen Bezug auf ‚natürliche' Erklärungen individueller Leistungsunterschiede zur Legitimation sozial ungleicher Bildungschancen beiträgt" (Solga, 2005b S. 21) – eine Legitimation, die sogar von den „Verlierern" anerkannt und für sie handlungsrelevant wird (vgl. Solga 2005b).

Es ist also deutlich geworden, dass zentrale sozialwissenschaftliche theoretische Konzepte zum Zusammenhang von Bildung und sozialer Ungleichheit in einer *Legitimierung* der Bildung als Mittel zur *Herstellung* sozialer Ungleichheiten bestehen. Fragt man jedoch nach einem sozialwissenschaftlichen theoretischen Konzept zum Zusammenhang von sozialer Ungleichheit und Bildung, das Bildung nicht als ein Mittel zur Herstellung oder Aufrechterhaltung sozialer Ungleichheit konzipiert, sondern als Mittel zum Abbau sozialer Ungleichheiten, so wird man kaum fündig. Grund dafür scheint mir, dass derartige sozialwissenschaftliche Perspektiven das Bildungssystem und seine Güter wie Zugänge zu Bildungsinstitutionen, Unterricht, Noten und Bildungs-Zertifikate in einer strikt formalen Chancengleichheits-Perspektive konzipieren, in der Gleichheit in der Abwesenheit rechtlich regulierter Ausschluss- oder Verteilungsbeschränkungen besteht, aber faktisch vorhandene unterschiedliche Ausstattung mit ökonomischen, kulturellen, sozialen und psychischen Ressourcen der an Bildung beteiligten und die damit verbundenen Konsequenzen für soziale Ungleichheit in den theoretischen Konzeptionen ausgeblendet werden. Bourdieu und Passeron (1971) haben in ihrem Buch zur Illusion der Chancengleichheit im Bildungswesen Frankreichs in einem kurzen Abschnitt eine Gedankenskizze zur Gestaltung von Bildung, die helfen könnte, soziale Ungleichheiten zu reduzieren, vorgestellt: „man müsste nach dem Handikap einstufen" (Bourdieu/Passeron, 1971: 83), d.h. die BildungspartizipantInnen müssten nach ihrer Ressourcenausstattung unterschiedlich eingestuft werden und ihre Bildungsergebnisse am Ausgangspunkt und nicht absolut gemessen werden. „Nach dieser Logik würde, wenn so etwas möglich wäre, die Berücksichtigung der unterprivilegierten Klassen und eine Wertung proportional zum überwundenen Handikap dazu führen, ungleiche Leistungen gleich und gleiche Leistungen ungleich einzustufen" (Bourdieu/Passeron 1971: 83). Zusätzlich müssten, so Bourdieu und Passeron, die tatsächlichen Ungleichheiten auch in der Lehre berücksichtigt und einbezogen werden, indem einerseits die sozialen Anteile an Fähigkeiten sichtbar gemacht würden und andererseits diese sozialen Anteile in Form schrittweiser Lehr- und Lerneinheiten vermittelt und praktiziert und damit auch den Unterprivilegierten zugänglich würden. Was hier deutlich wird, ist, dass die theoretische Konzeption, in der Bildung zum Abbau sozialer Ungleichheit beiträgt, im Grunde eine theoretische Konzeption der *Veränderung* von Bildung darstellt und nicht eine analytische Beschreibung von Bildung, wie sie in unseren Gesellschaften existiert oder praktiziert wird.

Einen dritten Bereich der theoretischen Zugriffe auf den Zusammenhang sozialer Ungleichheit und Bildung stellen Theorien zur Erklärung der Reproduk-

14. Kapitel: Bildung und soziale Ungleichheit

tion sozialer Ungleichheit per Bildung dar, die diese Reproduktion jedoch nicht legitimieren, sondern sie beschreiben bzw. kritisieren. Als eine der prominentesten Theorien sei hier Raymond Boudons Modell der primären und sekundären Herkunftseffekte auf Bildungspartizipation und -erfolge genannt, das auf grundlegenden Annahmen über menschliche Einstellungen und menschlichen Umgang mit sowie Verständnis von Gewinnen, Kosten und Nutzen beruht. Boudon bezeichnet mit den primären Herkunftseffekten die kulturellen Unterschiede zwischen Familien unterschiedlicher sozialer Schichten, die einen Einfluss auf die Leistung der Kinder in den Schulen ausübt, so dass Kinder höherer Schichten höhere Leistungsstufen in der Schule erreichen als Kinder unterer Schichten (vgl. Boudon 1974). Mit sekundären Herkunftseffekten bezeichnet Boudon die unterschiedlichen Entscheidungen der Familien höherer und unterer sozialer Schichten bei Bildungsübergängen beispielsweise nach der Grund- oder Volksschule oder im Anschluss an die Pflichtschulzeit nach der Sekundarstufe. Hier entscheiden Angehörige höherer sozialer Schichten eher für die Partizipation an höheren Bildungsinstitutionen oder an allgemeiner Bildung, da die Kosten eines Statusverlusts bei Wahl niedrigerer Bildungsinstitutionen vermieden werden, während sich Angehörige unterer sozialer Schichten eher für niedrigere Bildungsinstitutionen, berufliche Ausbildungen, die einen niedrigeren Status als allgemeinbildende Ausbildungen haben oder für das Verlassen der Bildungsinstitutionen und den Eintritt in die Erwerbstätigkeit entscheiden, da sie die möglichen Kosten des Scheiterns in höheren Bildungsinstitutionen, die Kosten der Fremdheit sowie die Kosten des Verdienstausfalls beim Studium statt Erwerbsarbeit als zu hoch einschätzen. Die Einschätzung der Gewinne und Kosten sowie der jeweiligen Nützlichkeit der verschiedenen Wege ist nach Boudon abhängig vom sozialen Status der Entscheidenden, weshalb sie zu unterschiedlichen Entscheidungen kommen.

„This theoretical scheme may be considered to be somewhat trivial. The formalization it introduces, moreover, is rather crude. Finally, although an attempt is made to introduce precise concepts such as benefit, cost and utility, it is unlikely that we will be able to associate quantitative measures with these concepts" (Boudon 1974, S. 30-31).

Trotzdem hat dieses Modell laut Boudon zwei mögliche Anwendungsbereiche: Zum einen dient es als Simulationsmodell, das große Datensätze verarbeiten kann, und zum zweiten hat es die Möglichkeit zu klären, ob die primären oder die sekundären Herkunftseffekte zur Herstellung der Chancenungleichheit größer sind.[2]

---

[2] Laut Becker und Schubert (2011) sind die sekundären Herkunftseffekte größer.

Boudon kommt zu dem Schluss, dass Bildung nur eine relative Bedeutung für die Reproduktion sozialer Ungleichheit hat und dass vielmehr außerhalb des Bildungssystems befindliche vor allem ökonomische Ungleichheiten zwischen sozialen Schichten soziale Ungleichheit reproduzieren. Boudon schließt daraus: „Therefore, the best strategy seems to lie on the side of economic rather than cultural equality, outside rather than inside schools, in social and economic change rather than in educational change" (Boudon 1974: 115). Boudon verweist in diesem Zusammenhang auf die im Vergleich zum Westen egalitäreren, wenn auch nicht schichtlosen damaligen Gesellschaften des real existierenden Sozialismus hin.

Ein weiterer nach wie vor oft rezipierter theoretischer Zugriff auf die Reproduktion sozialer Ungleichheit mittels Bildung stammt von Bourdieu (siehe achtes Kapitel).

Im Gegensatz zu Bourdieus theoretischer Konzeption einer Autonomie des Bildungswesens entwerfen Bowles und Gintis (1976) ein Bild der US-amerikanischen Schulen als mit dem kapitalistischen Wirtschaftssystem korrespondierende Institutionen. Bowles und Gintis gehen davon aus, dass zur Stabilität des Kapitalismus ein Bewusstsein bei den beteiligten Menschen vorhanden sein muss, das von der Notwendigkeit und der Legitimität ungleicher sozialer Klassen überzeugt ist (vgl. Bowles/Gintis 1976: 147). Die Schulen stellen dieses Bewusstsein her. Sie tun dies zum einen über die Legitimierung des meritokratischen Prinzips, das, so Bowles und Gintis, die soziale Ungleichheit verstärkt, statt sie zu reduzieren. Die Rolle der Schulen geht aber darüber hinaus, indem sie in den SchülerInnen eine Art von Bewusstsein, Haltung und Verhaltensweise schaffen, das diese später als ArbeitnehmerInnen tüchtig sein lässt: Arbeitsdisziplin, Selbstpräsentation, Selbstwahrnehmung (self-image) sowie Identifikation mit der eigenen Klasse. Wesentliche Strukturen der Schule entsprechen Strukturen in der Arbeitswelt und bereiten so die Kinder und Jugendlichen auf Angepasstheit und Gehorsam in der Arbeitswelt vor, der zur Aufrechterhaltung sozialer Ungleichheit beiträgt.

> „Alienated labor is reflected in the student's lack of control over his or her education, the alienation of the student from the curriculum content, and the motivation of school work through a system of grades and other external rewards rather than the student's integration with either the process (learning) or the outcome (knowledge) of the educational ‚production process'" (Bowles/Gintis 1976: 131).

Zur Herstellung ungleicher ArbeitnehmerInnen, also ArbeitnehmerInnen, die sich auf ungleich gratifizierte und renommierte Tätigkeiten, Positionen und Stellen verteilen, hat die Schule noch eine weitere Rolle: Sie stellt eine Struktur der Verhältnisse unter den SchülerInnen her, die eine Einheit und Solidarität der

Kinder und Jugendlichen auflöst und so eine fragmentierte ArbeitnehmerInnenschaft schafft. „Different levels of education feed workers into different levels within the occupational structure and, correspondingly, tend toward an internal organization comparable to levels in the hierarchical division of labor" (Bowles/ Gintis 1976: 132). Dies geschieht beispielsweise durch die Differenzierung der SchülerInnen in unterschiedliche Leistungsgruppen sowie durch Benotung.

Wollte man die Korrespondenztheorie von Bowls und Gintis in einer Skala der Einschätzung der Bedeutung (im Sinne von einflussreicher Macht) von Bildung für die Herstellung und Reproduktion sozialer Ungleichheit einordnen, so könnte man argumentieren, dass sie sich zwischen Boudon und Bourdieu bewegt. Während Boudon mit seinem theoretischem Zugriff auf die Rolle der Bildung in Relation zur sozialen Ungleichheit zu dem Schluss kommt, dass sich soziale Ungleichheit hauptsächlich außerhalb des Bildungswesens herstellt und reproduziert und sich somit auf einem Ende dieser imaginären Skala befindet, so könnte man Bourdieu auf dem entgegengesetzten Pol ansiedeln, da er die sich verstärkende Vermittlerrolle von Bildung für den Zugang zu höherer Bildung und zu Erwerbsarbeitsstellen mit seiner theoretischen Perspektive konzipiert. Bowles und Gintis befinden sich auf dieser Skala in der Mitte, da sie den Schulen eine unabdingbare Rolle in der Herstellung des das soziale Ungleichheit produzierende Wirtschaftssystems zusprechen, wobei den Schulen keine eigene Kraft zukommt, sondern sie sich in vollkommener Abhängigkeit vom Wirtschaftssystem befinden.

Ein weiterer prominenter theoretischer Zugriff auf die Reproduktion sozialer Ungleichheit per Bildung ist Collins (1979) mit seiner These des Kredentialismus. Diese besagt, dass Bildung als ein kultureller Gatekeeper für Gruppenmitgliedschaften eingesetzt wird. Das ist deshalb wichtig, weil die Erwerbsarbeitswelt, insbesondere die höheren Positionen und Stellen, von Gruppen mit bestimmten kulturellen Gepflogenheiten in unterschiedlichen Graden monopolisiert werden. Nach Collins ist es also weniger wichtig, welche inhaltlichen Qualifikationen oder Fähigkeiten eine Person im Bildungssystem erlernt und dann im Beschäftigungssystem einsetzt, sondern für den Zugang zu besonders begehrten Erwerbsarbeitsstellen ist die kulturelle Gruppenzugehörigkeit, die bereits im Bildungssystem herausgebildet wird, entscheidend:

> „Education should be most important where two conditions hold simultaneously: (a) where the type of education most closely reflects membership in a particular status group; and (b) where that status group controls employment in particular organizations. Thus education will be most important where the fit is greatest between the culture of the status groups emerging from schools and the status group doing the hiring; it will be least important where there is the greatest disparity between the culture of the school and that of the employers" (Collins 1979: 36).

Unterschiedliche Statusgruppen konkurrieren nach Collins um begehrte Positionen und Stellen auf dem Arbeitsmarkt, wobei Bildungszertifikate als Ausschlussmittel für Angehörige unterer sozialer Schichten dienen. Collins Erklärungsgewicht liegt im Gegensatz zu Boudons eher auf dem institutionellen Part als auf dem individuellen, und er bezieht explizit Macht in sein theoretisches Konzept mit ein. So wendet sich Collins gegen die These, dass eine Erhöhung der Anforderungen im Erwerbsarbeitsbereich der ausschlaggebende Grund für den Anstieg von Bildungsqualifikationen oder -zertifikaten als Zugangsvoraussetzungen zu diesen Positionen sei. Vielmehr beobachtet er eine Art Bildungszertifikatsinflation in den USA der 1970er Jahre und behauptet: „the amount of productive skill they must demonstrate to hold their positions depends on how much clients, customers, or employers can successfully demand on them, and this in turn depends on the balance of power between workers and those who pay for their work" (Collins 1979: 27). Damit widerspricht Collins sowohl der funktionalistischen als auch der meritokratischen Sichtweise auf den Zusammenhang sozialer Ungleichheit und Bildung. Soziale Ungleichheit wird nach Collins also über die Macht statushöherer Gruppen in der Erwerbsarbeitssphäre, die sich über Partizipation in elitären Bildungseinrichtungen rekrutieren und statusniedrigere Gruppen ausschließen, reproduziert. Gleichzeitig lässt sich auch bei Collins, wie bei Boudon, eine Relativierung der Bedeutung von Bildung für die Reproduktion sozialer Ungleichheit feststellen, denn nach Collins Einschätzung hat die enorme Bildungsexpansion seit Mitte des 19. Jahrhunderts keinerlei Auswirkungen hinsichtlich zunehmender Chancen für soziale Mobilität gehabt. „There is no alleged shift from ‚ascription' to ‚achievement'. On the face of it, there has been the same level of correlation between fathers' and sons' occupations with a large educational system, a moderate-sized one, or virtually no educational system at all" (Collins 1979: 182). Allerdings beinhaltet Collins Relativierung der Bedeutung von Bildung eine Präzisierung eben dieser Relativierung, denn er fährt fort: „Yet educational credentials have become the currency for employment, so that a greater abundance of even this artificial good might be expected to make a difference" (Collins 1979: 183).

Man könnte also den Überblick über theoretische Zugriffe auf den Zusammenhang zwischen sozialer Ungleichheit und Bildung mit der Schlussfolgerung abschließen, dass die Analyse des theoretischen Zugriffs den Eindruck vermittelt, dass in unseren Gesellschaften Bildung, wie sie zurzeit ausgestaltet ist und praktiziert wird, zur sozialen Ungleichheit beiträgt.

Sozialanalysen des Zusammenhangs sozialer Ungleichheit und Bildung

Ich komme nun zur zweiten Phase der soziologischen Auseinandersetzung mit Bildung und sozialer Ungleichheit, indem ich auf die Sozialanalysen in diesem Bereich zu sprechen komme. Die Sozialanalysen bilden wohl quantitativ den größten Anteil an soziologischen Forschungsarbeiten zum Zusammenhang von Bildung und sozialer Ungleichheit. Als grobe Einteilung lassen sie sich in Arbeiten zum Bereich der Familie und der Sozialisation auf der einen Seite und in Arbeiten zu Bildungsinstitutionen auf der anderen Seite unterscheiden. Das Verhältnis zwischen Familie und Sozialisation auf der einen Seite und Bildungsinstitutionen auf der anderen wird dabei oftmals als eine Art Ursache-Wirkungs-Zusammenhang gesehen, der darin besteht, dass schichtspezifische familiäre Erziehungsstile zu schichtabhängigen Erfolgen und Misserfolgen in Bildungsinstitutionen führen (Grundmann et al. 2008).

Familie und Sozialisation

Im Bereich der familiären und sozialisatorischen Forschung wird davon ausgegangen, dass in der Herkunftsfamilie die primären Sozialisationserfahrungen vermittelt werden, die dann die weitere Entwicklung und Handlungsstrategien wesentlich bestimmen (Berger/Kellner 1965; Grundmann 1992; Kreppner 1991; Neidhardt 1970; Parsons/Bales 1956) sowie den späteren Sozialstatus an die Kinder weitergeben (Hurrelmann 2002; Rolff 1997). Zu den Bildungsleistungen in der Familie gehören die Vermittlung der Fähigkeit zum Perspektivenwechsel, Bearbeitungswissen zur Bewältigung von Aufgaben und Problemen, sprachliches Ausdrucksvermögen sowie motivationale Dispositionen (Grundmann et al. 1994). Grundmann (1992) begreift die Herkunftsfamilie als ein Interaktions- und Beziehungsnetz, das im wesentlichen durch zwei spezifische Konstellationen definiert wird, wonach dann auch die Herkunftsfamilien in der Familien- und Sozialisationsforschung strukturell unterschieden werden: Zum einen handelt es sich um die spezifischen Familienstrukturen, die durch die Anzahl und An- oder Abwesenheit der Familienmitglieder und Bezugspersonen gekennzeichnet sind, und zum anderen um die sozialen, kulturellen und ökonomischen Ressourcen der Herkunftsfamilien, wobei hier der sozio-ökonomische Status und die Bildung der Eltern am wichtigsten sind (Bertram 1976, 1981; Böhnisch 2002; Coleman 1988; DiMaggio/Mohr 1985; Featherman/Hauser 1978; Grundmann 1992; Meulemann 1985; Müller 1975). Spätere empirische familiale Sozialisationsforschung sowie Erziehungsstilforschung haben ergeben, dass Eltern mit höherer Bildung ihrem Kind mehr Anregungen geben sowie sich ihrem Kind gegenüber einfühlsamer verhalten und es auf Lernprozesse in der Schule in geeigneterer Weise vorbereiten, als dies Eltern mit geringem Bildungsstatus tun, doch Behauptungen, dass die Eltern mit höheren Bildungsabschlüssen durchgängig ihre Kinder besser auf bildungsinstitutionelle Anforderungen vorbereiten bzw. dabei unterstützend begleiten, lassen sich nicht halten (Grundmann et al. 1994) ebenso wenig wie die simplifizierende Gegenüberstellung von privilegierender Mittelschicht- und defizitärer Unterschichtsozialisation (Bertram 1978, 1981; Grundmann et al. 1994; Müller 1975). In einer neueren Studie von Zinnecker/Stecher (2006) wurde nach dem Einfluss, den Berufs- und Bildungsstatus der Eltern sowie der Migrationsstatus der Eltern und Kinder auf die erfolgreiche Platzierung der Kinder im deutschen Bildungssystem haben gefragt, und anhand einer schriftlichen Befragung von fast 2000 SchülerInnen in Nordrhein-Westfalen die altbekannten Tendenzen bestätigt: Je höher der Berufstatus und auch der Bildungsstatus der Eltern ist, desto häufiger besuchen die Kinder ein Gymnasium, was sowohl für die einheimischen, als auch für die zugewanderten Familien zuständig ist. Allerdings sind einheimische Kinder am häufigsten an Gymnasien, während die zugewanderten Kinder am häufigsten die Hauptschule besuchen. Im Zuge des Wandels der Erwerbsarbeitssphäre spricht Böhnisch (2002) davon, dass es mittlerweile weniger um eine „Vererbung" des sozialen Status oder der Berufe der Eltern an die Kinder geht, als vielmehr um die Vermittlung der Fähigkeit, sich in Unübersichtlichkeit zurechtzufinden und dass – schichtübergreifend – neuere Erziehungsstile auf die Herausbildung der Selbständigkeit der Kinder zielen.

Bildungsinstitutionen

Ich komme nun zum zweiten großen Bereich innerhalb der Sozialanalysen zum Verhältnis Bildung und sozialer Ungleichheit. In diesem Bereich möchte ich ausgewählte Arbeiten, die sich in unterschiedlicher Herangehensweise mit dem institutionellen Charakter von Bildung und sozialer Ungleichheit auseinandersetzen, vorstellen. Dabei lassen sich vier Herangehensweisen voneinander unterscheiden: Erstens, Analysen, die sich mit Institutionen beschäftigen, die explizit soziale Ungleichheiten im Bildungswesen herstellen, wie beispielsweise gesetzliche Regelungen zum Partizipationsverbot für Frauen an Universitäten. Zweitens, Analysen, die sich mit sozialer Ungleichheit beschäftigen, die innerhalb von Institutionen durch das Handeln der Beteiligten produziert wird, wie beispielsweise die Ungleichbehandlung von SchülerInnen unterer und mittlerer sozialer Herkunft durch LehrerInnen. Drittens, Analysen, die die Struktur von Bildungsinstitutionen als Ursache oder Auslöser für die soziale Ungleichbehandlung unterschiedlicher sozialer Gruppen herausarbeiten, wie beispielsweise die Existenz unterschiedlicher und hierarchischer Schultypen in der Sekundarstufe in

14. Kapitel: Bildung und soziale Ungleichheit

Deutschland und deren Konsequenz für die Lenkung von MigrantInnen in die hierarchisch unteren Schultypen. Viertens, Analysen, die Bildung selbst als Institution konzipieren und beispielsweise untersuchen, ob eine länderspezifisch unterschiedliche Ausgestaltung sowie Status dieser Institution Auswirkungen auf ungleiche Lebenschancen von Individuen hat. Der dritte und der vierte Bereich der Analysen haben Überschneidungspotenzial, da es in beiden um Auswirkungen der institutionellen Ausgestaltung von Bildung auf soziale Ungleichheit geht. Doch während sich im dritten Bereich die Forschungsarbeiten eher auf einzelne strukturelle Merkmale von Bildungsinstitutionen (wie beispielsweise die Existenz von Sonderschulen) konzentrieren, so konzipieren Forschungsarbeiten im vierten Bereich Bildung eher als eine Gesamtinstitution im Vergleich zu anderen Institutionen im Lebensverlauf und gehen von einer Bündelung institutioneller Strukturmerkmale von Bildung je nach Ort und Zeit aus.

Die erste Herangehensweise ist in der Bildungsdebatte seit der umfassenden rechtlichen Gleichstellung sämtlicher sozialer Gruppen nicht mehr virulent. Die zweite Herangehensweise wird in der Forschung überwiegend mit der Auseinandersetzung von LehrerInnenurteilen bzw. -benotungen und weiterführenden Schulempfehlungen bearbeitet (Dravenau/Groh-Samberg 2005; Fend 1977; Schumacher 2002; Sprondel 1970; Ulich/Mertens 1973). Der institutionelle Bezug besteht darin, dass die Institution Schule so strukturiert ist, dass LehrerInnenurteile eine zentrale Rolle für die Laufbahnentwicklungen spielen. Das zentrale Forschungsergebnis besteht darin, dass die überwiegende Zugehörigkeit der LehrerInnen zur Mittelschicht dazu führt, dass sie über bestimmte Perspektiven, Erfahrungen und Interessen verfügen, die mit bedingen, dass sie Kinder und Jugendliche mit ähnlicher Sozialisation und sozialer Herkunft bevorzugen, sei es in unbewusster Weise über mangelnde Reflexion der sozialen Verortung bestimmter Bildungsinhalte und didaktischer Umsetzung oder in beabsichtigter Weise, um eigene Klasseninteressen sozialer Schließung höherer Bildung gegenüber Angehörigen unterer sozialer Herkunft zu befördern. Die dritte Herangehensweise ist nun die, auf die ich etwas ausführlicher eingehen möchte, indem ich zentrale Forschungsergebnisse der letzten Jahre vorstelle.

Gomolla und Radtke (2009) [2003] haben den Begriff der „institutionellen Diskriminierung" in die deutsche Debatte eingeführt und mit ihrer Studie aufgezeigt, dass der mangelnde Bildungserfolg von MigrantInnenkindern ein Effekt der Organisation der Schule ist. Sie können dies anhand von drei Strukturmerkmalen der Institution Schule festmachen: Der Einteilung der Kinder in möglichst homogene Klassen, der Trennung von Primar- und Sekundarschulen, wobei sich die Sekundarschulen wiederum strukturell voneinander unterscheiden und der damit erforderlichen Entscheidung, welches Kind wohin gehen wird, und schließlich mit der Existenz einer spezifischen Schulart, der sogenannten Sonderschule, die die Möglichkeit des Herausnehmens von Kindern und Jugendlichen aus dem sogenannten normalen Schulbereich ermöglichen und so eine dauerhafte Trennung zwischen anerkannter Beschulung mit allerdings durchaus unterschiedlichen Zukunfts- und Lebenschancen auf der einen Seite und einer Art von Beschulung, die den partizipierenden Kindern keinen Zugang zu Ausbildungs- oder Studienplätzen ermöglicht und damit die Zukunfts- und Lebenschancen ihrer SchülerInnen enorm einschränkt. Die Organisation des Lernens in einer Institution, zu Beginn der Schullaufbahn in Deutschland ist es die Grundschule, ist derart gestaltet, dass sie mit der Entscheidung über die Aufnahme in diese Institution verbunden ist. Die Einschulung eröffnet die Möglichkeit der qualifizierten Zusammensetzung der Klasse, die zumeist in einer größtmöglichen Homogenität der Kinder gesehen wird. Mit dieser Entscheidung sind Ermessensspielräume der beteiligten Eltern und SchulärztInnen verbunden.

"Entschieden wird *nicht* nach allgemeinen Prinzipien, sei es Gerechtigkeit oder Rassismus. Die Organisation ist nicht xenophob oder xenophil, wie vielleicht einzelne Mitglieder, sondern sie ermöglicht – je nach Gegebenheit und Gelegenheit, wenn die Klassen nicht ausgelastet oder aber schon zu voll sind, wenn eine V-Klasse vorhanden ist oder nicht – eine Entscheidung für oder gegen eine Aufnahme" (Gomolla/Radtke 2009, S.269-270).

In Bezug auf die MigrantInnenkinder wird dieser Ermessensspielraum nun häufig dazu genutzt, Kinder von einer Einschulung zurückzustellen, d.h. sie trotz der Erreichung ihres schulpflichtigen Alters noch nicht zu beschulen. Die Entscheidung wird oft mit Blick auf eine unterstellte Normalbiografie mit vorangegangener dreijähriger Kindergartenzeit, ein der Schule gegenüber aufgeschlossenem Elternhaus, guter sozialer Integration sowie deutscher Sprachkenntnisse getroffen, also bestimmter Vorstellungen, die nun durch die Entscheidungsspielräume als "Mitgliedschaftsbedingungen" institutionalisiert werden. Diese Vorstellungen spielen auch bei der zweiten institutionalisierten Entscheidungsstelle eine Rolle, nämlich bei den Übergangsentscheidungen in die Sekundarstufe I. Auch im Fall der Entscheidung für die Einleitung eines Sonderschulaufnahmeverfahrens werden diese Argumentationsmuster herangezogen, wobei laut Gomolla und Radtke hier der argumentative Aufwand wegen der strengen Formalisierung dieses Verfahrens größer ist.

Während Gomolla und Radtke sich mit ihrer Untersuchung von der bislang üblichen Deutung von Diskriminierung der MigrantInnenkinder durch kulturelle Diskriminierungseffekte absetzen möchten, gehen Dravenau und Groh-Samberg (2005) von einer Einbettung der kulturellen Diskriminierung in materielle institutionelle Strukturen aus und nennen zusätzlich zu den von Gomolla und Radtke angeführten strukturellen Diskriminierungen den Unterricht und das Curriculum, wobei sie widersprüchliche Wirkungen zwischen diskriminierenden und kompensatorischen Elementen konstatieren. So werden Kinder aus unteren sozialen Herkunftsschichten nicht nur durch mittelschichts-orientierten Unterricht benachteiligt, sondern sie profitieren durchaus auch von diesem Unterricht, wie Untersuchungen über Leistungsniveaus nach längeren Sommerferien in den USA gezeigt haben, wo sich die Abstände zwischen den SchülerInnenleistungen aus den mittleren und unteren Schichten wieder vergrößert haben.

Weitere Analysen zur Herstellung sozialer Ungleichheit durch institutionelle Strukturen beziehen sich auf den Universitätsbereich. Bourdieu (1998) hat in seiner Sozialstudie der Welt der Universität gezeigt, durch welche Machtformen der universitäre Raum strukturiert ist und die Beteiligten nach Kapitalarten unterschieden. Krais hat Bourdieus Analyseperspektive erweitert, indem sie die deutsche Wissenschaft auf ihre geschlechtsspezifische Ungleichheit hin untersucht hat (Krais, 2000). Dabei fasst sie die Wissenschaft als ein soziales Feld, das durch die zentralen Strukturmerkmale der Konkurrenz und des Wettbewerbs geprägt sind. Frauen sind aus dem Spiel der Konkurrenz ausgeschlossen, da sie von den Männern nicht als Gleiche anerkannt werden und ihnen somit der Status einer Mitspielerin im wissenschaftlichen Feld nicht zuerkannt wird. Frauen wiederum erkennen den agonalen Kampf nicht als konstitutives Element von Wissenschaft an und lehnen ihn daher oft ab. „Die Verweigerung agonalen Verhaltens in der „arena of contest" von Seiten vieler Wissenschaftlerinnen allerdings ist vor dem Hintergrund ihrer Nicht-Anerkennung im agonalen Spiel ihrer männlichen Kollegen nicht einfach das Verhalten von Spielverderberinnen: Der für Frauen bitter ernste Kampf um die Anerkennung als Wissenschaftlerin hindert sie daran, sich auf die agonalen, ritualisierten Kämpfe des wissenschaftlichen Feldes einzulassen, in denen die Anerkennung praktisch hergestellt wird" (Krais 2000: 48).

Weitere Studien zur Bildungsinstitution Universität haben als institutionelles Hindernis für den Aufstieg von Frauen die hierarchische und geschlechtlich konnotierte Personalstruktur an Universitäten identifiziert (Amey 1992; Barkhausen 2001; Bielby 2000; Enders/Teichler 1995; Oechsle 2001; Rusconi/Solga, 2002 Wissenschaftsrat 1998).

Während die Analysen institutioneller Diskriminierung sozialer Gruppen zur politischen Forderung nach Veränderung dieser institutionellen Strukturen führen, und so zur Reduzierung sozialer Ungleichheit beitragen sollen, wäre dies für die vierte Herangehensweise, zu der ich nun kommen werde, weniger eine Option. Denn hier geht es nicht um einzelne Strukturveränderungen innerhalb von Bildungsinstitutionen, sondern um die Erfassung von Bildung als einer Institution, die soziale Ungleichheit herstellt. Berger und Kahlert (2005) tippen mit ihrer Überschrift „Bildung als Institution: (Re-)Produktionsmechanismen sozialer Ungleichheit" diese Perspektive leider nur an, führen sie aber nicht weiter aus. Meines Erachtens nach gibt es im Wesentlichen zwei Forschungsstränge, die sich mit Bildung als Institution und sozialer Ungleichheit auseinandersetzen: Die soziale Mobilitätsforschung sowie die *life course* Forschung. In der sozialen Mobilitätsforschung wird Bildung als das zentrale Mittel zum sozialen Aufstieg von der unteren sozialen Schicht in die mittlere soziale Schicht gefasst. Obwohl sich die SozialwissenschaftlerInnen darin einig sind, dass Bildungschancen nach wie vor ungleich verteilt sind, gibt es seit den 1990er Jahren eine Debatte über die Bedeutung der Bildungsexpansion der 1950er bis 1970er Jahre im Hinblick auf ihre Rolle zur Vergrößerung sozialer Mobilität für Angehörige unterer sozialer Herkunft (Krais 2003). Die Befunde erstrecken sich auf unterschiedliche Aspekte und kommen teilweise zu unterschiedlichen Ergebnissen. Shavit und Blossfeld (1993) stellen bestehende Hindernisse für Angehörige unterer sozialer Herkunft fest. Raftery und Hout (1993) zeigen, dass die Bedeutung der sozialen Herkunft je Übergang von einer Bildungsinstitution in eine andere abnimmt. Für Schweden stellen Breen und Jonsson (2007) die Abnahme sozialer Ungleichheit nach Kohorten fest. Von einer generellen Reduktion sozialer Ungleichheit in den vergangenen Jahrzehnten sprechen Jonsson et al. (1996), Müller und Haun (1994), Henz und Maas (1995) sowie Schimpl-Neimanns (2000), Breen und Jonsson (2005) und für den Hochschulbereich Arum et al. (2007), wobei nach wie vor bestehende Ungleichheiten nicht negiert werden. Ein dritter Bereich von Forschungsarbeiten differenziert zwischen absoluten und relativen Zahlen im Bereich der Klassen- bzw. Schichtmobilität und konstatiert: „although chances for upward mobility had increased for everyone, the relative competitive chances of people from different social origins had not greatly changed" (Heat/Payne 2000: 256). Für Deutschland resümiert Krais (1996), dass von der Bildungsexpansion zwar Kinder aus allen Schichten profitiert hätten, doch damit keine Annäherung der Bildungschancen stattgefunden habe und Geißler stellt fest, dass die Bildungsexpansion ein Paradoxon hervorgebracht hat: *„mehr Bildungschancen – aber weniger Chancengleichheit"* (Geißler 2005: 75). Er erläutert die Unterschiede in der wissenschaftlichen Einschätzung der sozialen Mobilität durch Bildung mit der Verwendung unterschiedlicher Methoden: Werden Bildungschancen nicht in Form von Chancenabständen in Prozentpunkten, sondern durch Chancenproportionen zwischen den Schichten gemessen, wie das oft in internationalen Vergleichsstudien wie beispielsweise PISA geschieht, dann kann man von einem Rückgang der Chancenungleichheit sprechen. Lediglich auf der Ebene der mittleren Schulabschlüsse hat eine Annäherung der Bildungschancen und zu einem klaren Abbau schichtspezifischer Unterschiede stattgefunden. Klare Blockaden für eine soziale Mobilität lassen sich für Frauen und MigrantInnen beim Übergang aus Bildungsinstitutionen in den Arbeitsmarkt beobachten. So

14. Kapitel: Bildung und soziale Ungleichheit

haben zwar Frauen mittlerweile höhere Bildungsabschlüsse als Männer, doch diese können sie nicht in Form höherer beruflicher Positionen umsetzen (Bacher 2003; Bacher et al. 2008; Geissler 2005, Landler 2008). MigrantInnen haben auch bei den Schulabschlüssen aufgeholt, doch sie unterliegen im zunehmend verschärften Wettbewerb um die Lehrstellen (Bacher 2005, 2006; Geissler 2005). Bacher hat die Verschränkung zwischen Geschlecht, sozialer Schicht und Migrationshintergrund für 16-19-jährige SchülerInnen an weiterführenden Schulen in Österreich untersucht und festgestellt, dass es in höheren Bildungsschichten sowie in Migrationshaushalten größere Geschlechterunterschiede zugunsten der Mädchen in der Partizipation auftreten, als in unteren Bildungsschichten oder Nicht-Migrantenhaushalten (Bacher 2004). Lauterbach und Lange (1998) haben in ihrer Studie zum Vergleich der Bildungswege von Kindern aus stetig armen Familien und sich in prekärem Wohlstand befindlichen Familien festgestellt, dass die bevorstehende Gefahr des sozialen Abstiegs sich negativer auf die Partizipation an höherer Bildung der Kinder auswirkt als dauerhafte oder stabile Armutsverhältnisse. Diese Befunde sind vor dem Hintergrund stetig wachsender Prekarität – insbesondere der prekären Beschäftigungsverhältnisse von Müttern, da diese stärkeren Einfluss auf die Bildungspartizipation der Kinder ausüben, als die Väter – von großer Bedeutung für zukünftige soziale Mobilität. Auch Groß (2008) befürchtet für die Zukunft weiterhin bestehende ungleiche Bildungschancen. Brown et al. (2011) sprechen von einem grundlegenden Wandel sozialer Mobilität, da die alte Aussicht, man könne mittels universitärer Abschlüsse hoch dotierte Erwerbsarbeitsstellen bekommen, unrealistisch geworden sei (siehe auch Brown 2006; Brown et al. 2008; Brown/Lauder 2009, Brown/Lauder o.J.). Die „opportunity trap" bedeutet: „middle-class families will invest more heavily in higher education for less return in the labour market for their children" (Brown/Lauder 2009: 238).

Auch in der *life-course*-Forschung werden komparative Analysen zur sozialen Ungleichheit und Bildung angefertigt, wobei hier Bildung als eine Institution neben anderen zur Gestaltung des Lebensverlaufes gefasst wird (Mayer 2004). Der Wandel von Institutionen bewirkt einen Wandel des Lebensverlaufs, so dass es möglich ist, verschiedene Lebensverlaufsregime, wie traditionelle oder postindustrielle, voneinander zu unterscheiden. Die Analyse sozialen Wandels in der *life-course*-Forschung verweist diese daher immer wieder auf ihre Kontextgebundenheit, wodurch beispielsweise bezogen auf den Bildungsbereich Länder trotz universeller Schulpflicht durch ihre unterschiedlichen Bildungssysteme vergleichend analysiert werden können. Entscheidende Punkte stellen hier die Dauer der Pflichtschulzeit und der Zeitpunkt des Eintritts in den Arbeitsmarkt dar. Ähnlich wie in der sozialen Mobilitätsforschung wird auch in der *life-course*-Forschung von einer Weichen stellenden Rolle von Bildung für spätere

Lebenschancen bzw. von einem kumulativen Zirkel der Benachteiligung gering gebildeter Menschen gesprochen, der ihren weiteren Lebensverlauf bestimmt (Hillmert 2001). Aber präziser, als dies in den meisten sozialen Mobilitätsstudien zugrunde liegenden groben Bevölkerungsdaten möglich ist, kann mittels der *life-course*-Forschung (insbesondere, wenn sie ergänzend die Biographieforschung heranzieht, vgl. Antikainen/Komonen (2003)) die Rolle der Bildung als Institution sowohl für den sozialen Wandel als auch für das individuelle Leben bestimmt werden.

Ende der 1980er Jahre wurden in England und den USA und knapp zehn Jahre später auch in Deutschland und Österreich grundlegende Veränderungen in der Steuerung von Bildungseinrichtungen eingeführt. Seitdem gibt es ein großes Feld an Studien zu Fragen der Bildungsorganisation, indem Forschungen im Bereich der *education governance* einen breiten Raum einnehmen (Altrichter et al. 2005; Altrichter/Heinrich 2005), wie auch die von Altrichter u.a. herausgegebene mittlerweile sechsbändige Reihe „Educational Governance" im Verlag für Sozialwissenschaften veranschaulicht. Hier steht die Frage im Vordergrund, wie Bildungsinstitutionen unter der Voraussetzung, dass AkteurInnen nur in Interdependenz mit anderen Leistungen erbringen können, gestaltet werden können (Brüsemeister 2008). Fragen sozialer Ungleichheit spielen in der deutschsprachigen Diskussion um die veränderten Steuerungen von Bildungsinstitutionen bislang noch kaum eine Rolle (Ausnahme: Gomolla 2005; Kupfer 2004). In der englischsprachigen Literatur gibt es jedoch eine Auseinandersetzung mit den Auswirkungen aktueller Bildungsreformen, veränderter Steuerung von Bildungsinstitutionen sowie neoliberaler Bildungspolitik. Auf diesen Bereich gehe ich nun im nächsten Abschnitt zur politischen Soziologie des Zusammenhangs sozialer Ungleichheit und Bildung ein, wo ich zentrale Forschungsergebnisse zusammenfassend darstellen werde.

Politische Soziologie des Zusammenhangs von sozialer Ungleichheit und Bildung

Nationale Bildungspolitik

Mit der Phase der politischen Soziologie bin ich in der aktuellen Diskussion um Bildung und soziale Ungleichheit angekommen. Seit ungefähr Ende der 1980er werden in England und den USA und seit ca. Ende der 1990er Jahre auch in Deutschland und Österreich grundlegende Veränderungen in der Steuerung von Bildungsinstitutionen eingeführt sowie zahlreiche Bildungsreformen durchgeführt. Diese Veränderungen sind im Rahmen des New Public Management, einer

Verwaltungsreform des öffentlichen Sektors sowie im Zuge des Abbaus wohlfahrtsstaatlicher Leistungen zu sehen. Sie zielen auf die Erhöhung der Effizienz von Bildungsinstitutionen und zeichnen sich durch eine Marktorientierung aus, die früher den Bildungsinstitutionen als öffentliche Einrichtungen fremd war. Sowohl im Schul- als auch im Universitätsbereich werden die Institutionen mit größerer Autonomie ausgestattet, wozu in erster Linie eine größere Budgetfreiheit (gepaart mit konstanter Mittelknappheit, zumindest im universitären Sektor) und die Bildung eigener Schwerpunkte zählen. Nach wie vor machen Personalkosten den größten und relativ unflexiblen Anteil der Haushalte von Schulen und Universitäten aus, aber durch die Einführung von Globalbudgets wurde ein (kleiner) Spielraum zur Entscheidung über zukünftige Programme geschaffen. Die Übertragung einer größeren Verantwortung über die Budgets an die Schulen (siehe auch im Kapitel zu Schulen unter „Schulhaftung") und Universitäten ging mit einer Stärkung der Schul- und Universitätsleitungen einher, die sich, insbesondere im Universitätsbereich, zunehmend zu einem Management entwickeln, das über zunehmende Entscheidungsbefugnisse verfügt. Der Rückzug des Staates aus der Finanzierung geht gleichzeitig mit einer verstärkten Kontrolle des *outputs* von Schulen und Universitäten in Form von Bildungsstandards, Vergleichstests sowie Akkreditierung und Evaluierung einher. Die mangelnde Finanzierung führt insbesondere im Universitätsbereich dazu, dass diese sich selbst um Mittel bemühen müssen, so dass sie zunehmend von einer staatlich-kameralistischen input-orientierten zu einer leistungsorientierten oder output-orientierten Mittelvergabe staatlicher oder privater Organisationen umschwenken. Während in Deutschland und Österreich traditionellerweise ein stark differenziertes und selektives Sekundarschulwesen und ein relativ homogenes Universitätswesen existier(t)en, hatten England und die USA ein breites Gesamtschulsystem, wobei allerdings Privatschulen eine wichtige Stratifizierungsfunktion übernahmen und ein stärker differenziertes Hochschulsystem mit ausgeprägten Eliteuniversitäten auf der einen Seite und Community oder Further Education Colleges, die berufliche Ausbildung anbieten, auf der anderen Seite (Kupfer 2011a). Laut Apple (2006) gehören diese verschiedenen Steuerungselemente zusammen und verstärken einander. Für eine komparative Analyse zur zunehmenden sozialen Selektivität an Hochschulen in unterschiedlichen Ländern ist das Themenheft „Globalization, Higher Education, the Labour Market and Inequality" des Journal of Education and Work (Kupfer 2011b) empfehlenswert.

1988 wurde in England ein Bildungsgesetz verabschiedet, das vor allem die verstärkte Wahl der Schulen durch die Eltern ermöglichte. „The 1988 Act has enhanced competition between schools and between parents and in particular it has raised the stakes for success and failure in the market place (for schools and parents)" (Ball et al. 1997: 419). Ball et al. fanden in ihrer Studie, die auf 70 halbstrukturierten Interviews mit Eltern von Kindern, die sich in der sechsten Schulstufe befinden und sich für eine Sekundarschule entscheiden müssen, heraus, dass diese Eltern schichtspezifische Entscheidungen treffen. Während in der Entscheidung der unteren sozialen Schichten (working class „locals") die lokale Nähe sowie familiäre Restriktionen eine wichtige Rolle für die Schulwahl spielten, standen in den Entscheidungen der Eltern aus der Mittelschicht (middleclass „cosmopolitans") eher bildungsbezogene sowie langfristige Überlegungen im Vordergrund. Soziale Ungleichheit entsteht laut Ball et al. durch das unterschiedliche Ausmaß an Wissen über die zu wählenden Schulen, das auch die Reputation der Schule mit einschließt: „The point is that these reputations (...) are not even apparent to other ‚local choosers'. This knowledge of system is part of the cultural capital that immediately separates out many middle-class parents (...) and orients them differently to school choice" (Ball et al. 1997: 411). Die Erklärung der schichtspezifischen Entscheidungsmuster bei der Schulwahl bezieht sich stark auf Bourdieus Konzept des kulturellen Kapitals und liefert einen empirischen Beleg für sein theoretisches Konzept. Andere AutorInnen haben gezeigt, welche weiteren Strategien und Ressourcen Mittelschichtseltern verwenden, um ihre Kinder in die gewünschten Schulen zu bekommen. Neben kulturellem Kapital spielen auch ökonomisches und soziales Kapital, aber auch Durchhaltevermögen und Engagement eine ausschlaggebende Rolle (Carroll/ Walford 1997; Glatter et al. 1997; West et al. 1991; Woods et al. 1998).

Gleichzeitig wurde das nationale Curriculum in England eingeführt, das einen Satz von obligatorischen Kernfächern formalisierte und stärkte. Aus feministischer Sicht wurde dem nationalen Curriculum der Vorteil attestiert, dass nunmehr die Möglichkeit der Wahl und damit geschlechtsspezifischer Wahl von Unterrichtsfächern eingeschränkt wurde, was zu einer Angleichung der Mädchen und Jungen in den Schulen führte (David et al. 2000; Salisbury 2000; Sullivan/Whitty 2007). Allerdings wurde nach dem Dearing Report von 1994 die Anzahl der Pflichtfächer wieder reduziert, was laut David et al. (2000) zu einer Wiedereinführung der geschlechtsspezifischen Fächerwahl führte.[3] Nach Croxford (2000) und Salisbury (2000) hat das nationale Curriculum aber nicht nur eine positive Wirkung für die Verstärkung der Geschlechtergleichheit, sondern auch für die Förderung von Kindern und Jugendlichen unterer sozialer Her-

---

[3] In einer groß angelegten international vergleichenden Studie haben Charles und Bradley (2009) herausgefunden, dass in ökonomisch weiter entwickelten Staaten die geschlechtsspezifische Fächerwahl stärker ausgeprägt ist, als in sogenannten unterentwickelten Ländern. Die Autorinnen erklären das zum Teil mit der in den entwickelten Ländern vorherrschenden Wertes der Selbstverwirklichung, der die geschlechtsspezifische Ausdrucksweise mit einschließt und verstärkt. Dieser Gedanke, also inwieweit nord-westliche Werte zu einer Verstärkung der Geschlechtersegregation beitragen, wird im Kapitel zur Bildung und Erwerbsarbeit wieder aufgenommen.

kunft, da Schuldirektoren das nationale Curriculum als einen Anspruch (entitlement) oder Recht auf Lernstoff für alle Kinder und damit eben auch für die Kinder aus unteren sozialen Schichten ansahen und versuchten umzusetzen. Das General Certificate of Secondary Education (GCSE), das wie ein landesweites einheitliches Schulabgangszeugnis mit einheitlicher Prüfung zählt und einen großen Einfluss auf Studienmöglichkeiten hat, wird von Salisbury (2000) als ambivalent in seinen Wirkungen eingeschätzt: Auf der einen Seite haben Mädchen von der Einführung von Facharbeiten, außerhalb der Schule stattfindende Aktivitäten, als Teil des GCSE profitiert und ihre Noten verbessert (während sie in Prüfungen im Vergleich zu Jungen schlechter abschnitten); auf der anderen Seite wurden durch die Einführung der Facharbeiten Kinder mit Migrationshintergrund und hier vor allem muslimische und Sikh-Mädchen benachteiligt, da ihre Eltern sie oftmals nicht an den schulischen Exkursionen etc. teilnehmen ließen. Im Gegensatz zu den positiven oder ambivalenten Stimmen bezüglich der Einführung des nationalen Curriculums und nationaler Tests wie das GCSE argumentiert Apple (2006), dass beide Elemente, vor allem die nationalen Tests, erste Schritte zur Vermarktlichung der Bildung darstellen, da sie eine Vergleichbarkeit der Bildungsinstitutionen herstellen, die wiederum die Voraussetzung ist für die Auswahlentscheidungen von Bildungs„konsumenten". Die Vermarktlichung *an sich* ist nach Lauder und Hughes (1999) das Problem, da Märkte systematisch Familien aus höheren sozialen Schichten durch ihr Wissen und ihre materiellen Ressourcen privilegieren. Für Deutschland konstatiert Gomolla (2005), dass die Autonomisierung der Schulen das Feld für vielfältige Formen des Ausschlusses und der Benachteiligung öffnet und daher die soziale Gleichheit unvereinbar sei mit einer Marktsteuerung. In den USA wird unter dem Stichwort der Vermarktlichung von Schulen vor allem die Einführung von *vouchers* und *charter schools* debattiert (Wells/Holme2005). Während *vouchers*, also eine Art Bildungsgutscheine die Eltern vom Staat bekommen und mit denen sie sich eine Schule aussuchen können, die dann in den finanziellen Genuss des Gutscheins kommt, eine breite marktgesteuerte „Abstimmung" über begehrte und weniger begehrte Schulen einführen, stehen die privat geführten, aber staatlich unterstützten *charter schools* in der Tradition der Privatschulen, die von vornherein nur ausgewählten SchülerInnen offen stehen.

Ein weiteres Steuerungselement das sowohl in England als auch in den USA im Schulbereich und in Deutschland und Österreich im Hochschulbereich eingeführt wurde, ist die Zielvereinbarung. Nach Ansicht von Thrupp und Hursh (2006) verstärken Zielvereinbarungen soziale Ungleichheit, da SchülerInnen, die entweder auf jeden Fall oder mit hoher Wahrscheinlichkeit bestehen, als wertvolle „Güter" gesehen werden, während die SchülerInnen, die Hilfe benötigten, allein gelassen werden und oftmals zum Verlassen der Schule gebracht werden (so auch Ball 1998 für England). Außerdem wird von unterprivilegierten SchülerInnen oft weniger erwartet, was dazu führen kann, dass sie noch weiter zurückfallen. Ball (2003) und Bagley et al. (2001) argumentieren, dass Zielvereinbarungen die Schulen dazu bringen, möglichst „gute" SchülerInnen zu rekrutieren, wobei es sich oft um Angehörige der Mittelschichten handelt.

Internationale Bildungspolitik

Der zweite Bereich der politischen Soziologie zur Bildung stellt die Beschäftigung mit internationaler bzw. supranationaler Bildungspolitik dar. Gemeint sind hier Untersuchungen zur Politik der Weltbank (WB) und des internationalen Währungsfonds (IWF), der OECD, UNESCO, WTO, NAFTA und EU. Bei allen aufgezählten internationalen Organisationen oder staatlichen Zusammenschlüssen und Abkommen handelt es sich nicht um genuin bildungspolitische Institutionen. Vielmehr überwiegen die ökonomisch ausgerichteten Organisationen. In diesem Bereich der politischen Soziologie zur Bildung nimmt allerdings der Teil, in dem sich SozialwissenschaftlerInnen mit Fragen der sozialen Ungleichheit auseinandersetzen, bislang nur einen kleinen Raum ein. Im Vordergrund stehen in der Debatte zumeist Fragen der veränderten Steuerung von Bildung und der veränderten Verhältnisse von nationalen und internationalen Einflüssen auf die Bildungspolitik, die durch Globalisierung verursacht wurden. So stellen Robertson und Dale (2009) fest: „processes of globalization profoundly challenge the mental frameworks that we have used to make sense of education policy problems" (Robertson/Dale 2009: 24). Sie schließen daraus, dass Bildungspolitik nicht mehr im nationalen Rahmen untersucht werden kann, und bringen das auf die Formel eines „shift from government to governance" (Robertson/Dale 2009: 29). Das wichtigste Kennzeichen der internationalen Bildungspolitik ist ihre durchgängig enge Verbindung zu großen ökonomischen Zielen (Rizvi/Lingard 2006). Allerdings konstatieren Rizvi und Lingard einen Wandel in der Politik der OECD, da die OECD bis zu den 1980er Jahren auch soziale Gleichheit als Ziel ihrer Politik vertrat. Dagegen liegt heute der Fokus auf der sogenannten Wissensgesellschaft, in der Bildung als ökonomischer Faktor zur Schaffung von neuen Produkten im Vordergrund steht und BildungsteilnehmerInnen als flexible und sich selbst kapitalisierende Subjekte entworfen werden, wo Bildung vermarktlicht und privatisiert wird und gleichzeitig Rechenschaftsberichte von Bildungsinstitutionen fester Bestandteil der Bildungssteuerung wurden (siehe auch das Kapitel zur Wissensgesellschaft). Dazu haben neben der OECD insbesondere die WB und der IWF beigetragen, die Bildung zu kommodifizieren, den vormals öffentlichen Status der Bildung anzugreifen und sie in ein zunehmend privates Gut zu verwandeln (Robertson/Dale 2009). Damit geraten vormals stabile Institutionen, zu denen auch die Bildungseinrichtungen zählten, zunehmend unter Druck (Robertson et al. 2006).

Was das für soziale Ungleichheiten in den unterschiedlichen Ländern bedeutet, wurde bislang kaum in einzelnen Untersuchungen analysiert. Die wenigen Studien, die zu dieser Frage Aussagen treffen, bewegen sich eher auf einer allgemeinen Ebene. Die für soziale Ungleichheitsfragen relevanten Größeneinheiten der sozialen Gruppen, die bislang vor allem in unterschiedlichen sozialen Klassen und Schichten, zwischen Frauen und Männern sowie zwischen Einheimischen und MigrantInnen in Nationalstaaten bestanden, wandeln sich nun zu ganzen Staaten, die hier miteinander verglichen und in ein Verhältnis gesetzt werden. So führen Robertson et al. 2006 aus, dass sich die Nationalstaaten aufgrund ihrer ungleichen Ressourcen auch sehr in ihren Einflussmöglichkeiten auf die globale Agenda unterscheiden. Außerdem sind die Länder in sehr unterschiedlicher Weise in der Lage, auf die neuen Anforderungen, die die internationalen Organisationen für eine veränderte Bildungspolitik einfordern, zu reagieren; so auch Weymann et al. (2007). Die Kommodifizierung von Bildung kann unter Umständen auch dazu führen, dass die Bedeutung kulturellen Kapitals für erfolgreiche Bildungslaufbahnen an Bedeutung verliert, da zunehmend die ökonomische Möglichkeit der Partizipation an Bildung – insbesondere in Einrichtungen höherer Bildung – in den Vordergrund rücken.

Eine ähnliche Wirkung wird auch für die Politik von GATS vorhergesagt. Man argumentiert, dass Deregulierung langfristig nur privilegierten Menschen die Möglichkeit zur Wahl und Partizipation von Bildungsangeboten lässt (Lynch 2006). Martens et al. (2007) befürchten eine Spreizung der Qualität von Bildung für eher wohlhabende und eher mittellose Menschen als einer weiteren Auswirkung der Vermarktlichung von Bildung.

Es kann also abschließend festgehalten werden, dass die Einschätzungen internationaler Bildungspolitik aus sozialer Ungleichheitsperspektive in großen Zügen der Analysen nationaler Bildungspolitik gleichen (vgl. Kupfer 2008). Grund dafür ist die auf beiden Ebenen stattfindende politische Ausrichtung auf die Vermarktlichung von Bildung. Sobald an erster Stelle materieller Gewinn als Ziel verfolgt wird, so wird sofort die unterschiedliche Ausstattung mit Ressourcen der Beteiligten ausschlaggebend für deren weitere Lebenschancen, die entsprechend ungleich verlaufen.

15. Kapitel: Bildung und Erwerbsarbeit

Es gibt einen Zusammenhang zwischen Bildungsabschlüssen und Positionen in der Erwerbsarbeit. Die umstrittene Frage ist nur, wie dieser Zusammenhang gestaltet ist. Dazu gibt es eine breite bildungssoziologische Auseinandersetzung. Dieser Zusammenhang ist aus mehreren Gründen wichtig: Da mit der Erwerbsarbeitsposition einer Person zu großen Teilen ihr sozialer Status bestimmt wird, ist also die Schnittstelle zwischen Bildung und Erwerbsarbeit von großer Bedeutung hinsichtlich der Lebenschancen von Menschen und der Sozialstruktur einer Gesellschaft. Man könnte also das Verhältnis von Bildung und Erwerbsarbeit als ein Unterthema der Auseinandersetzung mit Bildung und sozialer Ungleichheit, die ich im vorangegangenen Kapitel dargestellt habe, betrachten. Ein zweiter Grund, weshalb das Verhältnis so wichtig ist, besteht darin, dass sich ein Teil der Bildungsinstitutionen sehr stark auf den Arbeitsmarkt ausrichten bzw. ausgerichtet werden. Das bedeutet, dass das Verhältnis zwischen Bildung und Erwerbsarbeit Bildungsinstitutionen *gestaltet,* d.h. sie sind dann kaum autonom. Drittens kann man beides, Bildung und Erwerbsarbeit, als gesellschaftliche Institutionen fassen, die sich, wie es zum Merkmal von Institutionen gehört, durch Dauer und Reichweite auszeichnen. „That is, schools and workplaces should be understood not only as places that educate students and elicit the productive behavior of workers, but also as social sites that help define the basic nature of a society and that provide a structure for how the members of that society live their lives" (Bills 2004: 1). Die Analyse des Verhältnisses zweier gesellschaftlicher Institutionen ermöglicht daher einen umfassenden Einblick in die Gesellschaft, so dass bildungssoziologische Auseinandersetzungen mit Bildung und Erwerbsarbeit als Ansätze von Gesellschaftsanalysen gesehen werden können. Normative Fragen, wie das Verhältnis gestaltet werden sollte, berühren daher gesellschaftliche Grundsatzfragen von Verteilung, Macht und Hierarchie.

Ich werde nun zunächst die verschiedenen Konzepte des Verhältnisses von Bildung und Erwerbsarbeit, die in der Soziologie diskutiert werden, überblicksartig vorstellen. Dann gehe ich auf drei aktuelle Debatten im Bereich Bildung und Erwerbsarbeit ein: erstens die Diskussion um die sich verschlechternde Arbeitsmarktsituation von Menschen mit niedrigen Schulabschlüssen, die das Verhältnis der sozialen Schichten und Klassen innerhalb der Gesellschaft berührt; zweitens die Diskussion um die Diskrepanz der Situation von Frauen, die in der Bildung mittlerweile durchschnittlich höhere Abschlüsse als Männer erwerben, aber auf dem Arbeitsmarkt nach wie vor in unteren Positionen beschäftigt sind und damit auf Fragen des Geschlechterverhältnisses in unserer Gesellschaft; drittens schließlich die Diskussion um die Verlagerung qualifizierter Arbeit von nordwestlichen Ländern in überwiegend asiatische Länder und damit die Verschiebung der Arbeitsmarktaussichten für HochschulabsolventInnen in globaler Perspektive.

Konzeptionen des Verhältnisses von Bildung und Erwerbsarbeit

Es besteht Einigkeit unter SoziologInnen, dass es einen Zusammenhang zwischen der Höhe von Bildungsabschlüssen und den Erwerbsarbeitschancen und -positionen gibt. Worüber keine Einigkeit besteht, ist die genaue Ausgestaltung dieses Zusammenhangs. In dem Streit kann man grob zwei Positionen unterscheiden: Die eine Position wird als meritokratische (vgl. Bills 2004) oder als technisch-funktionale (vgl. Rubinson/Browne 1994) Theoriekonzeption gefasst und besagt – grob gesagt – dass je länger die Bildung dauert und je höher der Bildungsabschluss ist, den ein Mensch erwirbt, desto höher sind auch seine Qualifikationen, die er am Arbeitsplatz einbringen kann und daher verdient er ein höheres Einkommen, als Menschen mit niedrigeren Bildungsabschlüssen. Die andere Position wird als Konflikt-, Kredentialismus- oder Stratifikations-Theorie (vgl. Rubinson/Browne 1994, Collins 1979) bezeichnet und geht in erster Linie davon aus, dass Bildung zur Allokation von Menschen im Erwerbsarbeitssystem auf hierarchische Positionen dient. Außerhalb dieser Pole gibt es weitere Konzepte, die aber weniger verbreitet sind. Ich werde sie gleichwohl knapp vorstellen.

Humankapitaltheorie

In der knappen Darstellung der Humankapitaltheorie beziehe ich mich ausschließlich auf ihren bekanntesten Vertreter, Becker, der 1964 das Buch „Human Capital. A Theoretical and Empirical Analysis, with Special Reference to Education" veröffentlichte und das zuletzt in dritter, erweiterter Fassung 1993 aufgelegt wurde.

Becker möchte Einkommensunterschiede erklären (vgl. Becker 1993: 110, 147). Er erklärt sie über Modellrechnungen, in denen er verschiedene Investitionen in und Kosten von Bildung in Verhältnis setzt zu verschiedenen Szenarien von Angebot und Nachfrage von (aus)gebildeten Arbeitskräften. Seine These lautet, dass Einkommensunterschiede auf die Dauer von Bildung und die Höhe von Bildungsabschlüssen zurückzuführen seien, die er als Investitionen ins Humankapital fasst: „Total returns depend on the amounts invested and their rates of return" (Becker 1993: 110). Becker geht davon aus, dass die Produktivität der Erwerbstätigen unter anderem von ihrer Bildung bzw. on-the-job training abhängen: „Most on-the-job training presumably increases the future marginal productivity of workers in the firms providing it; general training, however, also increases their marginal product in many other firms as well" (Becker 1993: 33-34; vgl. auch 31, 40). Laut Becker investieren unterschiedliche Menschen unterschiedlich viel in ihr Humankapital: „There is some evidence that in the United States, persons with urban employment or high IQ and grades tend to invest more in formal education that those with rural employment or low IQ and grades partly because the former receive higher rates of return" (Becker 1993: 120). Wichtig ist nun, dass die Bildungsinvestitionen immer in wirtschaftlichen Kontexten mit unterschiedlichen Verhältnissen von Angebot und Nachfrage nach qualifizierten Arbeitskräften stattfinden. Diese Verhältnisse haben auch Auswirkungen auf die Erwerbsarbeitseinkommen. Außerdem hängt das Angebot bzw. die Herausbildung des Angebots an qualifizierten Arbeitskräften von der Nachfrage nach diesen ab (vgl. Becker 1993: 130). Das „implies that earnings and investments are more unequally distributed and skewed the more elastic are the supply and demand curves, the more these curves are unequally distributed and skewed, and the greater the positive correlation between them" (Becker 1993: 147). Mit anderen Worten: Die „Belohnung" von Bildung durch Erwerbseinkommen, hängt nicht allein von den Investitionen in die Bildung oder das Humankapital ab, sondern auch von der Marktlage des Angebots und der Nachfrage nach qualifizierten Arbeitskräften. Aus diesem Grund beansprucht Becker auch, mit seiner Theorie grundlegende Aussagen zum Verhalten von Menschen zu treffen (vgl. Becker 1993: 149). Damit relativiert er seine eigene von These der Bedeutung von Bildung für die Höhe des Erwerbsarbeitseinkommens. Der Zusammenhang zwischen Bildung und Erwerbsarbeit besteht bei Becker in einem markttechnisch hergestellten Gleichgewicht zwischen Angebot und Nachfrage nach Qualifikationen (vgl. Baethge/Teichler 1984: 212). In der Diskussion um die Humankapitaltheorie werden hauptsächlich zwei Kritikpunkte geäußert: Zum einen wird bemängelt, dass es keine empirischen Nachweise für den behaupteten Zusammenhang zwischen Bildung und Produktivität gäbe. Zum zweiten wird kritisiert, dass es keine ausreichenden Belege dafür gäbe, dass Erwerbstätige nach ihrer Produktivität entlohnt würden (vgl. Rubinson/Browne 1994: 584).

Arbeitskräftebedarf-Ansatz (Manpower-Approach)

Den Arbeitskräftebedarf-Ansatz kann man auch der ersten Position, die ich oben als die meritokratische oder technisch-funktionale Position beschrieben habe, zuordnen, da dieser Ansatz auch davon ausgeht, dass Menschen in Bildungsinstitutionen Qualifikationen erwerben, die sie in der Erwerbsarbeit einsetzen. Ziel dieses Ansatzes ist die bildungspolitische Planung des quantitativen und qualitativen Arbeitskräftebedarfs, vor allem hoch qualifizierter Arbeitskräfte. Dabei wird methodisch so vorgegangen, dass die gegenwärtige Arbeitskräftestruktur, die in der Anzahl formeller Ausbildungsabschlüsse und/oder Berufskategorien gemessen wird unter vorgegebenen Zielwerten für die wirtschaftliche Entwicklung als lineare Trendextrapolation projiziert wird (vgl. Baethge/Teichler 1984: 212). Dabei beschränkt sich die staatliche Planung auf den Bildungsbereich, während der Markt für den Zugang zu Erwerbsarbeitsstellen als zuständig erklärt wird.

Problematisch an diesem Ansatz ist, dass eine Kontinuität zwischen bestimmten formalen Bildungsabschlüssen und bestimmten Beschäftigungskategorien unterstellt wird, die aber nicht nachgewiesen ist. Der Ist-Zustand, der als Ausgangspunkt für die Erstellung der Trendextrapolation dient, wird nicht weiter kritisch untersucht, so dass mögliche, bereits bestehende Ungleichverhältnisse zwischen vorhandenen Qualifikationen und benötigten Qualifikationen nicht erkennbar sind. Die statistischen Parameter beziehen sich nur auf formale Abschlüsse und lassen keine Aussagen über inhaltliche Veränderungen in Berufen und Tätigkeitsfeldern sowie in der Bildung zu. Dadurch ist dieser Ansatz strukturkonservativ. Außerdem unterstellt der Arbeitskräftebedarf-Ansatz eine Zwangsläufigkeit der ökonomischen und technischen Entwicklung, die nicht weiter argumentiert oder belegt wird (vgl. Baethge/Teichler 1984: 213).

Als eine Art Unterkategorie des Arbeitskräftebedarf-Ansatzes können arbeits- und industriesoziologische Ansätze zum Verhältnis von Erwerbsarbeit und Bildung gesehen werden. Ihr Ziel ist es, möglichst genau die Qualifikationsanforderungen zu bestimmen. Analysen der Entwicklung fachlich qualifizierter Arbeit mit Hilfe von Arbeitsplatzbeobachtungen und betrieblicher Belegschaftsstrukturen und Rahmenbedingungen sollen ermitteln, wie sich Arbeitsstrukturen und betriebliche Qualifikationsanforderungen in Zukunft entwickeln.

Baethge und Teichler (1984) kritisieren, dass bei diesen Analysen die außerbetriebliche Seite von Erwerbsarbeit wie Mobilität, Reproduktions- und Lernfähigkeit nicht ausreichend einbezogen würden. Da Erwerbstätige ihre Arbeiten unterschiedlich ausführen, kann der Qualifikationseinsatz auch unterschiedlich sein, so dass es nicht möglich ist, erforderliche Qualifikationen genau zu ermitteln, womit dann die Bedeutung von Bildung für die Erwerbsarbeit relativiert wird. Sie räumen allerdings ein, dass trotz dieser Schwierigkeiten doch wichtige Impulse für die Bildungsinstitutionen von diesen Ansätzen ausgingen, da keine Bildungspolitik den qualitativen Bedarf an Arbeitsvermögen ignorieren könne. Im Vergleich zur Humankapitaltheorie ermöglichen diese Studien einen annähernden Nachweis (und nicht nur die Behauptung) des Zusammenhangs von

15. Kapitel: Bildung und Erwerbsarbeit

erworbener Qualifikation und ihrem Einsatz oder ihrer Anwendung in der Erwerbsarbeit.

Kredentialismus

Ich komme nun zu der zweiten großen Position im Streit um die Konzeptionalisierung des Zusammenhangs zwischen Bildung und Erwerbsarbeit. Ein bekannter Vertreter dieser Richtung ist Collins. Er hat 1979 sein Buch „The Credential Society. An Historical Sociology of Education and Stratification" als Kritik an und alternativer Theorie zur Humankapitaltheorie veröffentlicht. Seine zentrale These lautet, dass Bildung als Mittel für kulturelle Selektion, die für die Besetzung von Erwerbsarbeitsplätzen ausschlaggebend ist, eingesetzt wird (vgl. Collins 1979: 32). Ich werde dies nun ausführlicher erläutern.

Während Becker von einer Nachfrage nach qualifizierten Erwerbstätigen ausgeht und sich die arbeits- und industriesoziologischen Ansätze bemühen, möglichst genau die erforderlichen Qualifikationen, die Firmen wünschen, zu bestimmen, behauptet Collins, dass die Nachfrage nach Arbeitskräften unklar und immer ein Gegenstand von Verhandlungen sei:

> „There is considerable evidence that the ‚demands' of any occupational position are not fixed, but represent whatever behavior is settled upon in bargaining between the persons who fill the positions and those who attempt to control them. Individuals want jobs primarily for the rewards to themselves in material goods, power, and prestige; the amount of productive skill they must demonstrate to hold their positions depends on how much clients, customers, or employers can successfully demand of them, and this in turn depends on the balance of power between workers and those who pay for their work" (Collins 1979: 27).

Bildung oder Qualifikationen können durchaus eine Rolle in der Nachfrage spielen, doch, nach Collins, nicht in absoluter Form, sondern immer als Gegenstand von Verhandlungen. Damit aber steht dann nicht mehr die Bildung im Vordergrund für den Zugang zu einer Erwerbsarbeitsstelle, sondern die Macht der Verhandelnden. Diese Macht entfaltet sich in informellen Netzwerken, die in allen Firmen oder Organisationen, die Beschäftigte aufnehmen, existieren. Collins untersucht, wie MitarbeiterInnen in Firmen aufsteigen und stellt fest, dass Karriere hauptsächlich von informellen Verbindungen und Auseinandersetzungen über Kontrolle abhängen. Das bedeutet, dass Erwerbsarbeitskarrieren wenig mit Bildung oder Qualifikation zu tun haben: „The key to success, in other words, has little to do with skilled performance per se, but rather with maneuvering to reach the sequence of positions that lead upward" (Collins 1979: 30). Collins beschreibt daher beruflich erfolgreiche Menschen nicht in erster Linie als AkademikerInnen, sondern als macht- und strategiebewusste Menschen:

„The overriding fact is that an organizational career is made in a political environment, and success goes to those individuals who recognize that fact and act on it most assiduously. The one who makes it to the top is the organizational politician, concerned above all with informal ties, maneuvering toward the crucial gatekeepers, avoiding the organizational contingencies that trap the less wary" (Collins 1979: 31).

Allerdings *sind* beruflich erfolgreiche Menschen oft Akademiker. Diesen Zusammenhang sieht Collins auch und er beschreibt ihn, in dem er analysiert, wie Bildung als Mittel für kulturelle Selektion benutzt wird, während Kultur, wie er es nennt, ausschlaggebend ist für die Besetzung von Erwerbsarbeitsstellen und für berufliche Karrieren. Collins bezieht sich dabei auf eine Untersuchung von 90 großen US-amerikanischen Firmen in den 1950er Jahren, die zum Vorschein brachte:

„motivation, interpersonal skill, and moral character are the most important qualities for business manager (...). Extremly high intellect is not considered necessary nor even desirable, and specialized or technical skills are considered to be of minor importance, at least above the level of lower supervisory jobs and specialized staff jobs such as accounting" (Collins 1979: 32).

Mit Kultur meint Collins also bestimmte Einstellungen und Verhaltensweisen, insbesondere in der Interaktion im Erwerbsarbeitsbereich; Bourdieu würde diese Dimensionen mit Habitus umschreiben.

Nun macht Collins eine interessante Bemerkung, wann kulturelle Mitgliedschaft, also eine bestimmte Art von Bildung in Bezug auf Erwerbsarbeit die größte Rolle spielt: Wenn nämlich eine bestimmte Art von Bildung am stärksten die Mitgliedschaft der einstellenden sozialen Statusgruppe widerspiegelt: „Thus education will be most important where the fit is greatest between the culture of the status groups emerging from schools and the status group doing the hiring; it will be least important where there is the greatest disparity between the culture of the school and that of the employers" (Collins 1979: 36).

Bourdieu und Boltanski (1981) bringen nun auf den Punkt, weshalb der Bildungstitel so wichtig für die Erwerbsarbeit ist:

„Wesentlich ist in der Beziehung zum ökonomischen Apparat nicht, dass das Bildungssystem Arbeitskräfte mit einer bestimmten technischen Qualifikation ausstattet; dafür hat es nicht das Monopol. Entscheidend ist vielmehr, dass es seine ‚Produkte' – ob sie nun mit einer Qualifikation (im technischen Sinn) technisch messbar ausgerüstet werden oder nicht – *Titel* vergibt, die einen universellen und relativ zeitlosen Wert haben" (Bourdieu/Boltanski 1981: 93-94).

Damit spitzen sie Collins Analyse der Machtbeziehungen im Zusammenhang von Bildung und Erwerbsarbeit zu: Im hohen Bildungstitel versammelt sich die exklusive kulturelle Mitgliedschaft, die durch die soziale Selektion im Bildungswesen hergestellt wird und die in Form des Titels wie ein Türöffner für höhere Erwerbsarbeitsplätze wirkt.

Kritiker am Kredentialismus-Ansatz wenden ein, dass die Bedeutung von Wissen und Fähigkeiten, die in Bildungsinstitutionen ausgebildet würden und die in der Erwerbsarbeit angewendet werden, nicht erkannt würde (vgl. Hansen 2011) bzw. dass es Unternehmern nicht auf schulische Zertifikate ankäme, da diese sowieso kaum Auskunft über erwerbsarbeitsrelevante Qualifikationen gäben, sondern vielmehr das Training in den Unternehmen bevorzugten, da hier erst die Fähigkeiten ausgebildet würden, die relevant seien (vgl. Becker 1993). Interessanterweise treffen sich hier die beiden gegensätzlichen Positionen, indem sie die Relevanz *allgemeiner* Bildung und Qualifikationen für die tatsächliche Ausübung von Erwerbsarbeitstätigkeiten als gering ansehen. Da Becker jedoch behauptet hat, je höher die Bildung, desto höher sei die Arbeitsproduktivität und damit der Lohn, stellt sich die Frage, ob er sich hier selbst widerspricht oder ob eine hohe Allgemeinbildung das Erlernen firmenspezifischer Qualifikationen erleichtert und daher zu höherer Produktivität beiträgt? Die Rolle höherer Qualifikation wird uns besonders im nächsten Kapitel zur so genannten Wissensgesellschaft beschäftigen. An dieser Stelle seien nun knapp die weiteren, weniger prominenten Ansätze zum Verhältnis Bildung und Erwerbsarbeit zusammengefasst.

Bildung erzieht für Erwerbsarbeit

Sowohl Offe (1975) als auch Bourdieu und Boltanski (1981) [1975] differenzieren den Qualifikations- bzw. Bildungsbegriff, indem sie zwei Dimensionen voneinander unterscheiden: Die eine Dimension besteht aus Fähigkeiten und Kenntnissen, die den Arbeiter, so Offe, befähigt, ein konkret-nützliches Ding herzustellen. Offe (vgl. 1975: 225) bezeichnet das als die stoffliche Seite der Qualifikation, während Bourdieu und Boltanski (vgl. 1981: 91) dies als die technische Reproduktionsfunktion von Bildung beschreiben. Die zweite Dimension von Qualifikation und Bildung besteht in Fähigkeiten und Bereitschaft, dies unter organisatorischen und wirtschaftlichen Bedingungen zu tun, die den Arbeitsprozess gleichzeitig zum Verwertungsprozess machen. Das bezeichnet Offe als die gesellschaftliche Seite von Qualifikation und Bourdieu und Boltanski als die soziale Reproduktionsfunktion, die die Stellung der Arbeitskräfte bzw. ihrer

Gruppen innerhalb der Sozialstruktur reproduziert. Wenn Bildung in einer Weise beschrieben wird, dass sie für Erwerbsarbeit erzieht, dann ist von dieser zweiten Dimension die Rede. Am eindeutigsten haben dies Bowles und Gintis (1976) beschrieben, indem sie aufzeigten, wie US-amerikanische Schulen zu einer Haltung und Einstellungen sowie Verhaltensweisen erziehen, die aus Kindern und Jugendlichen gehorsame ArbeiterInnen in kapitalistischen Unternehmen machen. Laut Bowles und Gintis besteht also eine Korrespondenz zwischen der kapitalistischen Wirtschaftsweise und dem Erziehungssystem in Form von Schulen. Da es in diesem Ansatz um die Herausbildung gehorsamer ArbeiterInnen in Schulen für ihre spätere Erwerbsarbeit in einer hierarchischen Gesellschaft geht, kann man diesen Ansatz zu der zweiten Position von Theorien zum Verhältnis Bildung und Erwerbsarbeit und der Stratifizierung von Gesellschaft durch dieses Verhältnis zuordnen.

Sozialpolitische Aufgabe von Bildung

Offe (1975) weist auf einen weiteren Zusammenhang von Bildung und Erwerbsarbeit hin, der selten in der bildungssoziologischen Literatur erwähnt wird, aber in der Bildungspolitik eine wichtige Rolle spielt: Bildung als Auffangbecken für Menschen, die keiner Erwerbsarbeit nachgehen (können). Insbesondere im Bereich der Erwerbsarbeitslosen und ihrer Umschulungen bzw., wie im Kapitel zur Weiterbildung ausgeführt wurde, im Bereich der Weiterbildungen zur Aufrechterhaltung der Erwerbsarbeitsfähigkeit wird deutlich, dass viele Bildungsmaßnahmen dazu dienen, Menschen, die nicht erwerbstätig sein können, aufzufangen und ihnen Beschäftigung und Perspektiven zu vermitteln. Aber auch lange Studienzeiten können in Zeiten enger Arbeitsmärkte eine Art Moratorium darstellen und Menschen davor schützen, arbeitslos zu sein.

Berufsforschung

Wie im Kapitel zur beruflichen Ausbildung beschrieben, spielt die Berufssoziologie eine wichtige Rolle in der Bildungssoziologie und zwar auch als eine Perspektive zur Beschreibung des Zusammenhangs zwischen Bildung und Erwerbsarbeit. Ohne hier erneut auf die Berufsforschung einzugehen, sei nur erwähnt, dass dieser Ansatz zu beiden Positionen hin offen ist: So ist es möglich, Berufsforschung in der oben unter Arbeitskräftebedarf-Ansatz beschriebenen Perspektive zu realisieren, d.h. man kann von einem engen Zusammenhang zwischen der Ausbildung von Qualifikationen und ihrer Anwendung ausgehen und damit von der Relevanz von Bildung für die Erwerbstätigkeit an sich. Es ist aber auch möglich, Berufe stärker in ihrer sozialhierarchischen Bedeutung zu analysieren (vgl.

Dostal 2002) und auf diese Weise die Ausbildung zu Berufen als einen Stratifizierungsprozess darzustellen.

Aktuelle Forschungsarbeiten zum Verhältnis von Bildung und Erwerbsarbeit

Ich komme nun zur Darstellung aktueller Forschungsarbeiten zum Verhältnis von Bildung und Erwerbsarbeit. Ich beginne mit einer Arbeit, die die abnehmenden Chancen gering Qualifizierter auf dem Arbeitsmarkt untersucht und zu Aussagen über die Sozialstruktur in Gegenwartsgesellschaften gelangt. Es folgt die Darstellung einer Arbeit, die die Diskrepanz des Erfolges von Mädchen und Frauen im Bildungssystem und ihrer nach wie vor schlechteren Chancen im Erwerbsarbeitssystem thematisiert, woraus sich Schlüsse auf das Geschlechterverhältnis ziehen lassen. Schließlich stelle ich eine Arbeit vor, die sich mit der Verlagerung qualifizierter Arbeit in überwiegend asiatische Länder und den Folgen für HochschulabsolventInnen aus nordwestlichen Ländern beschäftigt und so auf globale Zusammenhänge zwischen Bildung und Erwerbsarbeit für Mittelschichten hinweist.

Die abnehmenden Chancen gering Qualifizierter auf dem Arbeitsmarkt und ihre Folgen für die Sozialstruktur in Gegenwartsgesellschaften

Solga (2005) hat den Zusammenhang von geringer Bildung und Erwerbsarbeit lebensverlaufsanalytisch als sequenzielle Abfolge des Aufenthalts im Bildungssystem, der Suchprozesse auf dem Arbeitsmarkt und der Rekrutierungsentscheidungen von Personalverantwortlichen betrachtet. Solga stellt fest, dass gering Qualifizierte zunehmend diskreditiert und exkludiert werden. Sie sieht die Ursache für die wachsende Diskreditierung von gering Qualifizierten als „Unfähige" in veränderten Bildungsnormen und deren handlungsleitender Relevanz für die höher gebildeten Personalverantwortlichen. Die Bildungsexpansion brachte eine höhere Sortierleistung von Personalverantwortlichen und ging mit einer „gestiegenen Glaubwürdigkeit von Kompetenzdefiziten bei fehlenden Zertifikaten einher" (Solga 2005: 296). Diese höhere Aussortierung gering Qualifizierter beruht auf der Annahme, dass nicht nur strukturelle Hindernisse, sondern vor allem individuelle Unzulänglichkeiten für das „Bildungsversagen" von Personen verantwortlich sind. Was sich also vor allem verändert hat, war die normative Betrachtungsweise geringer Bildung: „Diese Annahme einer gesunkenen Leistungsfähigkeit gering qualifizierter Personen sowie eines höheren Risikos ihrer Beschäftigung ist jedoch in der Tat vor allem einer Veränderung der *Bewertung* fehlender Bildungsleistungen geschuldet „(Solga 2005: 297).

Zur Diskreditierung gering Qualifizierter tritt ihre soziale Verarmung durch zunehmende Homogenisierung ihrer Gruppe, die ihre Erwerbsarbeitschancen zusätzlich verschlechtert, da sich ihre sozialen Netzwerke, die für Erwerbsarbeitsplatzzugänge generell ausschlaggebend sind, verschlechtern. Hinzu kommen Stigmatisierungsmechanismen, weil die Betroffenen immer sichtbarer werden und ihren unterlegenen Status internalisieren und sich oft selbst vom Arbeitsmarkt zurückziehen. Solgas internationaler Vergleich (2008) von zwanzig Ländern führt sie zur Schlussfolgerung:

„All in all, these results corrobate the conclusion that the magnitude of the relative labor market disadvantage of low-skilled youth is not soleley defined by their ‚individual' lack of (certified) skills, but dependent on the institutional and economic environment to which they are exposed during their educational career and in labor markets" (Solga 2008: 190).

Zu den Faktoren, die die soziale Stellung gering Qualifizierter beeinflussen, gehört ihr Anteil in der Bevölkerung, der Anteil regulärer Beschäftigter, Arbeitsschutzgesetzgebungen, der Anteil der beruflich Ausgebildeten in der Sekundarstufe II im Vergleich zum Anteil allgemein Ausgebildeter sowie der Grad der Stratifizierung eines Bildungssystems (vgl. Solga 2008: 190).

Solgas Forschung ist von großer Bedeutung, da sie nachweist, dass nicht der absolute Grad an Bildung oder Qualifizierung für den Zugang zu Erwerbsarbeitsstellen ausschlaggebend ist, sondern der Zusammenhang von Bildung und Erwerbsarbeit immer in einem komplexen Verhältnis vielfältiger Dimensionen, wie sie oben aufgezählt wurden, zu einer jeweils unterschiedlichen *Bewertung* von Bildung für Erwerbsarbeit führen, die für das Verhalten der Beteiligten bestimmend ist.

Zunahme der Frauenanteile bei kontinuierlicher Geschlechtertrennung in Bildung und Erwerbsarbeit

Charles und Bradley (2009) konzipieren den Zusammenhang zwischen Bildung und Erwerbsarbeit über ihre Untersuchung der Studienfachwahl von Frauen und Männern in 44 Ländern. Sie stellen fest, dass Frauen und Männer unterschiedliche Studienfächer wählen. Grund ist ihre Identitätsbildung, die sich nach wie vor essentiell auf ein vergeschlechtlichtes Verständnis von Kompetenzen, Bildungs- und Beschäftigungschancen richtet. So sehen sich Frauen eher als personenorientiert und wählen daher Studienfächer, die sie in entsprechende Beschäftigungsfelder ausbilden, während Männer sich selbst stärker als analytisch und technisch

15. Kapitel: Bildung und Erwerbsarbeit

interessiert sehen und mit ihrer Studienfachwahl in die entsprechenden Erwerbsfelder streben. Charles und Bradley haben in ihrem internationalen Vergleich festgestellt, dass die Geschlechtertrennung in postindustriellen Ländern stärker ausgeprägt ist als in wirtschaftlich weniger entwickelten Ländern. Grund dafür sind strukturelle Merkmale in postindustriellen Arbeitsmärkten und modernen Bildungssystemen. So sind die Hochschulsektoren in den wirtschaftlich weiter entwickelten Ländern größer als in den weniger entwickelten Ländern. Die Autorinnen gehen davon aus, dass die höhere Partizipation an Hochschulbildung mit einer größeren Variation an sozialer Herkunft einhergeht.

> „As a result, proportionately fewer members of the student body regard themselves as part of an academic elite. Where systems of higher education are small and selective, academic prowess or social class can trump other distinctions. Gender is likeley to become increasingly salient to curricular choice as the university population grows because a smaller share of students will possess the elite identity and sense of self-efficacy required for transgressing cultural gender terms" (Charles/Bradley 2009: 931-932).

Das zweite strukturelle Merkmal, das Hochschulsysteme in postindustriellen Ländern von solchen in weniger wirtschaftlich entwickelten Ländern unterscheidet, ist die Vielfalt an Studienmöglichkeiten. Diese Vielfalt ermöglicht eine materiell größere Fülle an Wahlmöglichkeiten. Außerdem wird in diesen Ländern ein Konzept von Identität, das eng an die Idee von Selbstverwirklichung gebunden ist, welche wiederum geschlechtlich konnotiert ist, vertreten. Beides zusammen bewirkt „that segregative effects will be stronger in postmaterialist societies: where gendered self-expression is normatively sanctioned and widely expected, structural opportunities for gender-differentiated curricular choice should produce more sex segregation" (Charles/Bradley 2009: 933).

Das dritte strukturelle Unterscheidungsmerkmal mit Folgen für die stärker geschlechtsspezifische Studienfachwahl in postindustriellen Ländern als in wirtschaftlich weniger entwickelten Ländern, ist der Anteil der Frauen an den StudentInnen. Je höher der Anteil ist (und er ist in den postindustriellen Ländern höher) desto weniger Studentinnen, so die Autorinnen, sehen sich selbst als außergewöhnliche Frauen oder als Pionierinnen, die in männlich orientierten Studienfächern studieren (vgl. Charles/Bradley 2009: 933).

Zu den strukturell ausschlaggebenden Gründen für die stärker geschlechtsspezifische Studienfachwahl in den postindustriellen Ländern im Hochschulbereich kommt noch ein weiterer struktureller Grund im Bereich der Erwerbsarbeit in diesen Ländern hinzu: In postindustriellen Ländern ist der Dienstleistungsbereich im Gegensatz zum Handwerk oder zur Industrie besonders ausgeprägt und im Steigen begriffen; der Dienstleistungsbereich wird aber nach wie vor als ein

Bereich angesehen, der besonders viele frauenorientierte Erwerbsarbeitsplätze in sich birgt (vgl. Charles/Bradley 2009: 933ff).

Charles und Bradleys Forschungsbeitrag zum Zusammenhang von Bildung und Erwerbsarbeit ermöglicht die Betrachtung einer weiteren Dimension und zwar der kulturellen Dimension des Verhältnisses zwischen Bildung und Erwerbsarbeit. Ihre Untersuchung der geschlechtsspezifischen Studienfachwahl im internationalen Vergleich macht die Bedeutung von Erwerbsarbeit und in Folge bzw. als Ermöglichung auch der Bildung als Teil der Identitätsentwicklung deutlich. Diese Dimension wird von der Humankapitaltheorie gar nicht erfasst. Charles und Bradley bewegen sich also eher in der Nähe von Collins, indem auch sie Bildung als ein Mittel für kulturellen Ausdruck sehen. Allerdings vernachlässigen sie dabei Fragen der Macht. Zukünftige Forschung sollte daher eine geschlechtersensible Analyse des Zusammenhangs von Bildung und Erwerbsarbeit mit Fragen der Macht verbinden, um so nicht allein Geschlechtertrennung, sondern auch Geschlechterhierarchien in unseren Gesellschaften sichtbar zu machen.

Globale Arbeitsmärkte für HochschulabsolventInnen

Brown, Lauder und Ashton (2011) haben in ihrer Untersuchung über die Rekrutierung von Arbeitskräften, vor allem von multinationalen Firmen, in China, Deutschland, Grossbritannien, Indien, Südkorea und den USA mit über 200 ManagerInnen, GeschäftsführerInnen und PolitikerInnen gesprochen und eine globale Verschiebung in der Rekrutierung beobachtet. Während noch vor dreißig Jahren vor allem HochschulabsolventInnen aus den nordwestlichen Ländern in führenden Firmen auf mittlerem und höherem Niveau beschäftigt wurden, sind es mittlerweile zunehmend HochschulabsolventInnen aus Asien. Der Grund liegt darin, dass die asiatischen Staaten eine massive Hochschulexpansion durchführten und in der Folge mittlerweile über eine größere Anzahl von HochschulabsolventInnen verfügen, die allerdings nach wie vor noch zu niedrigeren Gehältern ihre Arbeitskraft verkaufen als die HochschulabsolventInnen in den untersuchten nordwestlichen Staaten, wobei diese massive Einkommenseinbußen erlebten (vgl. Brown et al. 2011: 32-33). Ein Grund, weshalb Chinas und Indiens Hochschulabsolventinnen für niedrigere Gehälter arbeiten, ist, laut Autoren, die große Reservearmee an Arbeitskräften in beiden Ländern (vgl. Brown et al. 2011: 60).

Mit dieser Beobachtung scheinen die Autoren die erste Annahme der Humankapitaltheorie zu unterstützen, nämlich dass Bildung zur Produktivität beitrüge, da Firmen sonst nicht HochschulabsoventInnen rekrutieren würden. Aber sie widerlegen mit ihrer empirischen Beobachtung die zweite Annahme, nämlich dass die höhere Bildung auch zu höheren Einkommen führte. Dies, so die Autoren, sei aufgrund der Globalisierung in den nordwestlichen Staaten nicht mehr länger der Fall.

Ein weiterer Grund, weshalb HochschulabsolventInnen in Deutschland, Großbritannien und den USA nicht länger höhere Einkommen erzielten als Nicht-HochschulabsolventInnen, liegt, so Brown et al. daran, dass es gar nicht so viel Erwerbsarbeitsplätze für höher Qualifizierte gibt. Die Autoren unterscheiden drei Arten von WissensarbeiterInnen: die EntwicklerInnen, die AssistentInnen und die Drohnen. Nur 10-15% der Arbeit in den Firmen wird von der ersten Kategorie der EntwicklerInnen ausgeführt und gilt als höher qualifizierte Arbeit, die AssistentInnen sind für die Ausführung zuständig. In diesem Bereich wird viel Wissen, das vorher von BeraterInnen, ManagerInnen, LehrerInnen, Krankenschwestern, Technikern usw. eingesetzt wurde, standardisiert: „This involves translating the knowledge work of managers, professionals, and technicians into working knowledge by capturing, codifying, and digitalizing their work in software packages, templates, and prescripts that can be transferred and manipulated by others regardless of location" (Brown et al. 2011: 72). Dadurch ist die Tätigkeit von geringer Qualifizierten ausführbar. Genau diese Standardisierung von Wissen, was die Autoren *digital taylorism* nennen, ermöglicht den Profit der Firmen.

Mit diesem Befund geben die Autoren ein Argument gegen die erste Annahme in der Humankapitaltheorie, da Produktivität nicht mit, sondern ohne Bildung stattfindet. Im nächsten Kapitel zur so genannten Wissensgesellschaft gehe ich darauf noch genauer ein, da hier einem Szenarium, das von vielen VertreterInnen, die moderne Gesellschaften als Wissensgesellschaften bezeichneten, widersprochen wird. Die Beobachtungen der Autoren sind wichtig, da sie auf die globale Dimension im Zusammenhang von Bildung und Erwerbsarbeit von multinationalen Firmen hinweisen und damit Veränderungen in der Rekrutierung von Erwerbsarbeitstätigen im weltweiten Verhältnis nachspüren. In der Folge verschlechtert sich die Lage der HochschulabsolventInnen und damit hauptsächlich der Mittelschicht in den nordwestlichen Ländern. Unklar bleibt, inwieweit bestimmte Bildungsinhalte wie Hochschulstudiengänge mit den Erwerbsarbeitstätigkeiten, für die sie rekrutiert werden, zusammenhängen. So lassen die Autoren auch offen, ob die wenigen „Talentierten" von Eliteuniversitäten wegen ihres Beitrags zur Produktivität der Firmen rekrutiert werden. In jedem Fall geht es hier aber im Sinne Collins um die Herstellung und Aufrechterhaltung von Macht derjenigen, die einstellen: „Whether the winners in the war for talent achieve higher productivity is debatable, but the value of a company is not only determined by the objective value of what it produces but also on its reputational capital, or what is commonly referred to as „branding",, (Brown et al. 2011: 95).

Sowohl die theoretischen Konzeptionen als auch die empirischen Untersuchungen des Zusammenhangs von Bildung und Erwerbsarbeit haben gezeigt, dass es sich bei diesem Thema um einen Schlüsselgegenstand zur Analyse von Sozialstruktur handelt. Dies ist ein Beleg für die im ersten Kapitel aufgestellte Behauptung, dass die Bildungssoziologie sich nicht ohne weiteres in die Reihe der speziellen Soziologien einordnen lässt, da ihr Gegenstand sehr breit und umfassend ist.

16. Kapitel: Wissensgesellschaft

Der Begriff Wissensgesellschaft wird benutzt, um unsere gegenwärtige oder zukünftige Gesellschaft zu beschreiben. Damit vollzieht dieser Begriff eine Zeitdiagnose, d.h. es ist ein analytischer Begriff; oder, wenn die zukünftige Gesellschaft gemeint ist, dann wird der Begriff auch teilweise in emphatischer oder normativer Weise gebraucht: als Beschreibung einer guten Gesellschaft, einer Gesellschaft, auf die wir zielen. Ich werde im Folgenden hauptsächlich auf die analytische Dimension dieses Begriffes eingehen. Die Debatte um die Wissensgesellschaft nimmt seit einigen Jahren einen großen Raum in der Bildungssoziologie ein. Sie berührt die Diskussionen um den Zusammenhang zwischen Bildung und Erwerbsarbeit und gehört teilweise dazu, aber geht auch darüber hinaus, da auch grundsätzlichere Bereiche außerhalb des Bildungs- und Beschäftigungssystems von dem, was mit Wissensgesellschaft gemeint ist, einbezogen werden wie beispielsweise die grundsätzliche Frage, wovon Handeln zunehmend abhängt. Die Debatte um die Wissensgesellschaft ist auch politisch hoch relevant, weil führende internationale bildungspolitische Organisationen wie die OECD in normativer Weise den Wissensgesellschaftsbegriff gebrauchen und bildungspolitische Maßnahmen beispielsweise der EU sich auf dieses Verständnis von Wissensgesellschaft beziehen.

Der Begriff Wissensgesellschaft (knowledgeable societies) wurde 1966 vom US-amerikanischen Soziologen Robert Lane verwendet. Es gibt keine einheitliche Definition von Wissensgesellschaft. Allerdings sind sich Vertreter, die von Wissensgesellschaft als Zeitdiagnose oder als Begriff für unsere Zukunft sprechen in dem Punkt einig, dass Bildung zunehmend bedeutsam für Individuen ist bzw. wird. Worin genau die zunehmende Bedeutung besteht, darüber gibt es keine Einigkeit.

Dieses Kapitel besteht aus drei Teilen: Ich möchte zum ersten einen Überblick über die Debatte um die Wissensgesellschaft geben. Zweitens schlage ich eine Ordnung vor, die es ermöglichen soll, die Hauptströmungen zu erkennen und voneinander zu unterscheiden. Es lassen sich hierbei zwei Schwerpunkte voneinander unterscheiden: die Debatte um den Wandel des Status von Wissen in der Gesellschaft von der Debatte um den Wandel der Funktion von Wissen in der Gesellschaft. Schließlich gehe ich auf die wichtigsten kritischen Perspektiven in der Debatte um die Wissensgesellschaft ein.

Veränderung des Status des wissenschaftlichen Wissens in unserer Gesellschaft

Der Beginn der Debatte um die Wissensgesellschaft hatte die Verschiebung oder Auflösung von Grenzen zwischen dem Wissenschaftssystem und anderen gesellschaftlichen Systemen wie das Wirtschaftssystem, das politische und das kulturelle System zum Gegenstand. Die zeitdiagnostischen Beschreibungen lassen sich grob mit zwei Thesen kategorisieren: Die Grenzverschiebungen bzw. -auflösungen werden zum einen als Auflösung der Wissenschaft in die Gesellschaft und zum anderen als Verwissenschaftlichung der Gesellschaft beschrieben.

Auflösung der Wissenschaft in die Gesellschaft

Nowotnys (1999) führt als Ursache für das veränderte Verhältnis zwischen Wissenschaft und Gesellschaft einen Wandel in der Erzeugung des Wissens an und nennt es den Wandel des epistemischen Kerns der Wissenschaft. Bisher wurde Wissenschaft im „Modus 1" betrieben, d.h. als Suche nach allgemeingültigen Erklärungsprinzipien und innerhalb fest voneinander abgesteckter wissenschaftlicher Disziplinen, die durch disziplininterne kognitive und soziale Hierarchien gekennzeichnet sind. „Was als wichtiges Forschungsproblem angesehen und gelöst wird, bestimmt sich in einem Kontext, der stark von den oft akademischen Interessen der jeweiligen wissenschaftlichen Gemeinschaft von Spezialisten geprägt ist" (Nowotny 1999: 67).

Diese Art der Wissensproduktion verändert sich zunehmend hin zu einem „Modus 2", wo Wissensproduktion „in verschiedensten, oft heterogenen Kontexten konkreter Anwendungen" (Nowotny 1999: 67) stattfindet, z.B. in der Risikoforschung oder in den Umweltwissenschaften, die sich außerhalb der wissenschaftlichen Disziplinen entwickelt haben. Während früher die aus sich herausfindende Wissensproduktion stattgefunden und damit der Wissenschaft eine soziale Sonderstellung und relative gesellschaftliche Autonomie bedingt hat, ist die Wissensproduktion heute stärker gesellschaftlich und ökonomisch eingebettet. „Mit der gesellschaftlichen Verbreitung von wissenschaftlichem Wissen findet dessen Aneignung und Transformation durch eine Öffentlichkeit statt, die dem Monopol des offiziellen Wissenschaftssystems und dessen Benutzungsintentionen zu entgleiten droht." (Nowotny 1999: 20). Der Status von wissenschaftlichen Ergebnissen hat sich in der öffentlichen Wahrnehmung verändert: Während früher wissenschaftliche Ergebnisse zumeist unwidersprochen und als objektive Wahrheiten von den meisten Menschen angesehen wurden, „ist längst in das allgemeine Bewusstsein eingedrungen, dass die Wissenschaften keine existentiellen Sicherheiten liefern können" (Nowotny 1999: 42). Damit werden

16. Kapitel: Wissensgesellschaft

aber auch wissenschaftliche Ergebnisse verhandelbar, und es wird unklar, wie weit die Wissenschaft der Kultur zuzurechnen ist. Stehr (vgl. 2001: 13) äußerte in diesem Zusammenhang die These, dass wissenschaftliches Wissen zum Gegenstand politischer Auseinandersetzung werde, der schließlich in einer Wissenspolitik als zukünftig wichtiges Politikfeld münde.

Die Lage wird für die Wissenschaften zusätzlich dadurch erschwert, dass es keine einheitliche Öffentlichkeit gibt, dass also die Öffentlichkeit oder die Gesellschaft auch nicht mit ihren politischen Repräsentanten gleich gesetzt werden kann, sondern sich die VertragspartnerInnen mit der Wissenschaft multipliziert, dezentralisiert, pluralisiert und emanzipiert haben:

„Ein charakteristisches Merkmal der Öffentlichkeit ist ihre prinzipielle Offenheit, aus der die Art der Fluktuation resultiert. Alle gehören im Prinzip dazu, doch jeder kann sich jederzeit davon wieder verabschieden. Das führt dazu, dass die jeweilige Zugehörigkeit und Zusammensetzung unvorhersehbar wird und die Aufmerksamkeit, medial angeleitet, starken Schwankungen unterliegt" (Nowotny 1999: 59).

Zusammenfassend lässt sich festhalten, dass Nowotny die Perspektive der Auflösung der Wissenschaft in die Gesellschaft vertritt, die durch eine Veränderung in der Erzeugung des Wissens zustande kommt. Der Status von Wissen ist also durch Unsicherheit gekennzeichnet, der damit Gegenstand von (politischen) Aushandlungen wird.

Interessant an Nowotnys Analyse ist, dass sie diese Auflösung der Wissenschaft in die Gesellschaft unmittelbar auf die Individuen bezieht, indem sie die Öffentlichkeit als einen offenen Raum von Individuen konzipiert und nicht von einer Auflösung der Wissenschaften in gesellschaftliche Großbereiche oder andere große Systeme wie Politik, Wirtschaft, Medien spricht.

Verwissenschaftlichung der Gesellschaft

Ich komme nun zur Darstellung der gegensätzlichen These, nämlich der Annahme, dass sich unsere Gesellschaft verwissenschaftlicht.

Stehr (2001) spricht ausdrücklich von unserer Gesellschaft als einer (beginnenden) Wissensgesellschaft. Wissen definiert er als

„Fähigkeit zum (sozialen) Handeln (als Handlungsvermögen) [...] und damit als die Möglichkeit, etwas in ‚Gang zu setzen'. Wissen als ein symbolisches System strukturiert die Realität. Wissen ist ein Modell für die Wirklichkeit. Wissen illuminiert. Es ist potenziell in der Lage, die Realität zu verändern. In diesem Sinne ist Wissen ein universales Phänomen oder eine konstante anthropologische Größe" (Stehr 2001: 8).

Ähnlich wie Nowotny beschreibt auch Stehr das Wissen in der modernen Gesellschaft nicht als eine wahrhaftige, objektive, realitätskonforme oder gar unstrittige Instanz, sondern hebt als Grund für die besondere Stellung des Wissens in der Gesellschaft hervor, „dass diese Wissensform mehr als jede andere permanent neue Handlungsmöglichkeiten schafft" (Stehr 2001: 9).

Dazu bedarf es allerdings zunächst Interpretationsleistungen der wissenschaftlichen Ergebnisse für die Praxis, die von einer immer größer werdenden Anzahl von ExpertInnen, BeraterInnen, RatgeberInnen durchgeführt werden.

„Neu an dieser Entwicklung ist nicht das Entstehen von wissensfundierter Arbeit; ,Experten' hat es schon immer gegeben. Neu ist die große Zahl der Berufspositionen, die wissensfundierte Arbeit erfordern, während die Zahl der Arbeitsplätze, die geringe kognitive, also geistige Fähigkeiten verlangen, rapide zurückgeht. Immer weniger Menschen sind damit beschäftigt, Dinge materiell herzustellen oder zu bewegen" (Stehr 2001: 9).

Stehrs Sicht ist umstritten, wie ich bereits im vorangegangenen Kapitel und auch später aufzeigen werde. Damit wird das „Wissen in allen Bereichen zunehmend Grundlage und Richtschnur menschlichen Handelns [...] Das heißt nichts anderes, als dass wir uns unsere Wirklichkeit durchweg aufgrund unseres Wissens einrichten" (Stehr 2001: 10). Hier wird nun deutlich, weshalb die Gesellschaft, laut Stehr, verwissenschaftlicht wird: „Dass unsere gegenwärtigen, entwickelten Industriegesellschaften als moderne Wissensgesellschaften bezeichnet werden können, liegt dagegen am unbestreitbaren Vordringen der modernen Wissenschaft und Technik in alle gesellschaftlichen Lebensbereiche und Institutionen" (Stehr 2001: 11).

Stehr betont die Emanzipationsmöglichkeit (als Handlungserweiterung) durch Wissen, sieht aber auch die Kehrseite: soziale Unsicherheit. Da Wissenschaft – hier stimmt Stehr mit Nowotny überein – keine Wahrheiten (im Sinne von beweisenden Kausalketten oder universellen Gesetzen) liefert, sondern für Interpretationen offen ist, ist Wissenschaft vor allem auch eine Quelle von Ungewissheit und gesellschaftspolitischen Problemen. Damit kann sich die Produktion, Reproduktion, Verteilung und Realisation von Wissen nicht mehr explizit politischen Auseinandersetzungen entziehen. In den nächsten Jahren wird, so Stehr, ein eigenes Politikfeld, die Wissenspolitik, zur Überwachung und Kontrolle des Wissens etablieren.

16. Kapitel: Wissensgesellschaft

Wissenschaft als ein Funktionssystem neben anderen gesellschaftlichen Systemen

Es gibt eine weitere Perspektive auf den Wandel des Status von Wissen in der Gesellschaft, die keiner der beiden vorangegangenen Positionen zuzuordnen ist. Weingart (2005) geht von einer

„funktional differenzierten Gesellschaft aus, in der die Wissenschaft ein Funktionssystem neben anderen ist. Das Interesse richtet sich sodann auf die Kopplungen zwischen der Wissenschaft und den anderen Systemen. Die Kopplungen ergeben sich aus den systemspezifischen Leistungen für die jeweils anderen Systeme bzw. aus den entsprechenden Leistungserfordernissen" (Weingart 2005: 27).

Das Wissenschaftssystem beliefert das Politiksystem mit zwei Leistungen: erstens mit instrumentellem Wissen zur Lösung konkreter Probleme und zweitens mit Legitimation für politische Entscheidungen. Für die Wirtschaft stellt die Wissenschaft verwertbares Wissen her und für die Medien aktuelles Wissen. Die Politik bietet der Wissenschaft institutionelle Absicherung u.a. mit Festlegungen, was und was nicht erforscht werden soll. Politik und Wirtschaft weisen der Wissenschaft Ressourcen zu und die Medien liefern öffentliche Aufmerksamkeit für Forschungsgebiete und gegebenenfalls Prominenz für einzelne WissenschaftlerInnen.

„Aus diesen wechselseitigen Systemleistungen ergeben sich *strukturelle Kopplungen*, die die Veränderungen des einen Systems in solche im anderen System überträgt. Aufgrund der jeweiligen Systemautonomie handelt es sich dabei aber nicht um eine direkte und sinngemäße Übersetzung, sondern lediglich um Irritationen, die Resonanzen erzeugen. Die Dynamik der Beziehungen zwischen den Funktionssystemen ergibt sich aus zwei Arten von Prozessen: aus der *Eigendynamik eines jeden Systems* und aus den sich daraufhin ändernden *Konstellationen zwischen den Systemen*" (Weingart 2005: 28).

Nach Weingart zeichnet sich die aktuelle Entwicklung durch das Engerwerden der Kopplungen aus. Damit kommt es zu einer Verringerung bzw. zu einem partiellen Verlust der sozialen Distanz der Wissenschaft, wie dagegen bereits von Nowotny beschrieben. Weingart betont aber, dass dieser Verlust der Distanz nicht gleichbedeutend sei mit der umstandslosen Verwissenschaftlichung aller gesellschaftlichen Teilbereiche, wie Stehr behauptet, und auch nicht mit der Umkehrung des Ausdifferenzierungsprozesses der Wissenschaft.

Man kann Weingarts Position keiner der beiden vorangegangenen Perspektiven zuordnen. Er sieht die Verwissenschaftlichung der Gesellschaft und die Vergesellschaftung der Wissenschaft als komplementäre Prozesse (vgl. Weingart

2005: 29). Wissenschaft ist bei ihm ein Funktionssystem neben anderen, wobei die Verbindungen, oder, wie er sagt, die strukturellen Kopplungen mit anderen Funktionssystemen enger werden.

Holland-Cunz (2005) kritisiert an Weingarts Konzeption die Behauptung einer Gleichwertigkeit zwischen wissenschaftlichem und politischem System, die ihrer Ansicht nach nicht gegeben ist, da die Wissenschaft wegen so viel unmittelbarer von der Politik ihres Ressourcenbedarfs abhänge als umgekehrt. (vgl. Holland-Cunz 2005: 59). Die Wissenschaft könne sich nur vom politischen System unabhängiger machen, wenn sie ihren Ressourcenbedarf anderswo decke. Hier wäre natürlich an erster Stelle die Wirtschaft zu nennen. Diese schreibe jedoch eine Nutzenorientierung bei Finanzierung vor, die schließlich ebenso wenig zur Autonomie des Wissenschaftssystems beitrüge, sich aber faktisch vollziehe. Das Ausmaß und die Gefährlichkeit der Ökonomisierung, Kommerzialisierung und Kapitalisierung des Wissens sehe Weingart nicht und sei damit repräsentativ für den wissenschaftlichen Wissensgesellschaftsdiskurs zu Fragen der Ökonomie (vgl. Holland-Cunz 2005: 61).

Veränderung der Funktion des Wissens

Laut Drucker (1993) wird Wissen zunehmend das Mittel zur Erzeugung von Profit und Wohlstand. Damit wandelt sich Wissen von einem privaten Gut, über das Individuen verfügen, zu einem öffentlichen Gut (vgl. Drucker 1993: 17). Laut Drucker findet seit Ende des zweiten Weltkriegs eine Revolution im Management statt, die den Kern der veränderten Funktion von Wissen ausmache. Demnach wird Wissen nicht mehr nur wie vorher auf Werkzeuge, Produkte und Prozesse angewandt, sondern auch auf die Anwendung und die Performanz von Wissen (vgl. Drucker 1993: 40). Die Folge ist: „Knowledge is now fast becoming the one factor of production, sidelining both capital and labour. It may be premature (and certainly would be presumptuos) to call ours a ‚knowledge society' – so far we only have a knowledge economy. But our society is surely ‚postcapitalist'" (Drucker 1993: 18). Das bedeutet, dass immer weniger Gewinn aus den traditionellen Produktionsmitteln gezogen wird: „Increasingly there is less and less return on the traditional resources, labour, land and (money) capital. The only – at least the main – producers of wealth are information and knowledge" (Drucker 1993: 167). Dieser Funktionswandel ist laut Drucker auch für den Wettbewerb der Firmen und ganzer Länder ausschlaggebend, wobei auch hier das Management von Wissen ausschlaggebend für die Produktivität des Wissens ist (vgl. Drucker 1993: 176).

16. Kapitel: Wissensgesellschaft

In politischen Programmen von Parteien und Regierungen, aber auch internationaler Organisationen wie der EU oder der OECD ist primär von der wirtschaftlichen Bedeutung des Wissens und der Bildung die Rede. Für die ökonomische Entwicklung (der Nationalstaaten) und für den Wohlstand sei die Entwicklung neuer Technologien und Organisationsformen, basierend auf einem Wissenszuwachs, von ausschlaggebender Bedeutung. Die EU sieht die neuen Informations- und Kommunikationstechnologien als Kernelemente der Wissensgesellschaft und beabsichtigt mit ihrer Lissabon-Strategie, die EU als einen „wissensbasierten Wirtschaftsraum" international wettbewerbsfähig zu machen. Bittlingmayer fasst diese Auffassung der neuen Funktion von Wissen so zusammen:

> „Wissen wird in Wissensgesellschaften aufgrund der beschriebenen Entwicklungen in zweifacher Weise als unmittelbarer Produktionsfaktor begriffen: erstens in Form von in Organisations- und Managementstrukturen gespeichertem Wissen, das für die Produktionsprozesse im Zuge der Tertiarisierung der Warenproduktion entscheidend wird; zweitens wird Wissen auf globalisierten Devisen-, Finanz- und Kapitalmärkten in Form einer permanenten Informationsselektion zur essenziellen Ressource für wirtschaftlichen Erfolg" (Bittlingmayer 2001: 16).

Wenn von Wissen als Motor des Produktionsprozesses die Rede ist, dann wird Wissen oft im Sinne von Innovation verwendet. Als Voraussetzung für Innovation gilt eine breite und fundierte, also hohe Bildung, womit wir bei der zentralen Stellung von Bildung und Ausbildung in der so genannten Wissensgesellschaft für die Ökonomie angekommen sind. Die gesellschaftliche Funktion von (Aus-)Bildung besteht also in Konzepten zur Wissensgesellschaft in der produktiven Rolle von Wissen und damit in der unmittelbaren ökonomischen Relevanz von (Aus-)Bildung als Beitrag bzw. Motor für wirtschaftliches Wachstum und wirtschaftlichen Wohlstand einer Gesellschaft. Im weltumspannenden Wettbewerb, der Globalisierung, konkurrieren die Länder des Südens mit preiswerteren Arbeitskräften, wie im vorangegangenen Kapitel zu globalen Veränderungen im Verhältnis von Bildung und Erwerbsarbeit ausgeführt wurde. Als Reaktion versuchen Regierungen des Nordwestens ihre Positionen im Wettbewerb mittels Investitionen in das „Humankapital" durch Investitionen in Bildung und Ausbildung zu stärken (vgl. Fulcher/Scott 2006: 344). Der hohe Status von Wissen wird als Wettbewerbsvorteil aufgefasst. Ein Beispiel für diese Auffassung und entsprechende Politik sind die OECD-Vergleichstest im Leistungsbereich, wie PISA.

Abschließend möchte ich zu bedenken geben, dass dort, wo Wissen als Produktionsfaktor und der Ausbau des Bildungssystems als Maßnahme zur verbesserten Wettbewerbsfähigkeit dienen soll, Bildung, Erziehung und Wissen als Weltaufschluss und Selbsterweiterung kaum Platz haben.

So strittig und uneins die WissenschaftlerInnen über eine Definition von Wissensgesellschaft sind, so lässt sich doch eine gemeinsame Überzeugung im Diskurs um die „Wissensgesellschaft" ausmachen: Alle Menschen, die von Wissensgesellschaft sprechen, gehen von einer immer größeren Bedeutung der (Aus-) Bildung und des Wissens für die Individuen und für die Gesellschaft aus, wobei das, was als bedeutsam angesehen wird, unterschiedlich ist.

Kritik am Diskurs der Wissensgesellschaft

KritikerInnen am Wissensgesellschaftsdiskurs beziehen sich auf unterschiedliche Dimensionen: Bezogen auf den Status des Wissens kritisiert Holland-Cunz (2005) die Ökonomisierung von Bildung und Wissenschaft. Die dem Wissen zugesprochene neue Funktion für wirtschaftlichen Wohlstand wird von Brown und Lauder (2006) sowie Newfield (2010) als übertrieben bis falsch eingeschätzt. Drittens gibt es Kritik am Diskurs der Wissensgesellschaft als einem Diskurs, der die Wissensgesellschaft herstellt, indem sie „herbeigeredet" wird, statt wissenschaftliche Beschreibungen sozialer Veränderungsprozesse zu liefern (vgl. Ball 2008). Viertens schließlich wird Kritik an der konkreten Politik der Implementierung von Wissensgesellschaft beispielsweise in Schulen und den daraus entstehenden sozialen Ungleichheiten geübt (vgl. Bittlingmayer 2005).

Kritik am Konzept des neuen Status von Wissen

Holland-Cunz (2005) zeigt in ihrem Buch „Die Regierung des Wissens" auf, wie in drei Schritten Wissen für wirtschaftliche Gewinne nutzbar gemacht wird. Ihrer Ansicht nach handelt es sich dabei um einen Prozess, der die richtige Bedeutung von Wissen als Erzeugung vorübergehender Wahrheit, zerstört. In einem ersten Schritt wird Wissenschaft sichtbar gemacht und zwar hauptsächlich in Form von quantitativer Erfassung wissenschaftlicher Ergebnisse. Diese Sichtbarkeit besteht aus drei Dimensionen, in deren Licht wissenschaftliche Leistungen erscheinen (vgl. Holland-Cunz 2005:12-14): Erstens das wissenschaftliche Marketing in Form der Vermittlung von Forschungsergebnissen in politische und gesellschaftliche Öffentlichkeit. Zweitens die Veränderung der Anerkennungsmaßstäbe auch innerhalb der *scientific community*, in denen Tagesthemen die Überhand über Fachzeitschriften gewinnen. Drittens schließlich entwickelt sich die Wissensgesellschaft zu einer Gesellschaft, in der wissenschaftliches Denken und Handeln räumlich und zeitlich allgegenwärtig werden. In allen drei Sichtbarkeitsdimensionen nehmen Frauen eine marginale Rolle ein (vgl. Holland-Cunz 2005: 28). Diese Allgegenwärtigkeit kann sich in eine Demokratisierung oder in Kontrolle entwickeln. Laut Holland-Cunz ist letzteres der Fall. Die Kontrolle bedeutet für die AkteurInnen des heutigen Wissenschaftssystems, dass sie unter Bedingungen feudalisierter Publizität leben, indem sie ihr wissenschaftliches Wissen an die politische und gesellschaftliche Öffentlichkeit verkaufen. Damit gibt es keine Trennung mehr zwischen dem gesellschaftlichen Teilsystem Wissenschaft und der Politik und Macht. Stattdessen wird das Wissen mittels Ein- und Übergriffen regiert (vgl. Holland-Cunz 2005: 161). Von der Kontrolle zur Vernutzung von Wissenschaft für wirtschaftliche Gewinne ist es nur noch ein kurzer Schritt, da die Regierung sich selbst neoliberalen Zielen untergeordnet hat (vgl. Holland-Cunz 2005: 162). Laut Holland-Cunz besteht also der neue Status von Wissenschaft in der Unterordnung der Wissenschaft unter eine neoliberale Regierung.

Kritik an der Zuschreibung wirtschaftlichen Nutzens aus Wissen

Laut Brown und Lauder (2006) gibt es keinen grundlegenden Wandel der materiellen Produktion, denn Wissen hat immer schon eine wesentliche Rolle in Produktionsprozessen gespielt. So gibt es große Unterschiede innerhalb des Bereichs, der als Wissensbereich bezeichnet wird. Dies wird deutlich, wenn wir beispielsweise an Routinedienstleistungen in Banken im Gegensatz zu beispielsweise kreativen Forschungsaktivitäten in der Pharmazie denken. Es handelt sich nicht insgesamt um eine Höherstellung, sondern Wissen war bei der Entwicklung bestimmter Produkte ausschlaggebend. Allerdings verliert Wissen seine Bedeutung bei der Herstellung von Produkten, die durch zunehmende Standardisierung gekennzeichnet sind, auch des Wissens selbst, wie im vorangegangenen Kapitel am Begriff des *digital taylorsism* beschrieben wurde. Es werden immer mehr HochschulabsolventInnen eingesetzt, weil es so viele gibt, aber nicht weil ihr Wissen, das sie in der Hochschulausbildung erworben haben, gebraucht würde. Vielmehr verrichten viele von ihnen Arbeiten auf einem mittleren Niveau.

Newfield (2010) kritisiert die Vorstellung, dass in Zukunft viele so genannte Wissensarbeiter gebraucht würden als eine Vorstellung, die nur auf eine kleine Gruppe von Menschen zuträfe. Die breite Masse dagegen, auch von HochschulabsolventInnen, übt stark kontrollierte und wenig kreative Tätigkeiten aus.

Kritik an der konstituierenden Macht des Wissensgesellschaftsdiskurses

Ball (2008) zeigt auf, wie die Politik durch ihren Bezug und Gebrauch auf das wirtschaftliche Konzept von Wissensgesellschaft einen Bedarf an der Herstellung dieser Art von Gesellschaft konstruiert. Dieser Bedarf wird als Legitimation für Reformen im Bildungsbereich angeführt:

"As we shall see, the *discourses* that are currently in play, in a whole variety of diverse policy settings, are important in two ways. First, in their contribution to the construction of the need for reform, particularly in the case of globalisation and international economic competition and the requirements of the knowledge economy, and, second, in providing and making obvious and necessary ‚apropriate' policy responses and solutions" (Ball 2008: 13).

Balls Kritik führt direkt zum anschließenden und letzten Kritikpunkt.

Kritik an einer Politik zur Herstellung der Wissensgesellschaft

Bittlingmayer (2001, 2005) konstatiert als Forschungsdesiderata der Debatte um die Wissensgesellschaft, dass die Analyse der Handlungsebene der sozialen Akteure unter wissensgesellschaftlichen Bedingungen defizitär sei und dass es bislang kein angemessenes Verständnis der Produktion und Reproduktion sozialer Ungleichheit in der Wissensgesellschaft gäbe (vgl. Bittlingmayer 2001: 18). Die wissensinduzierten und politisch katalysierten Umstrukturierungen der letzten Jahrzehnte brachten einen betrieblichen Reorganisationsprozess hervor, der vor allem auf die erweiterte Eigenverantwortung und Selbstorganisation der Arbeitenden zielte. Dies wurde durch drei Prozesse hervorgerufen: Erstens durch den Wegfall der stabilen lebenslangen Berufs- und Arbeitsperspektive und zweitens durch die von den Arbeitenden erwarteten erweiterten Kompetenzprofile zusätzlich zu ihren fundierten Fachkenntnissen. Drittens schließlich durch den Zwang zur Errichtung eines flexiblen Zeitmanagements, in der die Trennung zwischen Arbeit und Freizeit zunehmend aufgehoben wird. Bittlingmayer spricht von „strukturierte[n] Bildungsungleichheiten in der ‚Wissensgesellschaft'" (Bittlingmayer 2005: 237). Er macht dies insbesondere an den Zahlen zu TeilnehmerInnen an Weiterbildungen fest und kommt zur These eines „Kumulationseffekts durch berufliche Weiterbildung" (Bittlingmayer 2005: 240), d.h., diejenigen, die ohnehin bereits gut gebildet und in höheren Positionen erwerbstätig sind, bilden sich weiter; ein Phänomen, das wir bereits im Kapitel zur Erwachsenen- und Weiterbildung kennengelernt haben.

Der Überblick über die bildungssoziologische Auseinandersetzung mit der Wissensgesellschaft bzw. der Konstruktionsversuche einer derartigen Gesellschaft haben gezeigt, dass es sich bei der Wissensgesellschaft um sehr unterschiedliche Vorstellungen und Analyseebenen handelt. Eine genauere und differenziertere Analyse des Status sowie der Funktionen von Wissen ist wohl nur nach jeweiliger Gesellschaft, sozialer Gruppe und Zeit möglich, d.h. unter Einbeziehung sozialer Kontexte.

Literatur

Adorno, Theodor W. (1972a) [1968]: Erziehung zur Entbarbarisierung. In: Theordor W. Adorno, Erziehung zur Mündigkeit, Vorträge und Gespräche mit Hellmut Becker 1959-1969, herausgegeben von Gerd Kadelbach, Frankfurt/M.: Suhrkamp, 120-132.

Adorno, Theodor W. (1972b) [1969]: Erziehung zur Mündigkeit. In: Theodor W. Adorno, Erziehung zur Mündigkeit, Vorträge und Gespräche mit Hellmut Becker 1959-1969, herausgegeben von Gerd Kadelbach, Frankfurt/M.: Suhrkamp, 133-147.

Adorno, Theodor W. (1972c) [1966]: Erziehung – wozu? In: Theodor W. Adorno, Erziehung zur Mündigkeit, Vorträge und Gespräche mit Hellmut Becker 1959-1969, herausgegeben von Gerd Kadelbach, Frankfurt/M.: Suhrkamp, 105-119.

Adorno, Theodor W. (1977) [1966]: Erziehung nach Auschwitz, in: Theodor W. Adorno, Kulturkritik und Gesellschaft II. Eingriffe Stichworte Anhang. Gesammelte Schriften Band 10, 2, Frankfurt/M.: Suhrkamp, 674-690.

Allmendinger, Jutta/Aisenbrey, Silke (2002): Soziologische Bildungsforschung. In: Rudolf Trippelt (Hrsg.), Handbuch Bildungsforschung, Opladen: Leske+Budrich, 41-60.

Altrichter, Herbert/Brüsemeister, Thomas/Heinrich, Martin (2005): Merkmale und Fragen einer Gouverance-Reform am Beispiel des österreichischen Schulwesens. *Österreichische Zeitschrift für Soziologie*, 30, 6-28.

Altrichter, Herbert/Heinrich, Martin (2005): Schulprofilierung und Transformation schulischer Governance. In: Xaver Büeler, Alois Buholzer, Markus Roos (Hrsg.), Schulen mit Profil, Innsbruck: Studien Verlag, 125-140.

Amey, Marilyn J. (1992): Faculty Recruitment, Promotion and Tenure. In: Burton R. Clark, Guy R. Neave (Hrsg.), The Encyclopedia of higher education, Oxford: Pergamon Press, 1623-1634.

Antikainen, Ari/Komonen, Katja (2003): Biography, Life Course, and teh Sociology of Education. In: Carlos A. Torres, Ari Antikainen (Hrsg.), The International Handbook on Sociology of Education. An International Assessment of New Research and Theory, Lanham: Rowham&Littlefield Publishers, 143-159.

Apple, Michael W. (2006): Producing Inequalities: Neo-Liberalism, Neo-Conservatism, and teh Politics of Educational Reform. In: Hugh Lauder, Phillip Brown, Jo-Anne Dillagough, A.H. Halsey (Hrsg.), Education, Globalization & Social Change, Oxford: Oxford University Press, 468-489.

Arum, Richard/Gamoran, Adam/Shavit, Yossi (2007): More Inclusion than Diversion: Expansion, Differentiation, and Market Structure in Higher Education. In: Yossi Shavit, Richard Arum, Adam Gamoran with Gila Menahem (Hrsg.), Stratification in Higher Education. A Comparative Study, Stanford: Stanford University Press, 1-35.

Bacher, Johann (2003): Soziale Ungleichheit und Bildungspartizipation im weiterführenden Schulsystem Österreichs. *Österreichische Zeitschrift für Soziologie*, 28, 3-32.

Bacher, Johann (2004): Geschlecht, Schicht und Bildungspartizipation. *Österreichische Zeitschrift für Soziologie*, 29, 71-96.
Bacher, Johann (2005): Bildungschancen von Kindern mit Migrationshintergrund, *Kontraste*, 18, 25-28.
Bacher, Johann (2006): Bildungsungleichheiten in Österreich. In: Siegfried Kiefer, Thomas Peterseil (Hrsg.), Global Education Week, Linz: Trauner Verlag, 11-30.
Bacher, Johann/Beham-Rabanser, Martina/Lachmayr, Norbert (2008): Geschlechterunterschiede in der Bildungswahl, Wiesbaden: VS Verlag für Sozialwissenschaften.
Baethge, Martin (2001): Beruf – Ende oder Transformation eines erfolgreichen Ausbildungskonzepts? In: Thomas Kurtz (Hrsg.), Aspekte des Berufs in der Moderne, Opladen: Leske+Budrich, 39-68.
Baethge, Martin (2007): Das deutsche Bildungs-Schisma. In: Doris Lemmermöhle, Marcus Hasselhorn (Hrsg.), Bildung-Lernen. Humanistische Ideale, gesellschaftliche Notwendigkeiten, wissenschaftliche Erkenntnisse, Göttingen: Wallstein Verlag, 93-116.
Baethge, Martin (2008): Das berufliche Bildungswesen in Deutschland am Beginn des 21. Jahrhunderts, in: Kai S. Cortina, Jürgen Baumert, Achim Leschinsky, Karl Ulrich Mayer, Luitgard Trommer (Hrsg.), Das Bildungswesen in der Bundesrepublik Deutschland, Strukturen und Entwicklungen im Überblick, Reinbek bei Hamburg: Rowohlt, 541-597.
Baethge, Martin/Teichler, Ulrich (1984): Bildungssystem und Beschäftigungssystem. In: Enzyklopädie Erziehungswissenschaft, Bd. 5, 206-225.
Bagley, Carl/Woods, Philip A. /Woods, Glenys (2001): Implementation of School Choice Policy: Interpretation and Response by Parents of Students with Special Education Needs. *British Education Research Journal*, 27, 287-311.
Ball, Stephen (2003): Class Strategies and the Education Market: The Middle Classes and Social Advantage, London: Routledge Falmer.
Ball, Stephen J. (2006) [1998]: Ethics, Self-Interest and the Market Form in Education. In: Stephen J. Ball, Education Policy and Social Class. The selected works of Stephen J. Ball, London: Routledge: 81-95.
Ball, Stephen/Bowe, Richard/Gewirtz, Sharon (1997): Cicuits of Schooling: A Sociological Exploration of Parental Choice of School in Social-Class Contexts. In: A.H. Halsey, Hugh Lauder, Phillip Brown, Amy S. Wells (Hrsg.), Education, Culture, Economy and Society, Oxford: Oxford University Press, 409-421.
Barkhausen, Anita (2001): Promovieren zwischen Aufbruch und Abhängigkeit. Theoretische Reflexionen zur Forschungssupervision von Nachwuchswissenschaftlerinnen. In: Dunja M. Mohr (Hrsg.), Lost in Space? Die wissenschaftliche Verortung in und außerhalb von Institutionen, Düsseldorf: Hans Böckler Stiftung, 143-152.
Baumert, Jürgen/Cortina, Kai S./Leschinsky, Achim (2008): Grundlegende Entwicklungen und Strukturprobleme im allgemeinbildenden Schulwesen. In: Kai S. Cortina, Jürgen Baumert, Achim Leschinsky, Karl Ulrich Mayer, Luitgard Trommer (Hrsg.), Das Bildungswesen in der Bundesrepublik Deutschland, Reinbek bei Hamburg: Rororo, 53-130.
Becker, Gary S. (1993): Human Capital. A Theoretical and Empirical Analysis, with Special Reference to Education, Chicago: The University of Chicago Press.

Becker, Rolf (2009): Bildungssoziologie – Was sie ist, was sie will, was sie kann. In: Rolf Becker (Hrsg.), Lehrbuch der Bildungssoziologie, Wiesbaden: VS Verlag für Sozialwissenschaften, 9-34.
Becker, Rolf/Schubert, Franz (2011): Die Rolle von primären und sekundären Herkunftseffekten für Bildungschancen von Migranten im deutschen Schulsystem. In: Wolfgang Lauterbach, Rolf Becker (Hrsg.), Integration durch Bildung, Wiesbaden: VS Verlag für Sozialwissenschaften, im Erscheinen.
Berger, Peter A./Kahlert, Heike (2005): Bildung als Institution: (Re-)Produktionsmechanismen sozialer Ungleichheit. In: Peter A. Berger, Heike Kahlert (Hrsg.), Institutionalisierte Ungleichheiten. Wie das Bildungssystem Chancen blockiert, Weinheim: Juventa, 7-16.
Berger, Peter L./Kellner, Hansfried (1965): Die Ehe und die Konstruktion der Wirklichkeit, *Soziale Welt*, 16, 220-235.
Bertram, Hans (1976): Probleme einer sozialstrukturell orientierten Sozialisationsforschung. *Zeitschrift für Soziologie*, 5: 103-117.
Bertram, Hans (1978): Gesellschaft, Familie und moralisches Urteil. Analysen kognitiver, familialer und sozialstruktureller Bedingungszusammenhänge moralischer Entwicklung. Weinheim: Beltz.
Bertram, Hans (1981): Sozialstruktur und Sozialisation. Zur mikrosoziologischen Analyse von Chancenungleichheit. Darmstadt: Luchterhand.
Bielby, William T. (2000): Geschlecht und Karriere: Ist die Wissenschaft ein Sonderfall? In: Beate Krais (Hrsg.), Wissenschaftskultur und Geschlechterordnung. Über die verborgenen Mechanismen männlicher Dominanz in der akademischen Welt, Frankfurt am Main: Campus, 55-81.
Bills, David B. (2004): The Sociology of Education and Work, Malden, MA: Blackwell.
Blankertz, Herwig (1982): Die Geschichte der Pädagogik. Von der Aufklärung bis zur Gegenwart, Wetzlar: Büchse der Pandora.
Böhnisch, Lothar (2002): Familie und Bildung. In: Rudolf Tippelt (Hrsg.), Handbuch Bildungsforschung, Opladen: Leske + Budrich, 283-292.
Boudon, Raymond (1974): Education, Opportunity, and Social Inequality, New York: Wiley.
Bourdieu, Pierre (1982) [1979]: Die feinen Unterschiede Kritik der gesellschaftlichen Urteilskraft, Frankfurt/M.: Suhrkamp.
Bourdieu, Pierre (1983): Ökonomische Kapital, kulturelles Kapital, soziales Kapital. In: Reinhard Kreckel (Hrsg.), Soziale Ungleichheiten, Göttingen: Verlag Otto Schwartz&Co, 183-198.
Bourdieu, Pierre (1988): Vom Gebrauch der Wissenschaft. Für eine klinische Soziologie des wissenschaftlichen Feldes. Konstanz: UKV.
Bourdieu, Pierre (1998) [1984]: Homo academicus, Frankfurt/M.: Suhrkamp.
Bourdieu, Pierre (2001): Wie die Kultur zum Bauern kommt. Über Bildung, Schule und Politik, herausgegeben von Margareta Steinrücke, Hamburg: VSA-Verlag.
Bourdieu, Pierre/Boltanski, Luc (1981) [1975]: Titel und Stelle. Zum Verhältnis von Bildung und Beschäftigung. In: Pierre Bourdieu, Luc Boltanski, Monique de Saint Martin, Pascale Maladier, Titel und Stelle. Über die Reproduktion sozialer Macht, herausgegeben und aus dem Französischen übersetzt von Helmut Köhler, Beate Kra-

is, Achim Leschinsky, Gottfried Pfeffer, Frankfurt/M.: Europäische Verlagsanstalt, 89-115.
Bourdieu, Pierre/Passeron, Jean-Claude (1971): Die Illusion der Chancengleichheit. Untersuchungen zur Soziologie des Bildungswesens am Beispiel Frankreichs, Stuttgart: Klett-Verlag.
Bowles, Samuel/Gintis, Herbert (1976): Schooling in Capitalist America. Educational Reform and the Contradictions of Economic Life, London: Routledge.
Breen, Richard/Jonsson, Jan O. (2005): Inequality of Opportunity in Comparative Perspective: Recent Research on Educational Attainment and Social Mobility. In: *Annual Review of Sociology*, 31, 223-243.
Breen, Richard/Jonsson, Jan O. (2007): Explaining Change in Social Fluidity: Educational Equalization and Educational Expension in Twentieth-Century Sweden. In: *American Journal of Sociology*, 112 (6), 1775-1810.
Brehmer, Helmut (2007): Soziale Milieus, Habitus und Lernen. Zur sozialen Selektivität des Bildungswesens am Beispiel der Weiterbildung, Weinheim und München: Juventa.
Brehmer, Ilse (1983): Von geistigen Müttern und anderen Bildern der Mütterlichkeit in Helene Langes Autobiographie. In: Ilse Brehmer, Juliane Jacobi-Dittrich, Elke Kleinau, Annette Kuhn (Hrsg.), Frauen in der Geschichte IV, Düsseldorf: Schwann, 88-102.
Brint, Steven (1998): Schools and Societies, Thousand Oaks u.a.: Pine Forge Press.
Brown, Philip (2006): The Opportunity Trap. In: Hugh Lauder, Phillip Brown, Jo-Anne Dillabough, A. H. Halsey (Hrsg.), Education, Globalization & Social Change, Oxford: Oxford University Press, 381-397.
Brown, Phillip/Green, Andy/Lauder, Hugh (2001): High Skills: Globalization, Competitiveness and Skill Formation, Oxford: Oxford University Press.
Brown, Philip/Lauder, Hugh (2009): Economic globalisation, skill formation and the consequences for higher education. In: S. Ball, M. Apple (Hrsg.), The International Handbook of Sociology of Education, London: Routledge, 229-240.
Brown, Philip/Lauder, Hugh (o.J.), Social Class and Education: Changes and Challenges. Unveröffentlichtes Manuskript.
Brown, Philip/Lauder, Hugh/Ashton, David (2008): Towards a High Skill Economy: Higher Education and the Realities of Global Capitalism. In: Rebecca Boden, Rosemary Deem, Debbie Epstein, Fazal Rizvi, Susan Wright (Hrsg.), World Year Book of Education 2008. Geographies of Knowledge, Geometries of Power: Higher Education in the 21st Century, London: Routledge, 190-210.
Brown, Phillip/Lauder, Hugh/Ashton, David (2011): The Global Auction. The Broken Promises of Education, Jobs and Incomes. Oxford: Oxford University Press.
Brüsemeister, Thomas (2008): Bildungssoziologie. Einführung in Perspektiven und Probleme, Wiesbaden: VS Verlag für Sozialwissenschaften.
Bundesministerium für Bildung, Wissenschaft, Forschung und Technologie (bmb+f) (1997): Grund- und Strukturdaten, Bonn.
Buttler, Friedrich (1995): Arbeitsmarkt- und Berufsforschung. In: Rolf Arnold, Antonius Lipsmeier (Hrsg.), Handbuch der Berufsbildung, Opladen: Leske+Budrich, 492-500.

Canaan, Joyce/Shumar, W. (2008): Structure and Agency in the Neoliberal University, New York: Routledge.
Carroll, Steven/Walford, Geoffrey (1997): Parents' responses to the school quasi-market. *Research Papers in Education*, 12, 3-26.
Charles, Maria/Bradley, Karen (2009): Indulging Our Gendered Selves? Sex Segregation by Field of Study in 44 Countries, *American Journal of Sociology* 114 (4), 924-976.
CHE (Centrum für Hochschulentwicklung) (2007): Fünf Jahre Juniorprofessur – Zweite CHE-Befragung zum Stand der Einführung
Coleman, James S. (1988): Social Capital and the Creation of Human Capital. *American Journal of Sociology*, 94, 95-120.
Collins, Randall (1979): The Credential Society: An Historical Sociology of Education and Stratification, New York: Academic Press.
Collins, Randall (2000): Comparative and Historical Patterns of Eduction. In: Maureen T. Hallinan (Hrsg.), Handbook of the Sociology of Education, New York: Kluwer, 213-239.
Conference of European Ministers Responsible for Higher Education (2005): The European Higher Education Area – Achieving the Goals, Communiqué, 19.-20. May 2005, Bergen, URL: http://www.bologna-bergen2005.no/Docs/00-Main_doc/0505 20_Bergen_Communique.pdf (23.01.2006).
Corwin, Ronald G. (1973): The School as an Organization. In: Sam D. Sieber, David E. Wilder (Hrsg.), The School in the Society, Studies in the Sociology of Education, New York: The Free Press, 164-187.
Croxford, Linda (2000): Gender and national curricula. In: Jane Salisbury, Sheila Riddell (Hrsg.), Gender, Policy and Educational Change. Shifting agendas in the UK and Europe, London: Routledge, 115-133.
David, Miriam/Weiner, Gaby/Arnot, Madeleine (2000): Gender equality and schooling, education policy-making and feminist research in England and Wales in the 1990s. In: Jane Salisbury, Sheila Riddell (Hrsg.), Gender, Policy and Educational Change. Shifting agendas in the UK and Europe, London: Routledge, 19-36.
Daxner, Michael (1993): Wiederherstellung der Hochschule. Plädoyer für eine Rückkehr der Hochschulen in die Politik und Gesellschaft, Köln: Heinrich-Böll-Stiftung.
Daxner, Michael (1996): Ist die Uni noch zu retten? Zehn Vorschläge und eine Vision, Reinbek bei Hamburg: Rowohlt.
Dewe, Bernd/Frank, Günter/Huge, Wolfgang (1988): Theorien der Erwachsenenbildung. Ein Handbuch, München: Max Hueber Verlag.
Dewe, Bernd/Weber, Peter J. (2007): Wissensgesellschaft und Lebenslanges Lernen. Eine Einführung in die bildungspolitischen Konzeptionen der EU, Bad Heilbrunn: Klinkhardt.
DiMaggio, Paul/Mohr, John (1985): Cultural Capital, Education and Attainment, and Marital Selection. *American Journal of Sociology* 90, 1231-1257.
Dostal, Werner (2002): Beruflichkeit in der Wissensgesellschaft. In: Martin Wingens, Reinhold Sackmann (Hrsg.), Bildung und Beruf. Ausbildung und berufsstruktureller Wandel in der Wissensgesellschaft, Weinheim: Juventa, 177-194.
Dravenau, Daniel/Groh-Samberg, Olaf (2005): Bildungsbenachteiligung als Institutioneneffekt. Zur Verschränkung kultureller und institutioneller Diskriminierung. In: Peter

A. Berger, Heike Kahlert (Hrsg.), *Institutionelle Ungleichheiten. Wie das Bildungssystem Chancen blockiert.* Weinheim: Juventa, 103-129.

Durkheim, Émile (1968) [1911]: Education and Sociology. Toronto: Collier-Macmillan.

Durkheim, Émile, 1972 [1911], Erziehung und Soziologie. Schule in der Gesellschaft, herausgegeben von Raymund Krisam, Düsseldorf: Schwann Verlag.

Durkheim, Émile, 1973 [1902/1903], Erziehung, Moral und Gesellschaft. Vorlesung an der Sorbonne 1902/1903, Neuwied am Rhein und Darmstadt: Luchterhand.

Durkheim, Émile, 1977 [1905/1906], Die Entwicklung der Pädagogik. Zur Geschichte und Soziologie des gelehrten Unterrichts in Frankreich, Weinheim und Basel: Beltz Verlag.

Durkheim, Émile, 1977 [1930], Über soziale Arbeitsteilung. Studie über die Organisation höherer Gesellschaften, Frankfurt/M.: Suhrkamp.

Enders, Jürgen/Teichler, Ulrich (1995): Berufsbild der Lehrenden und Forschenden an Hochschulen. Ergebnisse einer Befragung des wissenschaftlichen Personals an westdeutschen Hochschulen, Bonn, Bundesministerium für Bildung, Wissenschaft, Forschung und Technologie.

Europäische Bildungsminister (1999): Der Europäische Hochschulraum. Gemeinsame Erklärung der Europäischen Bildungsminister 19. Juni, Bologna, URL: http://www.bologna-berlin2003.de/pdf/bologna-deu.pdf (23.01.2006).

Europäische Kommission (2002): The Copenhagen Declaration, URL: http://ec.europa.eu/education/pdf/doc125_en.pdf (24.1.2011).

Europäische Kommission (2008): European Qualifications Framework URL: http:// europa.eu/legislation_summaries/education_training_youth/vocational_training/c11104_en.htm (24.1.2011).

Europäischer Rat (2008): Schlussfolgerungen des Rates vom 22. Mai 2008 zur Erwachsenenbildung, Amtsblatt Nr. C 140 vom 06/06/2008 S. 0010-0013, URL: http:// www.eur-lex.europa.eu (9.2.2011).

Europäische Union (2011): Lifelong Learning Programme 2007-13. URL: (http://europa.eu/legislation_summaries/education_training_youth/lifelong_learning/c11082_en.htm (9.2.2011).

Faulstich, Peter (2008): Weiterbildung, in: Kai S. Cortina et al. (Hrsg.), Das Bildungswesen der Bundesrepublik Deutschland, Reinbek bei Hamburg: Rowohlt, 647-682.

Featherman, David L./Hauser, Robert M. (1976): Opportunity and Change. New York: Academic Press.

Fend, Helmut (1977): Schulklima: Soziale Einflussprozesse in der Schule. Soziologie der Schule III. Weinheim: Beltz.

Fend, Helmut (2008): Neue Theorie der Schule. Einführung in das Verstehen von Bildungssystemen, 2. durchgesehene Auflage, Wiesbaden: VS Verlag für Sozialwissenschaften.

Foucault, Michel (1977): Überwachen und Strafen. Die Geburt des Gefängnisses, Frankfurt/M.: Suhrkamp

Frommberger, Dietmar (2007): Berufsausbildung in Deutschland vor dem Hintergrund europäischer Entwicklungen. In: ders. (Hrsg.), Zukunft der dualen Berufsausbildung – Wettbewerb der Bildungsgänge, Schriften zur Berufsbildungsforschung der Ar-

beitsgemeinschaft Berufsbildungsforschung (AG BFN) Bonn: Bundesinstitut für Berufsbildung, 143-160.
Füssel, Hans-Peter/Leschinsky, Achim (2008): Der institutionelle Rahmen des Bildungswesens. In: Kai S. Cortina, Jürgen Baumert, Achim Leschinsky, Karl Ulrich Mayer, Luitgard Trommer (Hrsg.), Das Bildungswesen in der Bundesrepublik Deutschland, Reinbek bei Hamburg: Rororo, 131-203.
Fulcher, James/Scott, John (2006): Education. In: Sociology, 2nd edition, Oxford: Oxford University Press, 316-357.
Geißler, Rainer (2005): Die Metamorphose der Arbeitertochter zum Migrantensohn. Zum Wandel der Chancenstruktur im Bildungssystem nach Schicht, Geschlecht, Ethnie und deren Verknüpfung. In: Peter A. Berger, Heike Kahlert (Hrsg.), Institutionalisierte Ungleichheiten. Wie das Bildungswesen Chancen blockiert, Weinheim: Juventa, 71-100.
Glatter, Ron/Woods, Philip A. /Bagley, Carl (Hrsg.) (1997): Choice and Diversity in Schooling: Perspectives and Prospects, London: Routledge.
Goldthorpe, John H. (1997): Problems of ,Meritocracy'. In A.H. Halsey, Hugh Lauder, Phillip Brown, Amy S. Wells (Hrsg.), *Education, Culture, Economy and Society*. Oxford: Oxford University Press: 663-682.
Gomolla, Mechthild (2005): Schulentwicklung in der Einwanderungsgesellschaft. Strategien gegen institutionelle Diskriminierung in England, Deutschland und der Schweiz. Münster: Waxmann Verlag.
Gomolla, Mechthild/Radtke, Olaf (2009) [2003]: Institutionalle Diskriminierung. Die Herstellung ethnischer Differenz in der Schule, Wiesbaden: VS Verlag für Sozialwissenschaften.
Green, Andy mit Akiko Sakamoto (2001): Models of high skills in national competition strategies. In: Phillip Brown, Andy Green, Hugh Lauder, High skills, globalization, competitiveness, and skill formation, Oxford: Oxford University Press, 56-160.
Green, Andy/Leney, Tom/Wolf, Alison (1999): Convergences and divergences in European education and training systems. A research project commissioned by the European Commission Directorate-General XXII, Luxembourg: European Commission.
Greinert, Wolf-Dietrich (1994): The ,German System' of vocational education. History, organization, prospects, Baden-Baden: Nomos.
Groß, Martin (2008): Klassen, Schichten, Mobilität. Eine Einführung. Wiesbaden: VS Verlag für Sozialwissenschaften.
Grundmann, Matthias (1992): Familienstruktur und Lebensverlauf. Historische und gesellschaftliche Bedingungen individueller Entwicklung, Frankfurt a.M.: Campus.
Grundmann, Matthias/Bittlingmayer, Uwe H./Dravenau, Daniel/Groh-Samberg, Olaf (2008): Bildung als Privileg und Fluch – zum Zusammenhang zwischen lebensweltlichen und institutionalisierten Bildungsprozessen. In: Peter Bücher, Matthias Grundmann, Johannes Huinink, Lothar Krappmann, Bernhard Nauck, Dagmar Meyer, Sabine Rothe, *Kindliche Lebenswelten, Bildung und innerfamiliale Beziehungen*, Weinheim: Deutsches Jugendinstitut, 47-74.
Grundmann, Matthias/Huinink, J./Krappmann, L. (1994): Familie und Bildung. Empirische Ergebnisse und Überlegungen zur Frage der Beziehung von Bildungsbeteiligung, Familienentwicklung und Sozialisation. In: Peter Büchner, Matthias Grund-

mann, Johannes Huinink, Lothar Krappmann, Bernhard Nauck, Dagmar Meyer, Sabine Rothe, *Kindliche Lebenswelten, Bildung und innerfamiliale Beziehungen*, Weinheim: Deutsches Jugendinstitut, 41-104.
Guardini, Romano (1954): Die Verantwortung des Studenten für die Kultur. In: Romano Guardini, Walter Dirks, Max Horkheimer, die Verantwortung der Universität, Würzburg: Werkbund-Verlag, 5-35.
Habermas, Jürgen (2008) [1969] Protestbewegung und Hochschulreform. Frankfurt/M.: Suhrkamp.
Hammerich, Kurt (1975): Aspekte einer Soziologie der Schule. Ein wissenschaftssoziologischer Versuch, Düsseldorf: Schwann.
Hansen, Hal (2011): Rethinking certification theory and the educational development of the United States and Germany, *Research in Social Stratification and Mobility*, doi:10.1016/j.rssm.2011.01.003.
Hartfiel, Günter (1973): Einführung in die Hauptprobleme der pädagogischen Soziologie. In: Günter Harfiel, Kurt Holm (Hrsg.), Bildung und Erziehung in der Industriegesellschaft. Pädagogische Soziologie in Problemübersichten und Forschungsberichten, Opladen: Westdeutscher Verlag, 9-61.
Hartmann, Michael (2006): Die Exzellenzinitiative – ein Paradigmenwechsel in der deutschen Hochschulpolitik, in: *Leviathan* 34, 447-465.
Hausen, Karin (2002): Juniorprofessuren als Allheilmittel? Ein zorniger Blick zurück auf das vermeintliche Vorwärts. *Feministische Studien* 20, (1), 87-92.
Heat, Anthony/Payne, Clive (2000): Social Mobility. In: A.H. Halsey, Josephine Webb (Hrsg.), Twentieth-Century British Social Trends, Houndsmills: Macmillan, 254-278.
Heine, Christoph/Spangenberg, Heike/Sommer, Dieter (2006): Bachelorstudiengänge aus Sicht studienberechtigter SchulabgängerInnen. Akzeptanz und Auswirkungen auf die Studierbereitschaft, HIS, Forum Hochschulen, 4/2006.
Henz, Ursula/Maas, Ineke (1995): Chancengleichheit durch die Bildungsexpansion? *Kölner Zeitschrift für Soziologie und Sozialpsychologie*, 47 (4), 605-633.
Hillmann, Karl-Heinz/Hartfiel, Günter (1994): Wörterbuch der Soziologie, Stuttgart: Körner.
Hillmert, Steffen (2001): Ausbildungssysteme und Arbeitsmarkt. Lebensverläufe in Grossbritannien und Deutschland im Kohortenvergleich. Wiesbaden: Westdeutscher Verlag.
Holland-Cunz, Barbara (2005): Die Regierung des Wissens. Wissenschaft, Politik und Geschlecht in der „Wissensgesellschaft", Opladen: Barbara Budrich Verlag.
Holzkamp, Klaus (1993): Lernen. Subjektwissenschaftliche Grundlegung, Frankfurt/M.: Campus.
Hopf, Wolf (1995). Bildung und Reproduktion der Sozialstruktur. In Martin Baethge, Knut Nevermann, *Organisation, Recht und Ökonomie des Bildungswesens*, Stuttgart, Klett: 189-205.
Hurrelmann, Klaus (2002): Einführung in die Sozialisationstheorie, Weinheim: Beltz.
Hurrelmann, Klaus/Mansel, Jürgen (1997): Bildungssoziologie. In: Gerd Reinhold et al. (Hrsg.), Soziologie-Lexikon, 3. überarb. u. erw. Auflage, München, Wien: Oldenbourg, 64-68.

Jonsson, Jan O./Mills, Colin/Müller, Walter (1996): A Half Century of Increasing Educational Openness? Social Class, Gender and Educational Attainment in Sweden, Germany and Britain. In: Robert Erikson and Jan O. Jonsson (Hrsg.), Can Education be Equalized? The Swedish Case in Comparative Perspective, Boulder, CO: Westview Press, 183-206.

Kammler, Clemens/Parr, Rolf/Schneider, Ulrich Johannes (2008): Foucault Handbuch Leben – Werk – Wirkung, Stuttgart: J.B. Metzler.

Kögler, Hans-Herbert (2004): Michel Foucault, 2. Auflage, Stuttgart: J.B. Metzler.

König, René (1970): Vom Wesen der deutschen Universität, Darmstadt: Wissenschaftliche Buchgesellschaft.

König, René (1976): Emile Durkheim. Der Soziologe als Moralist. In: Käsler, Dirk (Hrsg.), Klassiker des soziologischen Denkens, Erster Band von Comte bis Durkheim, München, Beck, 312-364.

Konferenz der europäischen Hochschulministerinnen und -minister (2003): Den Europäischen Hochschulraum verwirklichen, Kommuniqué am 19. September 2003 in Berlin, URL: http://www.bologna-berlin2003.de/pdf/Communique_dt.pdf (23.01.2006).

Kopp, Johannes (2009): Bildungssoziologie. Eine Einführung anhand empirischer Studien, Wiesbaden: VS Verlag für Sozialwissenschaften.

Krais, Beate (1996): Bildungsexpansion und soziale Ungleichheit in der Bundesrepublik Deutschland. Jahrbuch Bildung und Arbeit 1, 118-146.

Krais, Beate (2000): Das soziale Feld Wissenschaft und die Geschlechterverhältnisse. In: Beate Krais (Hrsg.), Wissenschaftskultur und Geschlechterordnung. Über die verborgenen Mechanismen männlicher Dominanz in der akademischen Welt, Frankfurt/M.: Campus, 31-54.

Krais, Beate (2003): Perspektiven und Fragestellungen der Soziologie der Bildung und Erziehung. In: Barbara Orth et al. (Hrsg.), Soziologische Forschung: Stand und Perspektiven, Opladen: Leske+Budrich, 81-93.

Kraus, Katrin (2006): Better educated but not equal: Women between general education, VET, the labour market and the family in Germany, *Journal of Vocational Education and Training*, 58 (4), 409-422.

Kretschmann, Claudia (2008): Studienstrukturreform an deutschen Hochschulen: Soziale Herkunft und Bildungsentscheidung. Eine empirische Zwischenbilanz zum Bologna-Prozess, SOFI Working Paper Nr. 3.

Kreckel, Reinhard (1992): Politische Soziologie der sozialen Ungleichheit, Frankfurt/M.: Campus.

Kreppner, Kurt (1991): Sozialisation in der Familie. In: Klaus Hurrelmann, Dieter Ulrich (Hrsg.), Neues Handbuch der Sozialisationsforschung, Weinheim: Beltz, 321-334.

Kupfer, Antonia (2004): Universität und soziale Gerechtigkeit. Eine Bilanz der Hochschulreformen seit 1998, Frankfurt/M.: Campus.

Kupfer, Antonia (2008): Diminished States? National Power in Education Policy, *British Journal of Educational Studies* 56 (3), 286-303.

Kupfer, Antonia (2010): The socio-political significance of changes to the vocational education system in Germany. *British Journal of Sociology of Education*, 31 (1), 85-97.

Kupfer, Antonia (2011): Towards a theoretical framework fort he comparative understanding of globalisation, higher education, the labour market and inequality, *Journal of Education and Work* 24 (1-2), 185-208.
Kurtz, Thomas (2001): Das Thema Beruf in der Soziologie: Eine Einleitung, in: ders. (Hrsg.), Aspekte des Berufs in der Moderne, Opladen, Leske+Budrich, 7-20.
Landler, Frank (2008): Die Qualifikationsstruktur der österreichischen Bevölkerung im Wandel. Analyse und Computersimulation des Schulsystems und der Qualifikationsstruktur der Bevölkerung 1971-2025, Wien: Verlag der Österreichischen Akademie der Wissenschaften.
Lauder, Hugh/Brown, Phillip/Halsey, A.H. (2009): Sociology of education: a critical history and prospects for the future, *Oxford Review of Education* 35 (5), 569-585.
Lauder, Hugh/Hughes, David (1999): Trading in Futures: Why Markets in Education Don't Work. Buckingham: Open University Press.
Lauterbach, Wolfgang/Lange, Andreas (1998): Aufwachsen in materieller Armut und sorgenbelastetem Familienklima. Konsequenz für den Schulerfolg von Kindern am Beispiel des Übergangs in die Sekundarstufe I. In: Jürgen Mansel, Georg Neubauer (Hrsg.), Armut und soziale Ungleichheit bei Kindern, Opladen: Leske+Budrich, 106-128.
Lenz, Werner (2005): Portrait Weiterbildung Österreich, Bielefeld: Bertelsmann.
Leschinsky, Achim (2008): Die Hauptschule – von der Be- zur Enthauptung. In: Kai S. Cortina, Jürgen Baumert, Achim Leschinsky, Karl Ulrich Mayer, Luitgard Trommer (Hrsg.), Das Bildungswesen in der Bundesrepublik Deutschland, Reinbek bei Hamburg: Rororo, 377-406.
Löw, Martina (2003): Einführung in die Soziologie der Bildung und Erziehung, Opladen: Leske+Budrich.
Luhmann, Niklas (2002): Das Erziehungssystem der Gesellschaft, herausgegeben von Dieter Lenzen, Frankfurt/M.: Suhrkamp.
Luhmann, Niklas/Schorr, Karl Eberhard (1979): Reflexionsprobleme im Erziehungssystem, Stuttgart: Klett-Cotta.
Luhmann, Niklas/Schorr, Karl Eberhard (Hrsg.) (1982): Zwischen Technologie und Selbstreferenz, Fragen an die Pädagogik, Frankfurt/M.: Suhrkamp.
Luhmann, Niklas/ Schorr, Karl Eberhard (1982): Das Technologiedefizit der Erziehung und die Pädagogik. In: Niklas Luhmann, Karl Eberhard Schorr (Hrsg.), Zwischen Technologie und Selbstreferenz. Fragen an die Pädagogik, Frankfurt/M., Suhrkamp, 11-40.
Luhmann, Niklas/ Schorr, Karl Eberhard (Hrsg.) (1996): Zwischen System und Umwelt. Fragen an die Pädagogik, Frankfurt/M.: Suhrkamp.
Lynch, Kathleen (2006): Neo-liberalism and Marketization: the implication for higher education, *European Educational Research Journal*, 5, 1-17.
Mannheim, Karl (1951): Diagnose unserer Zeit. Gedanken eines Soziologen, Zürich u.a.: Europa Verlag.
Mannheim, Karl/Stewart, W.A.C. (1973): Einführung in die Soziologie der Erziehung, Düsseldorf: Schwann Verlag.
Mayer, Karl Ulrich (2004): Whose Lives? How History, Societies, and Institutions Define and Shape Life Courses, *Research in Human Development*, 1, 161-187.

Mayer, Karl Ulrich (2008): Das Hochschulwesen, in: Kai S. Cortina, Jürgen Baumert, Achim Leschinsky, Karl Ulrich Mayer, Luitgard Trommer (Hrsg.), Das Bildungswesen in der Bundesrepublik Deutschland, Strukturen und Entwicklungen im Überblick, Reinbek bei Hamburg: Rowohlt, 599-645.

Meulemann, Heiner (1985): Bildung und Lebensplanung. Die Sozialbeziehung zwischen Elternhaus und Schule. Frankfurt/M.: Campus.

Müller, Walter (1975): Familie – Schule – Beruf. Analysen zur sozialen Mobilität und Statuszuweisung in der BRD. Opladen: Westdeutscher Verlag.

Müller, Walter/Haun, Dietmar (1994): Bildungsungleichheit im sozialen Wandel, *Kölner Zeitschrift für Soziologie und Sozialpsychologie* 46 (1), 1-42.

Neidhardt, Friedhelm (1970): Strukturbedingungen und Probleme familiärer Sozialisation, *Kölner Zeitschrift für Soziologie und Sozialpsychologie. Sonderheft 14 Soziologie der Familie*, 140-168.

Newfield, Christopher (2010): The Structure and silence of the cognotariat, *Globalisation, Societies and Education* 8 (2), 175-189.

Nitsch, Wolfgang/Gerhardt, Uta/Offe, Claus/Preuß, Ulrich (1965): Hochschule in der Demokratie, Berlin: Luchterhand.

Nowotny, Helga (1999): Es ist so. Es könnte auch anders sein, Frankfurt/M.: Suhrkamp.

Nuissl, Ekkehard (2005): Weiterbildung/Erwachsenenbildung. In: Rudolf Tippelt, Bernhard Schmidt (Hrsg.), Handbuch Bildungsforschung, Wiesbaden: VS Verlag für Sozialwissenschaften, 333-347.

O'Day, Jennifer A. (2007): Complexity, Accountability, and School Improvement. In: Alan R. Sadovnik (Hrsg.), Sociology of Education. A Critical Reader, New York: Routledge, 437-460.

Oechsle, Mechthild (2001): Lebensplanung als Wissenschaftlerin – Strukturelle und biographische Aspekte. In: Dunja M. Mohr (Hrsg.), Lost in Space: die eigene wissenschaftliche Verortung in und außerhalb von Institutionen, Düsseldorf: Hans Böckler Stiftung, 67-85.

Offe, Claus (1975): Bildungssystem, Beschäftigungssystem und Bildungspolitik – Ansätze zu einer gesamtgesellschaftlichen Funktionsbestimmung des Bildungswesens. In: Im Auftrag der Bildungskommission herausgegeben von Heinrich Roth, Dagmar Friedrich, Bildungsforschung. Probleme – Perspektiven – Prioritäten, Teil 1, Band 50, Stuttgart: Klett, 217-252.

Parsons, Talcott (1968) [1959]: Die Schulklasse als soziales System: Einige ihrer Funktionen in der amerikanischen Gesellschaft. In: Talcott Parsons, Sozialstruktur und Persönlichkeit, Frankfurt: Europäische Verlagsanstalt, 161-193.

Parsons, Talcott/Bales, Robert (1956): Familiy, Socialization and Interaction Process. London: Routledge.

Plake, Klaus (Hrsg.) (1987): Klassiker der Erziehungssoziologie, Düsseldorf: Schwann Verlag.

Raftery, Adrian E./Hout, Michael (1993): Maximally Maintained Inequality: Expansion, Reform and Opportunity in Irish Education 1921-75, *Sociology of Education* 66, 41-62.

Rizvi, Fazal/Lingard, Bob (2006): Globalization and the Changing Nature of the OECD's Educational Work. In: Hugh Lauder, Phillip Brown, Jo-Anne Dillabough, A.H. Hal-

sey (Hrsg.), Education, Globalization & Social Change, Oxford, Oxford University Press, 247-260.
Robertson, Susan/Bonal, Xavier/Dale, Robert (2006): GATS and the Education Service Industry: The Politics of Scale and Global Reterritorialization. In: Hugh Lauder, Phillip Brown, Jo-Anne Dillabough, A.H. Halsey (Hrsg.), Education, Globalization & Social Change, Oxford: Oxford University Press, 228-246.
Robertson, Susan L./Dale, Robert (2009): The World Bank, The IMF, and the Possibilities of Critical Education. In: Michael W. Apple, Wayne Au, Luis A. Gandin (Hrsg.), The Routledge International Handbook of Critical Education, New York: Routledge, 23-35.
Rolff, Hans-Günter (1997): Sozialisation und Auslese durch Schule. Weinheim: Juventa.
Rothe, Georg (2008): Berufliche Bildung in Deutschland. Das EU-Reformprogramm „Lissabon 2000" als Herausforderung für den Ausbau neuer Wege beruflicher Qualifizierung im lebenslangen Lernen, Karlsruhe: Universitätsverlag Karlsruhe.
Rubinson, Richard/Browne, Irene (1994): Education and the Economy. In: Neil J. Smelser, Richard Swedberg (Hrsg.), The Handbook of Economic Sociology, Princeton, NJ: Princeton University Press, 581-599.
Rusconi, Alessandra/Solga, Heike (2002): Auswertung der Befragung deutscher Hochschulen zur „Verpflechtung von beruflichen Karrieren in Akademikerpartnerschaften", Arbeitsgruppe Wissenschaftspolitik der „Jungen Akademie an der Berlin-Brandenburgischen Akademie der Wissenschaften und der Deutschen Akademie der Naturforscher Leopoldina", URL: http://www.diejungeakademie.de/pdf/JABefragung.pdf (24.10.2002).
Salisbury, Jane (2000): Beyond one border: educational reforms and gender equality in Welsh schools. In: Jane Salisbury, Sheila Riddell (Hrsg.), Gender, Policy and Educational Change, Shifting agendas in the UK and Europe, London: Routledge, 55-79.
Schelsky, Helmut (1957a): Die skeptische Generation. Eine Soziologie der deutschen Jugend, Frankfurt/M.: Eugen Diederichs Verlag.
Schelsky, Helmut (1957b): Soziologische Bemerkungen zur Rolle der Schule in unserer Gesellschaftsverfassung. In: Helmut Schelsky, Schule und Erziehung in der industriellen Gesellschaft, Würzburg: Werkbund-Verlag, 9-50.
Schelsky, Helmut (1963): Einsamkeit und Freiheit. Idee und Gestalt der deutschen Universität und ihrer Reformen. Reinbek: Rowohlt.
Schelsky, Helmut (1971): Einsamkeit und Freiheit, 2. um einen „Nachtrag 1970" erweiterte Auflage, Düsseldorf: Bertelsmann Universitätsverlag.
Schimpl-Neimanns, Bernhard (2000): Soziale Herkunft und Bildungsbeteiligung. Empirische Analysen zu herkunftsspezifischen Bildungsungleichheiten zwischen 1950 und 1989, *Kölner Zeitschrift für Soziologie und Sozialpsychologie* 52 (4), 636-669.
Schlögl, Peter/Schneeberger, Arthur (2003): Erwachsenenbildung in Österreich. Länderhintergrundbericht zur Länderprüfung der OECD über Erwachsenenbildung, URL: http://www.lebenslangeslernen.at/downloads/OECDAdultLearningDEEndbericht18-06-04.pdf (19.06.2007).
Schumacher, Eva (2002): Die soziale Ungleichheit der Lehrer/innen – oder: Gibt e seine Milieuspezifität pädagogischen Handelns? In: Jutta Mägdefrau, Eva Schumacher

(Hrsg.) *Pädagogik und soziale Ungleichheit. Aktuelle Beiträge – Neue Herausforderungen*, Bad Heilbrunn: Klinkhardt, 253-270.

Shavit, Yossi/Blossfeld, Hans-Peter (Hrsg.) (1993): Persistent Inequality: Changing Educational Attainment in Thirteen Countries, Boulder CO: Westview Press.

Slaughter, Sheila/Rhoades, Gary (2004): Academic Capitalism and the New Economy. Markets, State, and Higher Education. Balitmore and London: The John Hopkins University Press.

Solga, Heike (2005a): Ohne Abschluss in die Bildungsgesellschaft. Die Erwerbschancen gering qualifizierter Personen aus soziologischer und ökonomischer Perspektive, Opladen: Verlag Barbara Budrich.

Solga, Heike (2005b): Meritokratie – die moderne Legitimation ungleicher Bildungschancen. In: Peter A. Berger, Heike Kahlert (Hrsg.), Institutionalisierte Ungleichheiten. Wie das Bildungswesen Chancen blockiert. Weinheim: Juventa, 19-38.

Solga, Heike (2008): Lack of Training. Employment Opportunities for Low-Skilled Persons from a Sociological and Microeconomic Perspective. In: Karl Ulrich Mayer, Heike Solga (Hrsg.), Skill Formation. Interdisciplinary and Cross-National Perspectives, Cambridge: Cambridge University Press, 173-204.

Sprondel, Walter M. (1970): Bildung, Ungleichheit und professionalisierte Lehrerschaft, *Soziale Welt*, 21, 73-89.

Stehr, Nico (1994): Arbeit, Eigentum und Wissen. Zur Theorie von Wissensgesellschaften, Frankfurt/M.: Suhrkamp.

Stehr, Nico (2001): Moderne Wissensgesellschaften, *Aus Politik und Zeitgeschichte*, B 36/2001, 7-13.

Stölting, Erhard (2005): Der Austausch einer regulativen Leitidee. Bachelor- und Masterstudiengänge als Momente einer europäischen Homogenisierung und Beschränkung, *die hochschule*, 4 (1), 110-134.

Sullivan, Alice/Whitty, Geoff (2007): Social Inequalities and Educational Policy in England. In: Richard Teese, Stephen Lamb, Marie Duru-Bellat (Hrsg.), International Studies in Educational Inequity Theory and Policy, Volume I, Educational Inequality: Persistance and Change, Dordrecht: Springer, 49-68.

Tenorth, Heinz-Elmar (Hrsg.) (1986): Allgemeine Bildung, Weinheim, München: Juventa.

Thelen, Kathleen (2004): How Institutions Evolve. The Political Economy of Skills in Germany, Britain, the United States, and Japan, Cambridge: Cambridge University Press.

Thrupp, Martin (1999): Schools Making a Difference. Let's be Realistic! School mix, school effectiveness and the social limits of reform, Buckingham: Open University Press.

Thrupp, Martin/Hursh, David (2006): The Limits of Managerialist School Reform: The Case of Target-Setting in England and the USA. In: H. Lauder, P. Brown, J.-A. Dillabough, A. H. Halsey (Hrsg.), Education, Globalization & Social Change, Oxford: Oxford University Press, 642-653.

Ulrich, Dieter/Mertens, Wolfgang (1973): Urtcile über Schüler: Zur Sozialpsychologie pädagogischer Diagnostik, Weinheim: Beltz.

Voß, Günter/Pongratz, Hans (1998): : Der Arbeitskraftunternehmer. Eine neue Grundform der Ware Arbeitskraft, *Kölner Zeitschrift für Soziologie und Sozialpsychologie*, 50 (1), 131-158.

Weingart, Peter (2005) [2001]: Die Stunde der Wahrheit? Zum Verhältnis der Wissenschaft zu Politik, Wirtschaft und Medien in der Wissensgesellschaft, Weilerswist: Velbrück.

Wells, Amy S. /Holme, Jellison J. (2005): Marketization in Education: Looking Back to move forward with stronger critique. In: N. Basica, A. Cumming, A. Datnow, K. Leithwood, D. Livingstone (Hrsg.), International Handbook of Education Policy, Dordrecht: Springer, 19-51.

West, Anne/Vaarlaam, Andreas (1991): Choosing a secondary school, *Educational Resarch* 33, 22-30.

Weymann, Ansgar (1980): Grundzüge einer „Soziologie der Weiterbildung". In: Ansgar Weymann (Hrsg.), Handbuch für die Soziologie der Weiterbildung, Darmstadt: Luchterhand, 9-44.

Weymann, Ansgar/Martens, Kerstin/Rusconi, Alessandra/Leuze, Kathrin (2007): International Organization, Markets and the Nation State in Education Governance. In: Kerstin Martens, Alessandra Rusconi, Kathrin Leuze (Hrsg.), New Arenas of Education Governance. The Impact of International Organizations and Markets on Education Policy Making, Houndsmille: Palgrave Macmillan, 229-241.

Wittpoth, Jürgen (2006): Einführung in die Erwachsenenbildung, Opladen: Farmington Hills.

Woods, Philip A./Bagley, Carl/Glatter, Ron (1998): School Choice and Competition: Markets in the Public Interest? London: Routledge.

Wissenschaftsrat (1998): Empfehlungen zur Chancengleichheit von Frauen in Wissenschaft und Forschung, Mainz: Wissenschaftsrat.

Young, Michael (1958): The Rise of Meritocracy 1870-2033. An Essay on Education and Equality. London: Thames and Hudson.

Young, Michael (2009): What are schools for? In: Harry Daniels, Hugh Lauder, Jill Porter (Hrsg.), Knowledge, Values and Educational Policy, London: Routledge, 10-18.

Zinnecker, Jürgen/Stecher, Ludwig (2006): Gesellschaftliche Ungleichheit im Spiegel hierarchisch geordneter Bildungsgänge. Die Bedeutung ökonomischen, kulturellen und ethnischen Kapitals der Familie für den Schulbesuch der Kinder. In: Werner Georg (Hrsg.), *Soziale Ungleichheiheit im Bildungssystem. Eine empirisch-theoretische Bestandsaufnahme*, Konstanz: UKV: 291-310.

Umfassender Überblick zu den Speziellen Soziologien

> Profunde Einführung in grundlegende Themenbereiche

Georg Kneer /
Markus Schroer (Hrsg.)
**Handbuch
Spezielle Soziologien**

2010. 734 S. Geb. EUR 49,95
ISBN 978-3-531-15313-1

Erhältlich im Buchhandel
oder beim Verlag.
Änderungen vorbehalten.
Stand: Juli 2011.

Das „Handbuch Spezielle Soziologien" gibt einen umfassenden Überblick über die weit verzweigte Landschaft soziologischer Teilgebiete und Praxisfelder. Im Gegensatz zu vergleichbaren Buchprojekten versammelt der Band in über vierzig Einzelbeiträgen neben den einschlägigen Gegenstands- und Forschungsfeldern der Soziologie wie etwa der Familien-, Kultur- und Religionssoziologie auch oftmals vernachlässigte Bereiche wie etwa die Architektursoziologie, die Musiksoziologie und die Soziologie des Sterbens und des Todes.

Damit wird sowohl dem interessierten Laien, den Studierenden von Bachelor- und Masterstudiengängen als auch den professionellen Lehrern und Forschern der Soziologie ein Gesamtbild des Faches vermittelt. Die jeweiligen Artikel führen grundlegend in die einzelnen Teilbereiche der Soziologie ein und informieren über Genese, Entwicklung und den gegenwärtigen Stand des Forschungsfeldes.

Das „Handbuch Spezielle Soziologien" bietet durch die konzeptionelle Ausrichtung, die Breite der dargestellten Teilbereichssoziologien sowie die Qualität und Lesbarkeit der Einzelbeiträge bekannter Autorinnen und Autoren eine profunde Einführung in die grundlegenden Themenbereiche der Soziologie.

www.vs-verlag.de

Abraham-Lincoln-Straße 46
65189 Wiesbaden
tel +49 (0)6221.345 - 4301
fax +49 (0)6221.345 - 4229

Die aktuelle Einführung in die zentralen Theorien

> ausgezeichnet mit dem René-König-Lehrbuchpreis der DGS

Nicole Burzan
Soziale Ungleichheit
Eine Einführung in die zentralen Theorien
4. Aufl. 2011. 203 S.
(Studientexte zur Soziologie)
Br. EUR 19,95
ISBN 978-3-531-17534-8

Erhältlich im Buchhandel oder beim Verlag.
Änderungen vorbehalten.
Stand: Juli 2011.

Der Inhalt:
Die Entstehung der Klassen- und Schichtmodelle - Klassen und Schichten in der Diskussion - Modifizierte Klassen- und Schichtmodelle - Lebensstile und Milieus - Klassen und Lebensstile in einem Modell: Der soziale Raum bei Pierre Bourdieu - Soziale Lagen - Individualisierung: Entstrukturierung sozialer Ungleichheit? - Zum Wandel sozialer Ungleichheiten

Was bedeutet „soziale Ungleichheit", wie wird dieses durchaus wandelbare Konstrukt von verschiedenen Ansätzen und in verschiedenen Jahrzehnten theoretisch konzeptioniert? Welche Vorstellungen über das - insbesondere deutsche - Ungleichheitsgefüge (z.B. Zwiebel oder Haus) kennzeichnen die Perspektiven, und auf welche Ursachen führen sie die ungleichen Lebenschancen zurück?

Zur Beantwortung dieser und weiterer Fragen gibt dieses Buch einen Überblick über theoretische Ansätze. Im ersten Teil geht es um die Diskussion über Klassen und Schichten von Marx bis etwa in die 1970er Jahre. Seitdem differenziert sich nicht nur das Ungleichheitsgefüge, auch die soziologischen Ansätze reagieren auf sozialen Wandel mit einer Ausdifferenzierung. Neben Klassen- und Schichtmodellen gibt es z.B. Lage-, Lebensstil- und Milieuansätze, aber auch die Thematisierung von Entstrukturierungen, etwa in der Individualisierungsthese. Diese neueren Richtungen werden im zweiten Teil vorgestellt und kritisch diskutiert.

www.vs-verlag.de

Abraham-Lincoln-Straße 46
65189 Wiesbaden
tel +49 (0)6221.345 - 4301
fax +49 (0)6221.345 - 4229

MIX
Papier aus verantwortungsvollen Quellen
Paper from responsible sources
FSC® C105338

If you have any concerns about our products,
you can contact us on
ProductSafety@springernature.com

In case Publisher is established outside the EU,
the EU authorized representative is:
Springer Nature Customer Service Center GmbH
Europaplatz 3, 69115 Heidelberg, Germany

Printed by Libri Plureos GmbH
in Hamburg, Germany